역사 앞에서

정규철 丁圭喆

전라남도 화순에서 태어나 전남대학교 사학과를 졸업하고 전대사대부고, 전남여고 등 36여 년을 교단에 섰다. 5·18구속자협의회 지도위원, 빛고을신문 편집 겸 논설위원, Amnesty international 부이사장, 사회정의실천시민운동협의회 공동대표, 반부패국민연대광주전남본부 상임대표, 국가청렴위원회 전문 강사, 국민권익위원회 전문 강사, 『의향』 편집 주간 등을 역임했으며, 현재 한국투명성기구 광주전남본부 고문, 전라남도교육청 청렴교육 강사, 한국학호남진흥원 이사, Academy 학여울 이사장, 한국작가회의 회원 등으로 활동하고 있다. 저서로 『역사의 수레를 밀며』 등이 있다.

역사 앞에서

초판1쇄 찍은 날 2012년 7월 5일
재판1쇄 찍은 날 2013년 2월 1일

지은이 정규철
펴낸이 송광룡
펴낸곳 도서출판 심미안
등 록 2003년 3월 13일 제05-01-0268호
주 소 광주광역시 동구 학동 81-29번지 2층
전 화 062-651-6968
팩 스 062-651-9690
메 일 simmian21@hanmail.net

값 20,000원
ISBN 978-89-6381-075-1   03900

역사 앞에서

정규철 쓰고 엮다

심미안

책을 펴내며

 2000년대에 접어들면서 집 근처에 조그마한 공부방 하나를 마련하고 '학여울서실'이라고 편액하였다. 학여울은 지금은 사라지고 없는 마을 이름이다. 적벽강 어귀에 가지런하게 다듬어진 들녘을 끼고 들어앉은 산 아래 동네인데 그 옛날 동복현 내서면 학탄鶴灘리에서 유래한다. '지실芝谷'이나 '달아실月谷'에서 보듯이 '여울탄'자만을 풀어서 학여울이라고 불렸던 것 같다. 강물이 굽이쳐 흐르는 언덕 위엔 송림이 울창했고, 그 소나무에 깃들어 자던 학이 맑음을 이기지 못하여 가끔씩 군무群舞를 펼치거나 여울에 내려가 엉금엉금 걷다가는 조용히 서 있는 모습이 가히 선경이었다. 지금은 동복댐 건설로 말미암아 마을이 물속에 잠겨버렸지만 언덕 위 노송老松은 옛 그대로 독야청청이다. 5백여 년 동안 선조들이 지켜온 삶의 터전인지라 선산을 돌보기 위해 가끔 드나드는데 그때마다 깊은 감회에 젖곤 한다. 마을지라도 하나 남겨 놓았더라면 이때까지 지나온 자취를 더듬어 살필 수 있으련만 선인들의 지혜는 거기까지 미치지 못하여 아쉽기만 하다. 읍지邑誌가 유일하게 고을의 역사를 전하고 있긴 하지만 지방사地方史라 할까 지역의 역사에 눈을 뜬 것은 조선후기의 일이어서 그 이전 시대는 알 길이 없다. 뒤늦게라도 각 지방에서 관찬이나 사찬으로 읍지가 편찬되었으니 망정이

지 그도 없었더라면 얼마나 황량했겠는가 하는 생각이 든다.

 사람은 누구나 자기가 원하든 원하지 않든 역사적 존재이다. 자기 시대를 통찰할 수 있는 역사의식을 갖는다는 것은 한 인간의 삶에 있어서 더 할 나위 없이 소중한 가치이다. 우리들의 현재는 먼 과거에서 아득한 미래로 이어 나가는 무궁한 시간의 한 토막이므로 현재를 똑바로 이해하지 못하면 미래도 예측하기 어려울 것이다. 그래서 지난 시대의 기록은 한 나라의 문명의 정도를 알아볼 수 있는 척도가 되는 것이다.

 문화적으로 척박한 환경에서 자란 내게 선대에서 간직해온 소중한 문적文籍들을 조부로부터 물려받을 수 있었던 것은 큰 행운이었다. 6·25난리 통에 피난을 다니면서도 그것들을 대고리에 담아서 지고 다녔다는 이야기를 들었다. 대고리를 닥나무 종이로 겹겹이 발라 그 누구도 함부로 접근할 수 없도록 밀봉해 둔 것을 내 손으로 개봉해 놓고 보니 두루마리로 된 문서와 문집, 사서史書들이 가득이었다. 손때가 묻고 닳아서 헌 책 중에는 『동국사략東國史略』 현채玄采 저(광무 10년 1906년)와 『교정전운옥편校訂全韻玉篇』 상上·하下권, 『규장전운奎章全韻』 2권 1책(1800년, 정조24), 『사요취선史要聚選』 5권 4책, 『권이생權以生편』(1674년 숙종5)도 들어 있었다. 사요취선은 중국

고대에서 명나라 영명왕까지 중요사항을 역대의 사서에서 뽑아 모은 책이다. 이 책들을 한동안 서가에 꽂아두고 가보로 간수해오다가 서실을 낸 뒤로 문집류들만을 보듬고 다니면서 집중적으로 파고들었다. 우리 겨레의 삶의 기록이며 소중한 문화유산이므로 이를 국역하여 선조들의 사유思惟세계에 보다 쉽게 접근할 수 있도록 하고 싶은 욕심이 생겨서였다. 그게 내게 부하된 책무요 서책을 고이 간직해주신 조부에 대한 도리가 아닐까 하는 생각과 함께. 그 중 일부는 2002년에 발간된 『역사의 수레를 밀며』에 소개한 바 있다. 이번에는 시문詩文만 뽑아서 한데 묶고 저자가 신문지상이나 문화단체 소식지, 학술지 등에 기고했던 글을 더하여 단행본으로 엮기에 이르렀다. 의당 윗분들의 글을 앞에 내세워야 하나 그 가운데는 자료적 성격의 글도 적지 않아 반대로 편집하였으니 그저 송구스러울 뿐이다.

젊은 시절에는 교육하느라 여념이 없었는데 나이 들어 책과 벗하니 심사가 어지럽지 않아서 좋다. 근래전득안심법 만학송풍침상문近來傳得安心法 萬壑松風枕上聞이라고나 할까. 깊은 산중에 숨지 않았어도 도심 빌딩 숲에서 솔바람 소리를 듣는다. 창밖에는 예전에 재직한 바 있는 여학교가 있어서 문만 열면 교정으로부터 풋풋하고 싱그러운 바람이 불어오고, 머리가 무거울 때면 멀리 무등으로 눈을 돌린다. 산 너머 남촌 학여울에는 은빛물고기들이 물살을 가르고 있을 것이다.

  책이 나오기까지 많은 분들의 신세를 졌다. 「어린이를 위한 노래」를 현대문으로 풀어주신 국문학자 김재수 교수와 전남대 박건주 박사, 인권교육원 지봉엽 선생, 그리고 원고 정리와 교정 등 어려운 고비마다 든든한 버팀목이 되어준 자부 윤수영에게 고마움을 표한다. 농업기술자협회 일로 영일寧日이 없음에도 불구하고 틈틈이 내방하여 격려를 아끼지 않은 이천以天 장창환張暢桓 동지와 심미안 대표 송광룡 시인에게도 특별히 고마운 인사를 드린다. 범대순 선생님께 분에 넘치는 광영을 입었다. 길이 청복 있으시기를 충심으로 기원 드린다.

2012년 5·18 32주년을 맞으며
동명동 학여울서실에서 丁圭喆

차례

책을 펴내며_ 4

제1부 칼럼

평화, 진보, 복지	13
역사는 진보한다	18
혁명은 끝났는가	25
투명한국으로 가기 위하여	29
민족 수난의 상징, 서대문 형무소	32
얼빠진 교육	37
지자체는 역사에 눈을 떠야 한다	43
무등산과 영산강이 일군 호남문화	45
자연으로 돌아가라	48
가을 문턱에 서서	51
시골살림	54
가을 들녘에는	57
사금파리 역사	61
민족통일대축전을 앞두고	64
말더듬이 정씨의 더부살이	67
전진하는 역사를 위하여	71

제2부 역사·인물

매화 옛 등걸에	75
고봉과 퇴계처럼	81
계례의 현실과 우사 김규식	85
유응부의 칼	88
전쟁 속의 봄나들이	92

'동도위붕同道爲朋'을 바라며 96
천고의 비루함을 한 번 씻어내고자 99
위안스카이, 그리고 조선여인들의 수난 103
참스승이 그리울 때면 106
망미정望美亭 실기實記 110

제 3부 기행

실학기행 133
역사문화의 향기를 찾아서 153

제 4부 적벽동천의 선비들

적송시赤松詩 158
용암시문蓉巖詩文 226
지암시芝庵詩 243
봉산시문蓬山詩文 258
어린이를 위한 노래警蒙歌 391
창랑정서滄浪亭序 428

발문 범대순_ 467

제1부 칼럼

평화, 진보, 복지
역사는 진보한다
혁명은 끝났는가
투명한국으로 가기 위하여
민족 수난의 상징, 서대문 형무소
얼빠진 교육
지자체는 역사에 눈을 떠야 한다
무등산과 영산강이 일군 호남문화
자연으로 돌아가라
가을 문턱에 서서
시골살림
가을 들녘에는
사금파리 역사
민족통일대축전을 앞두고
말더듬이 정씨의 더부살이
전진하는 역사를 위하여

평화, 진보, 복지

금강산 좋다 마라 단풍만 피었더라
단풍의 잎새 잎새 추색만 자랑하더라
차라리 몽고 대사막에 태풍을 반기리라

이 시는 단재 신채호 선생이 금강산을 찾아 나라와 겨레를 근심하고 일제 강점하에 있는 조국을 생각하며 가슴에 불타는 혁명 사상을 읊은 것이다. 경술국치 100년, 6·25 60년, 5·18 30년이 저무는 시점에서 왠지 허탈하고 쓸쓸한 기분이 드는 지금 금강산은 어쩌자고 끄집어내서 속을 뒤집어 놓느냐고 항변할지도 모르겠다. 아무도 없는 빈산에 단풍잎만이 가을빛을 자랑하고 있을 금강산이 그리워서 그러는가. 세상이 온통 권세와 이권에 눈이 멀어 뒤숭숭하거나 말거나 금강산은 여전히 의연한 자태를 뽐내면서 겨울을 맞고 있을 것이다. 그럼에도 불구하고 금강산을 떠올릴 때면 가슴 저리고 애달프다.

현대그룹 정주영 명예회장이 10여 년 동안 공들인 끝에 1998년 6월 소

500마리를 앞세우고 휴전선을 넘을 때만 해도 우리는 희망의 눈빛을 번득일 수가 있었다. 정치권에서 그 누구도 생각하지 못했던 기발한 착상에 온 국민은 놀라움과 환호의 박수를 보냈다. 분단의 역사를 놓고 볼 때 충격적인 일대사건이 아닐 수 없었기 때문이다. 소는 농경이 시작되면서부터 논밭을 갈아 먹을거리를 생산하여 인류로 하여금 풍요와 평화를 누릴 수 있게 해주었다. 그래서 그런지 소 떼들은 중무장한 병사들이 지키고 있던 철조망을 갈아엎기라도 할 듯이 북진을 거듭하였다. 누군가가 '소는 동물 중에서 인도주의자'라고 했다. 남북이 인도적 입장에서 화해와 협력의 거보를 내딛던 그때 그 순간은 생각만으로도 가슴 벅차고 눈물겹다. 1998년 11월 18일 '현대금강호'가 출항하던 날 우리 국민들은 떨리는 목소리로 '그리운 금강산'을 노래하지 않았던가.

누구의 주제런가 맑고 고운산
그리운 만이천봉 말은 없어도
이제야 자유만민 옷깃 여미며
그 이름 다시 부를 우리 금강산
수수만년 아름다운 산 못 가본 지 몇몇 해
오늘에야 찾을 날 왔나 금강산은 부른다

금강산은 꽉 막혔던 겨레의 숨통을 터 주었다. 남북에 흩어져 있던 가족이 반세기 만에 만나 서로 부둥켜안고 재회의 기쁨을 나눴고 200만이 넘는 남녘 동포들이 북한 동포들의 안내를 받으며 그리운 일만이천봉을 보고 왔다.

그런데 2008년 7월 11일 '관광객 피격 사건'으로 문이 닫히고 말았다. 안타까운 일이다. 현 정부는 수삼 년째 이 문제를 풀려는 그 어떤 노력도 하지 않고 있다. 남북문제가 불거지면 으레 '비핵, 개방, 3000'을 주문처럼 외우고 있을 뿐 도대체 변화의 조짐은 찾아볼 수가 없다. 오히려 북핵문제는 꼬이고 남북관계는 악화일로에 있다. 북한의 '연평도 포격 사건'이 터지고 미 항공모함이 서해에 들어와 한미합동군사훈련에 들어가자 국제사회가 긴장하였다. 우리 군의 연평도 사격훈련에 놀라 UN안보리가 긴급 소집되기까지 하였다. '10년 공부 하루아침'이라더니 10년 동안 공들여 쌓은 탑이 허망하게 무너지는 고약한 현실을 맞고 있는 것이다. 남북정상 간에 합의된 6·15나 10·4선언은 깡그리 무시한 채 남북관계는 거의 절망적인 지경까지 와버렸다. 아마도 북한을 고사시키겠다고 작정한 모양이다. 2007년 폭로 전문 사이트로 세상에 얼굴을 내민 '위키리크스' 비밀 문건이 이를 뒷받침하고 있다. 하지만 국민은 영문도 모르고 가슴 조이면서 불안 속에 살고 있다. 주가가 폭등하고 경제성장이 어쩌고저쩌고 하지만 민생은 도탄에 빠져 이중고를 치르고 있다. 국민의 여론은 '대북정책이 너무 중요한 것이라 이명박 정부에 계속 맡겨두어서는 안될 것 같다. 시민들의 고위험, 고비용, 저효율의 대북정책을 환수하자'고 한다. 의미 있는 주장이다. 보수세력의 반동으로 말미암아 거꾸로 가고 있는 역사의 시계를 제 시간으로 돌려놓자는 절규로 들린다. '햇볕정책'이든 뭐든 남북관계의 장기적 비전은 화해, 협력을 통한 평화적 통일이어야 한다는 것이 대다수 국민의 뜻인 것이다. 민족의 동질성 회복은 교류협력 없이는 불가능한 일일 것이기 때문이다.

요즈음 진보 복지가 우리 사회의 화두로 떠오르고 있다. 정치권에서도 여야를 막론하고 경쟁이라도 하듯 진보와 복지를 말하고 있는데 그게 아무나 쉽게 말할 수 있는 성질의 것인지 점검해 볼 필요가 있겠다. 진보의 화두는 지난 6월에 실시된 지방선거에서 나타난 민심에 크게 영향을 받아 확대되고 있는 것으로 보이며, 진보 정당을 표방한 야권의 정치인들에 이어 보수 야당을 이끌고 있는 정치지도자들이 가세하면서 대중의 관심을 끌고 있는 듯하다. 그러나 과도할 정도로 우경화되어 있는 한국사회에서 진보는 정치적 구호나 표현의 과격화를 통해서 실현될 수 있는 가치는 아니다. 여야를 막론하고 복지문제를 거론하기에 앞서 지난 1999년 9월에 제정된 '국민기초생활보장법'을 한번 들여다보았으면 좋겠다. 복지 개념에 대한 기본 철학을 '국민의 권리이자 국가의 의무'라고 규정하고 있다.

우리 사회에서 최근 논의되는 진보가 복지와 결합되는 양상을 보이고 있는 것은 마르크스의 자본주의 비판 이후 진보의 가치에 근원적으로 내재되어 있는 경제적 평등의 문제와 외견상으로는 결합되어 있는 것처럼 보일 수도 있다. 그러나 정치권이 복지 개념을 경제적 경쟁에서 낙오한 사람들이나 재산과 소득이 없는 노인들에게 베푸는 시혜施惠적인 것으로 이해하는 수준을 벗어나지 않는 한, 진보 가치의 실현은 불가능하고 복지는 요원하다. 시혜적 복지 개념과 결합된 진보에는 인류가 오늘날까지 성취한 진보의 모든 결과들을 노예사회나 봉건사회의 수준으로 퇴행시킬 수 있는 위험이 도사리고 있다. 노예사회나 봉건사회에서의 피지배자들은 거의 모든 방식으로 노동을 착취당하면서도 지배자들의 시혜에 의해 목숨을 부지하는 사람들, 단적으로 말해서 매매 대상이나 물건에 지나지 않는 사람들이었다. 주인에게는 사람이 아니고 매매의 대상이 될 뿐인 노예나 하인에게 그들이 생물학적 생명을 유지할 수 있도록 은전을 베푸는 것을 시혜라고 볼 수 있기 때문이다. 진보가 복지와 동일시된다면 피와 눈물을 담보로 해서 역사적 과정의 중요한 형식으로서 성취한 진보의 가치는 진보에 필연적으로 내재하는 죽음과 희생, 피와 눈물의 의미를 상실하게 될 것이다.

재벌이 독점적으로 장악하고 있는 시장권력이 개인을 철저하게 지배하는 것뿐만 아니라 시민사회를 지배하고 통제하며, 더 나아가 국가의 권능 위에 군림하는 폭력이 마치 당연한 것처럼 용인되는 사회, 계층과 계급의 고착화 세습화가 급속도로 진행되는 사회, 반칙과 특권이 자행되면서 공직까지 세습이 되는 사회, 특정 지역에서 정치 독점이 구조화됨으로써 비판과 개혁이 봉쇄된 사회, 그리하여 권력이 사유화되고 있는 야만적인 사회, 경제, 교육, 언론, 권력을 장악한 토호들이 정치 독점과 토호의 이해관계를 상호 결합시키는 메커니즘을 고착시켜 놓은 사회, 사회적 상승 이동의 기회가 점차로 소멸해 가는 사회, 교육을 통한 계층과 계급의 재생산이 구조화되는 사회, 치외법권적인 폭력을 행사하면서 범죄와 부패를 일삼은 사학재단에 의해 교육이 지배되는 사회, 부자감세를 주장하고 이것이 현실이 되는 사회, 지연과 학연 등을 매개로 하여 이권들이 비합리적으로 거래되고 독점되는 사회에서는 진보가 설 자리는 존재하지 않으며, 실행과 실천이 없는 공허한 담론에서 맴돌 뿐이다.

민주화 투쟁을 통해 한국인들의 정치적 자유를 신장시키는 데 절대적으로 공헌한 광주는 이제 우리 사회가 더욱 좋은 사회로 나아가기 위해 절대적으로 필요한 가치인 진보가 추동력과 실천력을 얻도록 앞장서서 나서야 할 때이다. 형식적으로나마 성취된 것처럼 보이는 정치적 민주화가 더욱 내실을 기하도록 정치권을 감시하는 일에 못지않게 경제적 민주화를 저해하는 모든 부정적인 요소들을 비판적으로 인식하고 그것들을 없애는 것이 더욱 긴요하다. 경제적 민주화가 진전되는 긍정적인 추이를 보이는 것은 고사하고 경제적 불평등은 신자유주의의 창궐과 더불어 봉건시대로 퇴행하는 듯한 모습을 노출시키고 있다. 신분사회에서 계약사회로 이행하면서 개인의 위상은 정치적으로 자유로운 존재로 인정되는 것처럼 보이는 단계로 진보했다는 사실은 일부 인정될 수 있다. 그러나 경제적 민주화가 함께 성취되지 않은 사회에서는 진보란 존재하지 않는 가치이다.

역사는 진보한다

 2004년 초가을 필자는 평소 가까이 지내던 산꾼들과 백두산에 오른 적이 있다. 속초항을 출발해서 18시간 항해 끝에 블라디보스톡에 인접해 있는 자누비노항에 도착하였다. 육로로 연해주를 횡단하여 지나支那(China) 땅을 밟아 백두산에 이르는 긴 여정이다.
 장백산 관문을 통과하자 울창한 송림이 우리 일행을 반겨주어 피로함도 잊었다. 고지로 오를수록 산세는 험하고 무시무시한 준령들이 앞을 가로막았으며 바람은 날카롭고 매서웠으나 골짜기와 능선마다 빼곡히 들어찬 이깔나무와 사시나무숲에서 풍기는 향기로 기분은 날아갈 듯 상쾌하였다.
 산 중턱 산장에서 1박하고 날이 밝자마자 정상을 향하여 길을 재촉하였는데 정오가 지나서야 영봉에 도착할 수 있었다. 해발 2,750m의 고지는 운무로 뒤덮여 칠흑처럼 어두웠다. 천지 분간을 할 수 없어서 그 자리에 덜퍼덕 주저앉는다. 시꺼먼 구름과 사납고 거센 바람이 우리 일행을 금방이라도 집어삼킬 듯이 광기를 내뿜는 바람에 한순간 공포에 떨었다. 정신을 가다듬고 숨을 고른 뒤 미리 준비해 간 제주祭酒를 꺼내 잔을 드리고 삼배를 올렸다. 기미년 탑골공원에서 독립선언문을 낭독했던 정재용鄭在鎔 님의 일행이 그랬던 것처럼 우리나라 시조 단군을 뵈러 가는 근참覲參의 자세를 따른 것이다.

일행은 헤드랜턴을 밝히고 조심스럽게 다음 고지로 이동하였는데 시간이 얼마간 지난 뒤 날씨는 언제 그랬느냐는 듯이 맑게 개이고 천 길 낭떠러지 아래 억겁의 푸른 물이 담긴 천지天池의 위용이 모습을 드러내는 것이 아닌가! 천지를 에워싸고 있는 열여섯 봉우리는 억만년 풍상을 이겨냈다고는 믿기지 않을 만큼 장엄한 기상이 넘쳐났다. 이중 가장 높은 봉우리가 해발 2,750m의 장군봉이다. 60평생을 두고 오매불망寤寐不忘 그리던 백두산 정상에 올라 천지를 바라보니 만감이 교차되면서 그 감회를 이루 다 형언하기 어려웠다. 순간 가슴이 탁 트이고 어떤 영감靈感에 사로잡힌 듯 대륙을 호령하던 조상들의 모습이 눈앞에 아른거린다. 백두산 정상에 펼쳐져 있는 천지는 둘레만도 14km, 가장 깊은 곳은 383m나 된다. 주변에는 들국처럼 예쁜 꽃들이 군락을 이루었는데 해발 3,000m 가까운 고산에서 자라는 식물을 보기는 처음이다. 여려 보이지만 내면에 감춰진 강인한 생명력을 느낄 수가 있었다. 천지天池 못가에 서서 광대무변한 우주를 떠올려 본다. 단군께서 가난한 후생들을 어여삐 보신 것인지 하늘엔 흰 구름이 마치 수채화처럼 아름답게 펼쳐져 있다. '하늘'은 우주의 열린 공간일 뿐이다. 사람들이 온갖 망상을 하는 동안에도 주변엔 꽃들이 다투어서 피어나고 맑은 향을 뿜어내고 있다. '가장 아름다운 넋'은 우주적인 음악성을 지닌다고 했다. 장자莊子의 절대 경지는 그 음악적 하모니諧調에 있다. 무현금의 가락이 도道라는 것이다.

천지는 거대한 아름다움이나 말하지 않고	天地有大美而不言
사시는 뚜렷한 법칙이 있으나 논의함이 없으며	四時有明法而不議
만물은 원칙으로 되었으나 설명하지 않는다	萬物有成理而不說

하늘을 우러르니 가슴 한켠에서 또 다른 울분이 북받치는걸 참을 수가 없다. 일본을 내쫓고 나라를 되찾은지 반세기가 지났건만 국토와 겨레는 두 갈래로 쪼개져 분단의 고통에서 벗어나지 못하고 우리를 노예로 전락시킨 외세의 책략과 농간에 놀아나고 있으니 참으로 원통하고 분한 일이 아닐 수 없다. 조국 광복을 위해 싸우다가 순국하신 선열들 앞에 부끄럽고 송구한 마음 금할 수가 없구나. 정상에서 바라본 한반도는 왠지 쓸쓸해 보였다. 하늘과 땅이 맞닿아 있는 우주 한복판에 서 있는데 머리에 떠오르는 우리의 강토는 손바닥만 하게 느껴졌다.

국토는 야윈 채로 벌거숭이가 되었고 동포들은 찌들다 못해 지구촌 곳곳을 떠돌고 있지 않는가.

"백두산석 마도진白頭山石 磨刀盡이요"라고 읊은 남이南怡 장군은 망각의 저편으로 사라졌지만 글은 남아서 후인의 심금을 울린다.

> 장검을 빼어 들고 백두산에 올라보니
> 일엽제잠[1]이 호월[2]에 잠겨 세라
> 언제나 남북풍진을 헤쳐 불고하노라

긴 칼을 뽑아들고 우리나라 조종의 산에 올라 한반도를 바라보면서 아! 언제나 남북의 어지러운 세상일을 헤치고 큰 나라를 세워 볼까라는 대장부의 우국충정이 깃들어 있는 시詩다.

백두산 천지는 변함없이 이 순간에도 기세가 충천하는데 2008년 한국은 왜 이 모양인가!

---

1) 일엽제잠(一葉䕢岑) : 한줄기 조선의 멧부리.
2) 호월(胡越) : 호 – 북적(狄), 월 – 남만(蠻), 오랑캐를 뜻함.

새 정부가 들어서면서 나라 안이 온통 벌집 건들인 것처럼 뒤숭숭하다. 지난 2002년 6월 13일 미군의 장갑차에 깔리어 죽은 여중생들을 추모하면서 밝힌 촛불문화가 5월 '쇠고기 주권' 수호로 들불처럼 번지자 대통령이 서둘러 진화하기에 이르렀다. 여론은 '민주시민으로서 주권의식을 밝힌 혁명'이라고 평가했다. 그럼에도 불구하고 촛불을 밝히는 것이 무슨 대역죄라도 되는 것처럼 우격다짐이다. 어떤 원로 시인은 우리의 현대사를 볼 때 상수가 정치를 해 온 것보다 변수가 해 온 것이 많다고 하였다. 무지의 소치로 빚어진 혼돈의 정국을 정의롭게 풀어가라는 충고로 들리지 않는가!

그럼에도 불구하고 촛불의 의미를 제대로 읽지 못한 정부가 국민의 기본권을 억압하면서 공안정국으로 끌고 가려는 것은 국민을 얕잡아 보고서 하는 몰상식한 처사가 아닐 수 없다. 누른 만큼 튀는 것이 스프링의 원리다. 국민은 반대이행 때문에 맹종하는 토건회사의 근로자가 아닌 주권자임을 명심해야 할 것이다. 1905년 '한국을 일본에 넘긴다'는 내용을 골자로 한 포츠머스(Portsmouth)회담을 주선한 공로로 시어도어 루스벨트(Theoder Roosevelt)는 노벨상을 받았지만 그 이후 한국은 한 세기가 넘게 외세에 시달려 오고 있다.

21세기 벽두 지난 수년 동안 분단의 고통을 덜어내고 남북 화해 협력을 위해 노력해 온 국민의 정부나 참여 정부의 성과는 어떤 이유로도 과소평가 되거나 특정 정당의 정략적 도구로 악용 되어서는 안 된다. 대다수 국민들은 6·15와 10·4선언 등 남북 정상 간의 합의된 약속이 성실하게 지켜지기를 간절히 바라고 있다.

통일문제는 조국광복을 이룩하려고 목숨을 초개草芥와 같이 버린 혁명선열들의 정신계승은 물론 도탄에 빠진 민생을 구하고 민주주의를 지키기 위하여 신군부 반란세력과 맞서 싸우다가 장렬하게 산화한 5월 영령들의 뜨거운 조국애로 접근해가는 것이 옳다.

박정희 군사독재정권이 '개발'을 빌미로 장기 집권을 획책하면서부터 생긴 지역감정의 골이 시간이 지날수록 깊어지고 있는 것이 오늘의 현실인데 5, 6공의 잔당들이 보수라는 탈을 쓰고 대립각을 세우면서 분열과 갈등을 부추기고 있다. 이 무슨 해괴망측한 일인가. 아무리 보수적 방식으로 자신들의 역사적 한계를 은폐하면서 덮어 버리려 해도 부질없는 일이다. 역사의 진실은 가리려고 하면 더욱 불거지게 마련이고 그걸 시도하는 자체가 무지의 소치일 뿐이다. 분단의 장벽을 헐고 겨레가 하나 되기 위하여 국민의 역량을 결집시켜도 역부족일 터인데 이른바 '친북좌파' 운운하면서 대세를 거스르려는 책략이야말로 민족에 대한 반역이 아닐 수 없다. 이제부터라도 인류의 역사는 진보한다는 사실을 깨닫고 치졸한 술수에 종지부를 찍어야 한다. 눈에 보이지도 않고 손으로 만질 수도 없지만 이와 같은 역사의 강물은 쉬지 않고 굽이쳐 흐를 것이며 일정한 시기에 이르면 강대한 실체를 뒤흔들어 놓는다는 사실도 되씹어보기 바란다. 국민은 역사의 명령을 거스르는 자들 앞에서는, 그것이 총칼의 위협일지라도 생사를 초월하게 되어 있다. 권력이 총구에서 나온다고 믿었던 자들의 최후가 어떠했는지 한 번쯤 뒤돌아 볼 일이다.

정권이 바뀐 뒤 광주는 중앙정치권력으로부터 외면당하고 있는 것이나 아닌지 하는 의구심의 싹이 서서히 움트고 있는 것 같다. 그러나 언제까지 중앙이나 중앙정부의 눈치만 보면서 살아야 할 것인가. 분권화, 지역화는 이미 세계적 추세다. 지방도 스스로 꿈과 희망을 갖고 미래를 설계하여 일로 매진한다면 얼마든지 번영과 행복을 누릴 수 있는 시대가 도래할 것이라고 확신한다.

인류의 보편적 가치가 일반화 되어 가고 있으며 지역차원에서 세계적으로 경제협력, 문화교류의 활성화를 계획하고 실천하자는 것이 시대적 흐름이다.

중앙정치에서 집권 의지를 상실한 것으로까지 비춰지고 있는 야당은 지난 10년 집권시대의 '영화榮華' 속 미몽迷夢에서 아직 깨어나지 못하고 있는 듯하다. 아무런 준비도 없이 호시탐탐 '뒤주' 만을 노리는 생쥐의 생리로는 안된다. '새정치' 운운하며 바람 잡는 자, 변화다 혁신이다 하면서 잔머리 굴리는 무리들이 또다시 국민을 우롱하려는 징후들도 포착되고 있다. 하지만 정치는 넘어지고 깨지면서 또다시 일어서서 와신상담臥薪嘗膽, 전열을 가다듬으면서 치열한 자기와의 싸움, 그리고 고도한 전략을 구사하지 않으면 안되는 것이다. 국민의 지지를 다시 획득하려면 뼈를 깎는 자성과 함께 새로운 비전을 만들어 내는 데 혼신의 노력을 다 해야 한다. 정치 영역의 희망 부재는 좌절과 절망으로 이어질 수 있는 위험요소의 하나다.

광주시민은 야권이 범국민적 지지를 받을 수 있는 정당으로 거듭날 수 있도록 가혹한 채찍을 들어야 하며 국민의 폭넓은 지지를 이끌어 낼 수 있는 새로운 지도자를 발굴하여 밀어 주어야 한다. 동서를 아우르고 남북을 하나로 통일할 수 있는 통합형 지도자가 이상적일 것 같다. 아울러서 특정 정당에 의한 지역 정치독점이 발전적으로 해체되도록 노력할 필요가 있다.

예컨대 'DJ컨벤션센터' 도 '빛고을컨벤션센터' 같은 이름으로 대체될 수 있도록 시의회 차원에서 재검토 되어야 할 시점에 이르렀다고 본다.

합리적 경쟁을 통한 정치 수월성이 재고될 수 있는 정당 시스템의 구축을 광주가 선도할 수 있다면 그렇게 하는 것이 좋다. 정치의 투명성과 경쟁력은 지역 발전의 가장 중요한 견인차다. 정치가 더 이상 특정인의 그늘에 갇혀 있다거나 신성한 주권이 한풀이와도 같은 원초적 본능에 의해 희생당하는 일이 있어서는 안 될 것이다.

동서를 막론하고 군사독재정권이 만들어 놓은 나쁜 정치 정서는 이제 깨끗이 청산되어야 마땅하다. 광주전남 지역경제에 대한 불안감, 절망감이 팽배하고 있다는 것도 광주의 시대상황을 어둡게 하고 있다.

경제에 관한 장기전망과 장기계획을 세워야 하며 특히 고급인력 양성과 경쟁력 강화가 관건인 미래 경제에 시민들과 모든 경제 주체들이 힘을 합쳐 대처하는 지혜를 발휘하여야 한다. 광주는 대형 국책사업인 문화중심도시 조성사업에 지나치리만큼 경도되고 있는 듯한 인상이다.

이 사업은 장기적 사업이고 현재로서는 전망이 불투명한 것도 부인할 수 없다. 더구나 부가가치 창출에 대해서는 그 누구도 함부로 속단하려고 해서도 안 될 것이다. 중앙정부가 지원하는 사업인 만큼 시민 모두가 전력투구하여 광주를 경제적으로나 문화적으로나 발전시킬 수 있는 전기로 삼았으면 좋겠다. 사업을 추진하되 지역 경제를 문화중심도시 조성 사업에 편향적으로 의존시키려고 집착하는 것도 삼가야 할 부분이다.

광주 스스로 미래경제의 승리자가 될 수 있도록 시민 모두가 하나가 되어 노력하는 것이 긴요하다.

첨단기술개발 최고급인력양성 도시 인프라 확충과 개선, 이미지 재고, 국제교류를 통해 얻을 수 있는 창조적 에너지 등 시민들의 통찰력과 참여 정신이 발휘될 수 있도록 정치, 사회, 교육시스템의 구축이 시급히 조성되어야 할 것이다. 특히 '한국학연구원' 설립 추진이 지지부진하고 있는 점에 대해서는 지역민 모두가 책임을 통감하고 자성의 목소리가 나왔으면 하는 바람이다. '한국학중앙연구원', '안동국학진흥원'이 국내외에서 한국학 연구기관으로 공인받고 있는 마당에 '한국학연구원'은 지역학, 나아가서 한국학 연구센터로 우뚝 서야 한다는 것이 시·도민의 절실한 염원이다. 우리는 지금 단 1초도 머뭇거릴 시간이 없다.

혁명은 끝났는가

민중은 우리 혁명의 대본령大本營이다.
폭력은 우리 혁명의 유일한 무기이다.
우리는 민중 속에 가서 민중과 휴수携手하야
부절不絕하는 폭력 암살 파괴 폭동으로써
강도 일본의 통치를 타파하고
우리의 생활에 불합리한 일체 제도를 개조하야
이상적인 조선을 건설할지니라

— 단재丹齋 신채호 선생의 「조선혁명선언朝鮮革命宣言」 중에서

금남로 1번가 옛 도청 앞 광장에 스산한 바람이 불고 있다. 오월항쟁 최후의 보루였던 '본관'과 '민원실' 두 동만이 움츠리고 서 있을 뿐 성난 시민들의 분노에 찬 함성이 지축을 흔들고 하늘을 찔렀던 그때의 거리는 서서히 사라져 가고 있다. 시위 군중들이 독한 최루탄 가스와 총탄을 피해 숨어들었던 경찰청 차고지에 들어선 종각이 우두커니 서 있는 풍경이 왠지 낯

설기만 하다. 변화의 속도를 우리네 저급한 의식이 따라가지 못한 탓일까. '아시아문화중심'이라는 말도 아직은 공허하기만 하고 이러다가 주인문화가 넋을 잃는 건 아닐까 불안스럽기까지 하다.

사람은 공간적으로만이 아니라 시간적으로도 열린 존재다. 따라서 타인의 입장에서 우리의 현실이나 삶을 냉엄히 살피지 않으면 안 된다. 광주는 일제 강점기에 학생독립운동을 촉발시켜 반외세 투쟁을 전개함으로써 민족의 자존과 정체성 수호의 선두에 섰으며 존엄한 인권을 유린하고 정의를 말살하는 군사독재에 대항하여 피어린 항쟁으로 맞섰다. 광주는 또한 광복 이후 정권교체의 선봉이 되어 이 땅에서 민주주의의 정초를 다지는데 크게 기여하였다. 광주가 얻은 '의향'이라는 자랑스러운 명예와 민주성지라는 지구촌의 칭송은 민족자존, 민권, 정의, 평화를 지향하는 광주정신에 기인한다. 광주정신은 민족정신이며 인류의 보편적 가치이기도 하다. 민족사에서 청사에 빛날 명예로운 전통을 세웠으며 세계민주화운동사에 영구히 기록될 업적을 성취한 것이다.

그러나 이 순간 광주는 위기에 처해 있는 듯하다. 군사독재정권이 권력을 유지하기 위해 정략적으로 조작한 지역감정, 경제개발로부터 소외된 지역이라는 뿌리 깊은 한, 군사독재정권 이후 중앙정치권력에서 배제되어 왔다는 박탈감이 지역민들의 정치적 의사결정을 일방적으로 지배하는 원인으로 작용하면서 지역사회발전을 위한 창조적 비판활동을 봉쇄하는 부작용을 낳았다. 광주에서 절대적 지지를 받았던 정파나 정치인들은 지역의 명운을 결정하는 중대한 임무를 부여 받았음에도 불구하고 지난 40여 년 동안 이를 방기한 책임을 지기는커녕 광주시민을 기만하고 우민화 하려는 기도가 줄기차게 자행되었다. 한편으로는 독재에 항거하고 평화적 정권교체라는 위업을 달성하였으나, 다른 한편으로는 이러한 위업이 지역에서는 역설적이게도 지역의 민주주의가 발전하는 것을 저해하는 장애물로 작용

되었던 것이다. 특정 정치인과 특정 정당에 의한 정치 독점은 지역의 소중한 인재들이 정치를 비롯한 제반 영역에서 소신을 갖고 능력을 발휘할 기회를 부여하는데 인색하였으며 이 지역을 이끌어갈 차세대 지도자를 키우는 데도 걸림돌로 작용하였다. 시대정신에 맞는 새로운 패러다임을 제시하면서 지역과 국가의 발전을 모색하는 꿈들이 현실 정치에 접목되는 것을 정치 독점체제가 방해하였으며 독점체제에 무비판적으로 동조하지 않는 인재들이 정치권으로 진입하는 것을 차단하였다. 평화적 정권교체를 이룬 후에는 광주를 지배한 정당과 정치인들에 대한 엄정한 심판이 필요했었다.

광주 정치에 대한 독점적 지배는 이제 끝나야 한다. 사실상 끝난 거나 다름없지만 청산되어야 할 잔재들은 여전히 거론조차 되지 않고 있는 실정이다. 12월 19일에 치러질 대선을 앞두고 '텃밭' 운운하면서 잔명을 유지하려는 불순한 동기를 숨긴 채 정치판을 어지럽히려고 드는 자들이 끊임없이 준동하고 있기도 하다. 중세적 가신家臣처럼 보스에게만 충복 노릇을 하면서 지역정치를 황폐화 시키는 데에 일조한 공이 있는 자들은 스스로 자숙하는 모습을 보이는 것이 도리일 것이다. 그래야만 민주화의 성지라는 영광스러운 전통을 계승하고 21세기의 광주가 정치, 경제, 교육, 문화, 학문 등의 모든 영역에서 웅비할 수 있도록 각계각층의 인사들이 제 목소리를 내는 창조적인 활동이 활짝 피어나게 될 것이다. 모든 인재들은 광주의 미래를 위해 자신의 경험과 지식, 지혜를 아낌없이 쏟아낼 수 있어야 하며, 이런 바탕에서 비로소 지난 수십 년 동안 쌓인 정치적 작폐가 마침내 종식될 것이라고 믿는다.

그러나 개발독재시대 이래 참여정부에 이르기까지 부정을 저지르거나 부패에 물든 자들, 5·16군사쿠데타를 '혁명'이라고 우기거나 '친북좌파' 론을 펴는 반역사 반민족, 반통일 세력을 비롯하여 광주학살에 직간접으로 연루되었거나 동조한 집단은 어떠한 경우에도 용납되어서는 안 될 것이다. '분단해체기'에 들어선 오늘의 민족현실을 왜곡 선동하면서 역사의 시계바

늘을 거꾸로 돌리려는 저들의 책동이 가공하리만큼 집요하다. 국민의 준엄한 심판이 내려져야 한다. 광주를 지배하는 토호세력, 학연이나 혈연으로 연결된 인맥들은 더 이상 광주의 정치권력에서부터 경제, 행정, 교육, 언론 권력에 이르기까지 비정상적으로 독점하려는 계략을 꾸미려 해서도 안 된다. 그들이 자신들의 이해관계를 저울질하면서 시민들의 공동이익과는 무관하게 형성한 보이지 않는 담론들이 광주 사회를 배후에서 지배하는 은밀한 권력이 되는 병폐 또한 소멸되어야 한다.

이제 우리에겐 그 어느 때보다도 발상의 전환이 필요하다. 모든 의사결정은 공의 공론에 따라 투명하게 공개되어야 하며 시민들의 검증을 철저하게 받는 것이 정착될 때 광주는 의로운 고장, 민주, 정의, 통일로 가는 길목으로 비약하게 될 것이다. 민주진영 대 반민주 반민족 반통일 세력인 군사독재의 잔당들과의 싸움은 아직 끝나지 않았다.

투명한국으로 가기 위하여

　　2006년 12월 19일, 금수장호텔에서 광주경실련을 비롯한 17개 시민단체 대표와 국가청렴위 장태평사무처장, 강박원시의회의장, 이병화정무부시장, 이승연시교위의장, 시교육청 관리국장 등 100여 명의 관계자들이 참석한 가운데 광주부패방지네트워크 발족식을 가진 바 있다. 반부패네트워크는 지역의 풀뿌리 조직들이 자발적으로 연대하여 만든 지역네트워크의 개념이다. 2006년 3월 14일 창립대회를 가진 '반부패전국네트워크'는 활동이 8개월째로 접어들면서 23개의 지방조직을 갖게 되었고 광주가 스물네 번째로 참가하게 된 것이다. 전국 270여 개의 시민단체가 참여하여 지역별로 의견을 모으고 조율해가면서 지역부패척결과 청렴문화 확산을 지향한다. 일의 성격상 민·관이 함께 가야만 성공할 수 있기에 시민단체가 능동적이면서도 비판적인 참여로 청렴위의 활동에 힘을 보태 부패방지와 청렴문화의 저변 확대에 나서는 구도다. 이 일을 보다 구체적으로 실천에 옮기기 위하여 설치된 기구가 '부패방지시민센터'다. 시민들로부터 부정부패 신고 및 상담을 받아 신속하게 대처하게 될 것이라고 한다. 광주 지역의 간사단체인 국제투명성기구(Transparency International, TI/본부 독일 베를린)광주전남본부는 조만간 간판을 걸고 업무에 착수하게 될 것이다.

겨레와 역사 앞에서 투명한국 아름다운 미래를 다짐하면서 거보巨步를 내딛는 순간이라고 생각하니 가슴 벅차다. 우리 사회에 만연한 부패현상은 어제 오늘의 일이 아니며 반드시 퇴치되어야 할 시대적 과제이기도 하다. 근대로 이행하면서 봉건적 권위주의를 청산하지 못한 채 일제에 강점되었고, 그로 말미암아 자생적 근대화의 싹마저 잔혹하게 짓밟히면서 불법과 불의가 횡행하게 되었다.

분단시대 반민족, 반민주 몰이배들과 맞서 싸워온 긴 역정에도 불구하고 부패는 좀처럼 수그러들지 않았다. 5월과 6월 항쟁을 거치면서 민주화의 진전이 가져다 줄 것으로 믿었던 투명한국도 아직은 기대에 부응하지 못하고 있다. 민주화운동을 이끌었던 YS나 DJ정부가 부패방지를 위해 금융실명제, 공직자재산공개법, 부패방지법 등 제도적 장치를 마련했으나 그들 역시 자식들과 측근들의 부패로 인해 치명적 타격을 입고 퇴장하였다. 참여정부는 부패청산과 정부혁신을 주요 국정과제로 채택하고 역대 정부에서 추진해온 사후적발, 처벌 위주의 부패 방지 전략에서 벗어나 부패가 근원적으로 발붙이지 못하게 하는 시스템의 구축과 함께 부패 친화적인 문화를 청렴한 사회 문화로 바꾸어 가는데 힘쓰고 있다. 그럼에도 불구하고 국제투명성기구가 발표한 '2006 부패인식지수(Corruption Perceptions Index, CPI)'를 보면 지구촌 163개 국가 중 한국은 42위였다(2012년 45위로 추락). 뇌물공여지수 또한 10점 만점에 5.8로 세계수출주도 30개국 중 21위를 차지했다. 세계 11위의 경제 규모 면에서 본다면 부끄러운 수치가 아닐 수 없다.

어느 나라이건 예외 없이 부패는 국가경쟁력과 대외신인도를 추락시키는 주범이다. 우리나라 또한 수년 째 제자리걸음만 하고 있는 국가 경쟁력과 날로 심화되는 양극화 현상은 사회통합을 가로막고 있고 일부 사회 지도층의 도덕 불감증 등 전형적인 부패의 폐해를 고스란히 갖고 있다. 예로부터 권력과 경제적 이해와의 결합은 부패의 속성이 되어 왔으며 그것은 곧 대 국민 수탈로 이어져 가난한 사람들의 행복을 빼앗아 갔다.

부패척결은 이제 선택의 문제가 아니라 국가의 명운이 걸린 절박한 문제이며 이를 해결하기 위해서는 적발, 처벌, 제도개선, 이행점검, 교육홍보 등 종합적, 체계적 접근이 필요하다. 반부패 전국네트워크 집행위가 지적한대로 지역사회의 정직한 발전을 위해서 '지역사회토착세력의 부패를 막아내는 일' 도 서둘러야겠다. 건설업, 금융업 같은 영리업무를 하는 한편 지역언론, 지역교육재단 등을 통해 막강한 영향력을 행사하고 있는 게 현실이다. 또한 혈연, 지연, 학연 등 연줄을 타고 부패를 야기하는 연고, 온정주의 문화의 개선도 시급하다. 부패척결은 시민의 불굴의 용기와 저항 없이는 성사되기 어렵다. 청렴 한국이야말로 국가경쟁력이라는 사실을 한시도 잊어서는 안 된다. 전문가들의 분석에 따르면 부패지수(CPI) 1점 상승은 국내총생산(GDP) 0.5%상승의 자본유입과 소득 4%의 상승효과가 있다고 한다. 부패로 인한 연간 손실이 얼마나 큰 것인가를 알 수 있다. 투명성 확보 없이 지속 가능한 성장은 없다고 감히 단정한다. 정치권 인사나 공직자는 말 할 것도 없고 기업가, 금융인, 법률가 특히 통제 받지 않는 검찰권력의 개혁 등 국민 의식의 일대 전환을 촉구한다.

민족 수난의 상징, 서대문 형무소

　우리나라에서 근대적인 감옥이 모습을 드러낸 것은 1907년 융희 원년이다. 일본인 시오오텐 가즈마四王天數馬가 고안한 설계도에 따라 인왕산록의 금계동金鷄洞에 건립된 서대문 감옥이 그것이다. 융희 원년이라면 조선조의 마지막 왕 순종이 즉위한 해요, 대한제국의 마지막 연호이기도 하다. 1876년 강화도조약으로 일제가 조선에 대한 침략의 마수를 뻗친 이래 1905년 을사조약으로 외교권을 박탈하고 식민지 획득을 위한 마지막 준비 작업이 저항자 수용시설을 갖추는 것이었다. 그것도 제 나라 돈을 차관 명목으로 끌어다가 주권을 강탈할 거사자금으로 사용한 해적 떼 특유의 야만적 행위였다.

　당시 약 5만여 원이라는 거액을 쏟아 부어 만든 서대문 감옥은 청사 및 부속 건물 80여 평, 옥사와 공장 등 4백80여 평 규모의 이층 건물이었다. 동서향으로 세워 건물 중앙에 통로를 내고 양쪽으로 한 평과 반 평짜리 사방을 설치했다. 동서 벽면은 붉은 벽돌로 쌓아 환기통과 창문을 하나씩 두고 복도 쪽에는 통나무 출입문에 시찰구와 식구통을 구비한 마치 마구간이나 돼지우리를 연상케 한 구조다.

수용능력은 5백여 명 정도였으며 이를 시발로 평양, 대구 그리고 서울 공덕동에 마포 감옥을 증설하고 총독부는 형무소 관리 업무를 담당할 감옥관 제도를 일사천리로 밀어붙였다. 이것이 우리나라 최초의 근대식 감옥이다. 이렇게 시설과 관리체계를 갖춘 일제는 1909년 7월 12일에 '한국의 사법 및 감옥 사무를 일본국 정부에 위탁하는 건에 관한 각서'인 이른바 기유각서를 강제로 체결하여 사법권과 감옥사무를 일제의 통감부가 완전히 장악하였다. 1909년 말에는 9개 본 감옥과 9개 분 감옥을 전국에 설치하여 전국 감옥의 수용인원은 5,300여 명에 이르렀다.

총독 휘하에 공소원 검사장의 감독을 받는 전옥, 간수장, 통역, 간수를 두고 조선인 저항에 만반 태세를 갖추고 나라 잃은 분함을 이기지 못해 맨주먹으로 항거하던 사람들을 강제로 잡아넣는 악독한 만행이 거리낌 없이 자행되었다.

3·1운동을 전후하여 서대문 감옥의 형편을 비교적 소상히 밝혀주는 일본인 전옥 가끼하라 다쿠로柿原琢郎는, "교회당教誨堂이나 공장에도 철조망을 둘러서 감방으로 대용하는 궁여지책을 취했으나 흥분한 재감자 중에는 방안에서 큰 소리로 독립선언의 연설을 하면 박수로 공명共鳴하고 그 혼잡은 도저히 비유할 수 없는 상태에 이르렀다. 게다가 감옥의 앞과 뒤의 산꼭대기에 독립운동가가 올라가서 낮에는 태극기를 흔들고 밤에는 봉화를 올려서 재감자在監者를 선동하는 일이 날마다 밤마다 연속되어 한 달 이상이나 계속되었다"고 회고록에서 증언하였다. 썩어빠진 집권층의 비겁한 책략으로 말미암아 비록 나라는 망했지만 백성들의 의기는 충천하고 있었음이 역력하다.

3·1운동으로 수용된 인원은 지강 양한묵, 묵암 이종일, 만해 한용운, 남강 이승훈 선생을 비롯하여 3천 명을 헤아리고도 남았다. 전년에 1만1천6백9명에서 1만5천1백61명으로 증가되었고 1920년 3월 집계된 바로는 하루 평균 입감 인원수가 6천6백17명으로 나타나 있다. 그리하여 총독부 당국은

분소였던 영등포·청주·신의주·전주·목포를 감옥으로 승격시킴과 동시에 개성·강릉·서흥·금천·안동·제주에 분감을 설치하는 악업을 계속한다. 시세가 그러함에도 우리 동포들은 잡혀 가는 것을 두려워하기는커녕 대일 항쟁은 날로 가열차게 전개되었다.

1923년 감옥의 이름을 형무소로 변경하여 사용하였고 1936년에는 형무소 17개, 지소 11개, 수용인원 18,000명으로 증가하였다. 니뽄도日本刀로 찌르고 방망이로 까부셨던 일본 순사들의 만행과 함께 고등계 경부로 변신하여 암약하던 반민족 행위자들도 만만치는 않았다. 체포, 구금, 고문의 악순환 뒤에도 그들의 추악한 그림자가 따랐고 악역도 서슴없이 자행되었다.

일제의 고문 수법은 가히 살인적이었다. 거꾸로 매달고, 코에 물 붓고, 잠 안 재우면서 계속 말을 시키고, 물통에 처박아 물 먹이고, 발가벗겨 손발을 비틀거나 주리를 틀어 허위자백을 강요했다. 그런 비인도적 만행을 사람의 탈을 쓴 자들이 할 수 있었다니 생각만 해도 끔찍하고 소름이 끼친다. 일본군 장교 출신 밑에서 '통대' 다 '유정회' 다 무슨 장관이다 등등을 차고 앉아서 온갖 위세를 부렸던 자들이 털끝만큼의 부끄러움도 없이 추악 무비한 행태를 일 삼는 꼴이 가관이 아닐 수 없다. 고문을 가했거나 이를 부추겨서 십 년, 이십 년 형을 노래 부르듯 하며 '공안통' 어쩌고 하면서 거들먹거렸던 자들이나 그 후예들이 지금도 숨 쉬고 있다면 그 누군들 속이 편하겠는가. 아마도 우주의 섭리는 무심하지만은 않을 것 같다.

민족 수난사의 상징이랄 수도 있는 서대문 형무소도 문을 닫은 지 수 년이 지났다. 그 터에 독립 공원이 조성되었다. 일제가 지었던 구사九舍와 사사四舍 등 몇 동의 사방만 남기고 해방 이후 확장된 시설을 모조리 철거한 모양이다. 한용운 선생이 징징 울고 있던 민족대표 최린을 향하여 변기통에서 똥을 집어 던졌던 곳도 이 감방이며, 조봉암 선생과 전 중정부장 김재규가 형장의 이슬로 사라진 곳이기도 하다.

구사 이층 십 팔 방, 흡사 관처럼 숨통을 조이던 반 평짜리 독방에서 80년대 초 한 해를 살았던 기억을 나 역시 어느 한시도 잊은 적이 없다. 맞은편 십칠 방에 계시던 고은 선생과 통방하다가 이 방 저 방으로 쫓겨 다녀야 했는데 그 방엔 김광섭 시인이 3년간 묵어갔다고도 하고, 콧수염 기르고 만담 잘하는 김동길 씨가 잠깐 쉬어갔다는 이야기도 들었다.

음산하고 끈적끈적한 어둠이 감방에 가득 밀려드는 때면 생의 난간을 딛고 서서 몸부림치기도 했다. 콩밥 한 덩이로 시장기를 때우고 면벽하여 묵상하다보면 고요한 밤 찬바람에 실려오던 금속성 음향이 번개처럼 내 의식을 칼질했다. 식기로 쇠창살을 긁어대면 성한 사람도 병이 날 만큼 듣기 싫었다. 80년 5월 27일 새벽, 광주를 찢어발기던 M16 총성과도 같아 나는 몸서리쳤다.

아마도 한국판 바스티유 감옥인 이곳에서는 4·19, 5·16 같은 변혁기, 삼선개헌, 유신쿠데타의 풍파 속에서 수많은 인물들이 고통의 밤을 지새웠을 것이다. 그 후 10·26, 12·12, 5·18의 풍파 속에서는 재야인사, 대학생, 노동자 등 민주화를 외치는 운동권의 목소리가 넘쳐나기도 했을 것이다.

"나는 가네 저 바다로. 청미야 기다려라 꼭 나갈끼다. 대머리 전두환을 박살내자. 미제국주의 타도. 나가고 싶다. 형 난 살아 나갈 거야. 민주쟁취·민중항쟁·민족통일."

벽마다 빼곡히 새겨진 구호에서 민족항쟁사와 민주화의 열망이 농도 깊게 집약된 자유혼의 용광로를 만날 수 있는 것이다. "수인은 위대한 몽상가다"라는 도스토예프스키의 말을 빌릴 것도 없이 옥에 들어오는 날부터 철학자가 되고 시인이 되고 소설가가 되어 옥중문학의 장장한 계보를 만든 곳도 다름 아닌 서대문 형무소였다.

이윽고 어디서 누가 먼저랄 것도 없이 동시에 태산이 무너지는 폭음으로 "군사독재 물러가라", "살인마 전두환은 깨져라" 성난 함성이 순식간에 천지를 뒤덮어 버렸다. 간수들이 이리 뛰고 저리 뛰어 보았자 속수무책이었다. 이튿날 아침이면 담당이 다가와 "지난밤에도 한 판 했다면서요. 유신 말기에도 그랬습니다. 원한의 함성이 밤마다 주문처럼 터지더니 박정희가 깨지더군요." 사뭇 진지한 표정으로 내게 들려주던 말이다. 비틀거렸던 역사 속에서 반민족 반민주 행위를 서슴지 않았던 무리들이나 5·18 학살원흉들이 설 자리는 이 땅에 없는 것 같다. 지구촌 밖 어딘가에 새로운 보금자리를 마련해 줄 묘책을 강구하는 것이 우리의 시대적 당면과제가 아닌가 싶다.

자유가 없는 체제에서는 그 사회 자체가 거대한 감옥일 것이다. 다만 죄 없는 사람의 감옥이 잠깐이라면 반대로 양심의 감옥은 영원한 것이다. 생각해 보라. 착한 이들을 볼모로 잡아놓은 도둑들은 영원한 역사의 감옥에서 죄의 판정을 받고 자자손손 빠져나가지 못할 것이니 역사는 언제나 정의롭지 않았던가.

얼빠진 교육

요즈음 우리 사회에서 특히 지도층이나 언론에서 자주 쓰는 말 가운데 노블레스 오블리주(noblesse oblige)라는 프랑스어 표현이다. 이 말은 '귀하게 태어난 사람은 고귀하게 생활해야 한다' 는 정도의 의미를 갖고 있다. 지도층에게는 그 지위에 상응하는 높은 도덕성이 요구된다는 뜻으로 널리 쓰이고 있는 것 같다. 우리 사회에 부패가 만연되다 보니 이를 예방 할 수 있는 적절한 메시지가 필요했을 것이다. 비도덕적인 행위는 스스로를 구속하는 것은 말할 것도 없고 양심에 상처를 입히는 일이다. 우리의 옛 선비 교육은 삶의 그림을 어떻게 그리게 할 것인가에 초점이 맞추어져 있었다. 자라나는 세대로 하여금 올바른 삶의 자세를 가다듬게 하고 그들 내면 깊숙한 곳에서 감동적인 자각을 불러일으킬 수 있도록 온갖 정성을 다하였다.

교육은 사람이 사람을 사람답게 만드는 일이다. 이상주의적 발상일지 모르겠으나 인간의 존엄성에 대한 고양이 어느 때보다도 절실하다. 우리의 이러한 희망과는 반대로 근래 광주시교육청 산하에서 일어난 일련의 사건은 실로 놀라움과 경악을 금할 수가 없다. 그동안 우리의 교육은 수난의 역사와 함께 황폐일로에 있었다. 우리의 토양이나 기후 조건에서 생성된 이론이나 방법들이 무시된 채 사람의 심성이나 정신보다도 행동과 육체를 경험 과학적으로 조작하려는 일에 골몰해 온 것이 사실이다. 그로 말미암아 사람과 자연 그리고 삶을 사랑할 줄 아는 심성을 도야하는 일에 실패한 것이다. 마음을 닦고 깨치는 교육보다는 지식을 쌓고 기능을 연마하는 훈련에만 집착하였고, 전인적인 삶의 과정보다는 겉으로 나타나는 성과주의가 우선되어 허위의식의 재간만을 길러 왔다. 가장 좋은 교육은 교육과정을 충실히 이수 하는 것 못지않게 실생활 전반을 통한 전인적인 체험에서 이루어지는 것이다. 그보다 더 무서운 것은 스승과 제자 사이의 정신적 만남을 통한 인격적 감화다. 이와 마찬가지로 교육 현장에서도 교육주체들의 영향력이 크게 작용하는 것을 알 수 있다. 따라서 교육에 관계하는 사람의 인격과 교육사회 환경은 그만큼 교육에 미치는 바가 크다. 만일 교육현장이 불법과 부정의 온상이 된다면 그 결과는 엄청난 재앙이 될 수밖에 없다. 그럼에도 불구하고 우리 교육은 정치권력에 의해서 좌우되는가 하면 교육관료들의 부정과 비리로 얼룩져 왔다. 우리가 우리의 교육을 반듯하게 세우지 못하면 우리 아이들은 생명의 근원이 무엇인지 또는 공기와 태양이 우리에게 무슨 의미가 있는지조차 알려고 하지 않을 것이다.

그런데 근래에 교육계에서 일어난 일련의 사태를 놓고는 심각한 우려와 함께 위기감을 떨칠 수가 없다. 동물적인 직성이 풀릴 때까지 아이들에게 매질을 가한다거나 수능시험을 앞둔 여학생을 건드린 행위는 도저히 용납할 수 없는 파렴치 행위다. 얼마 전 교육 수장으로 임명된 자를 검증하는 청문회 과정을 지켜본 사람들은 그의 그릇된 현실인식에 분노와 개탄을 금치 못했을 것이다. '논문 재탕'과 '제자 논문 표절'이 대학가의 관행이라고 우기다가 미소를 짓고 떠났다. 그가 스스로 물러났으니 망정이지 하마터면 큰일 날 뻔하지 않았는가. 그러나 안도의 숨을 돌릴 틈도 없이 또다시 교구

납품비리사건으로 두 학교 회계책임자들이 구속되는 불행한 사태를 맞게 되었다. 도대체 부패의 끝이 어디인지 가슴 조일 뿐이다. 교육계의 청렴정신은 실종되었고 야누스적인 이중인격자가 판을 치고 있다.

이 시점에서 남의 자식 가르치는 사람이 갖춰야 할 사도師道를 들먹이는 것은 공허空虛할 뿐이다. 자기 자식과도 같은 아이들을 가르치겠다고 학교를 짓고 교구를 사들이면서 어떻게 업자로부터 대가성 있는 금품을 수수할 수 있단 말인가. 도덕적 감각이 마비된 한심한 작태라 하지 않을 수 없다. 그런데 더욱 개탄스러운 것은 시교육청이 이 같은 현실을 앞으로 신설학교 행정실장은 엄선해서 내보내겠다는 잠꼬대 같은 소리로 대처한 것이다. 어디 그것이 행정실장 한두 사람만의 잘못이던가. 그동안 부정 비리 무능 정실로 만신창이가 된 광주교육을 두고 책임 있는 자리에 있는 사람이 단 한 번이라도 뼈를 깎는 자성과 자정노력을 한 적이 있었던가 묻고 싶다. 교육에 신선한 충격을 주기보다는 오로지 자리에 연연하다가 교육을 이 꼴로 만든 것이 아닌가. 명문대 진학률이 학교평가의 기준이 되고 수월성만 지나치게 강조하다보니 얼빠진 교육이 되고 말았다.

윗물이 맑아야 아랫물이 맑다고 현장파악은 게을리 하면서 전시 행정에만 집착한 나머지 기강은 흐트러지고 교육은 황폐화된 것이다. 차제에 주민소환제가 갖는 의미를 깊이 있게 음미해 볼 필요가 있겠다. 교육수요자들이 두 눈 부릅뜨고 감시하는 것만이 최선의 방책이 될 것이라고 믿는다.

러시아 태생 미국의 사회학자 소로킨(P.A.Sorokin)은 "우리들의 시대 위기가 뭐냐"고 묻고는 "서양이 짐승의 나라로 가기 때문에 위기다. 이걸 자꾸만 하기 때문에 위기다. 서양은 이제 끝난다."라고 설파한 바 있다. 미국이 '걸프전'이나 아프간과 이라크를 침공하기 훨씬 이전에 나온 지적이지만 양키이즘으로 찌들어가고 있는 현대 문명을 통렬하게 비판했다는 점에서 주목된다. 이어서 그는 "그럼 어디에 가서 배울 것인가 동방사회를 배워라"라고 했다. 그가 지금 한국에 와 보면 어떤 생각이 들까, 혹여 '짐승의 나라' 운운하지는 않을지 몸서리쳐진다.

국제투명성기구가 발표한 '2006년 뇌물공여지수' 조사결과 한국은 10점 만점에 5.83점으로 OECD 30개 국가 중 21위였다. 국가청렴도가 바닥권에서 벗어나지 못하고 있음을 반증한 수치다. 2005년도 시교육청의 부패지수도 마찬가지였다(2012년도 종합청렴도 6.60).

이제 우리 교육의 패러다임을 바꿔야 한다. 오늘날 우리 사회의 병폐는 해방 후 민족교육을 세우지 못한 데 근본적인 원인이 있다. 원하는 바를 달성하기 위하여 수단만을 강화하는 미국문화나 교육만을 추종하다가는 우리의 꼴이 우습게 되리라는 것은 불을 보듯 빤한 일이다.

인도의 독립운동가인 간디(1869~1948)는 일찍이 청년 변호사로 남아프리카에 건너가 15만여 명에 달한 인도인들의 인권을 위해 20년간 싸웠다. 당시 남아프리카에 거주하고 있던 인도인들은 백인들의 인종차별, 특히 아시아인 강제 추방에 직면하고 있었다. 간디는 그곳에서 물질주의가 갖는 해독이 탐욕에 있음을 발견하고 금욕과 정신주의로 대항해야 됨을 깨닫게 되었다. 그는 인류의 역사를 탐욕과 전쟁으로부터 해방시키려는 새로운 결심과 전략을 가지고 본국에 돌아와 '싸티아그라하' 진리파지眞理把持운동을 전개한다. 진리 곧 참을 지킴이다. 이 일을 위하여 가장 먼저 착수한 것이 사람을 길러내는 사업이었다. 사바르마티(sabarmati)에 아슈람(ashram)를 세우고 16년 동안 일체의 사생활을 버리고 제자들과 같이 자고 먹으며 교육에 전념하였다. 뒷날 인도 독립의 많은 지도자들이 여기서 배출되었다. 인도에서는 도덕이나 정신의 지도자는 흔히 아슈람을 세워 제자를 기른다. 아슈람은 '정신적 숨은 곳'이란 뜻이다. 조선시대에 지덕知德을 겸한 고사高士들이 서원이나 서실을 열고 제자를 길러 냈듯이 인도에서도 믿음과 덕행이 상당한 수준에 이른 사람은 사람들로부터 구루(스승)의 대접을 받게 되는데 이때 따르는 제자들을 데리고 조용한 곳에 물러가 그들에게 가르침을 준다. 그곳에서는 반드시 무슨 경전이나 교과 공부를 한다기보다는 실살림을 통하여 인생을 배운다. 날마다 존경하는 스승을 모시고 함께 살림을 해가면서 방을 쓸고, 뜰을 치우고, 밥을 짓고, 나무를 하고 스승을 위해 심부름을 하는 동안 은연 중 스승의 인격과 정신이 몸에 배었다. 그러므로 거기는 스승에 대한 절대 존경과 지지, 우러러 섬김이 있을 뿐이다. 우리의 전통교육에서 초학자를 위한 입문서이며 훈민정음으로 그 음音과 석釋을 표기한 훈몽자회訓蒙字會, 이덕무의 『사소절士小節』이 사람답게 사는 지혜에 역점을 두고 교육했었던 것과 같다. 다산 정약용 선생도 강진에 유배되어 저술에 들어가기에 앞서 제자를 길렀다. '동천東泉' 그리고 다산 초당에서 제자들과 기거를 같이하면서 수년 동안 교육에 심혈을 기울였던 것이다. 그의 교학방식은 단계별 전공별 맞춤, 실전, 토론, 집체형 등 여섯 단계로 구분하여 가르쳤다. 첫째, 단계별 방식에서는 학습의 요령과 우선순위를 익히고 둘째, 전공별에서는 적성을 살려 주었다. 셋째, 맞춤형 교육으로는 개성을 북돋아 학습 동기를 유발시켰으며 넷째, 실전형 교육으로는 방법론을 터득 시켰으며 다섯째, 토론형에서 문제의식을 공유 심화시켰다. 마지막으로 집체교육으로 효율성을 극대화시켰다. 이렇게 하여 양성된 제자들이 스승의 저술 활동을 도운 것이다. 스승의 그림자도 밟지 않을 만큼 공경하고 두려워함이 우리의 사제관계였다. 간디가 운영한 '사바르마티 아슈람'의 교육 목적은 모크샤(moksa)에 있었다. 모크샤는 해탈 또는 정신적 해방이라고 번역할 수 있는 말이다. 혼의 완전한 자유에 이른 상태다. 간디는 그의 자서전 서문에서 "내가 이 30년 동안 이루려고 힘쓰고 애써 온 것은 자아의 실현이다. 모크샤에 도달하려 함이다" 하였다. 한편 간디가 아슈람 안에서 하는 일의 중심은 물레질에 있었다. 간디는 물레질에 경제적, 정신적으로 큰 의미를 부여하였는데 현대 교육으로 말하면 직업교육을 중시한 차원 높은 철학이 담겨 있다. 후일 인도인들이 간디에게 바친 최고의 찬사는 '마하트마(mahatma)', '위대한 영혼'이었다. 로망롤랑의 표현으로 하면 우주의 생명과 합치된 사람이다. 방향을 잃고 황폐일로에 있는 우리의 교육 현실에 시사하는 바가 크다.

지자체는 역사에 눈을 떠야 한다

7월의 문턱에 와 있다. 한 해의 반절이 정신 차릴 겨를도 없이 가버렸다. 특히 5월과 6월은 쏜살같이 빠르게 날아간 듯하다. 6월 광주와 함께 지구촌 전체가 악머구리처럼 들끓었던 탓일까? 곧바로 민선 4기 지방자치단체가 출범한다. 특정 정당이 전국에서 단체장은 물론 의회까지 싹쓸이 하다 보니 기대보다는 우려의 목소리가 높다. 견제와 균형이 붕괴된 선거결과를 놓고 논란이 무성한 현상을 어떻게 보아 넘겨야 할지 심히 당혹스럽기까지 하다. 권력의 남용이나 부패를 예견하지 못한 행위 자체에 대하여 의문을 품는 것은 너무나도 당연한 일인지도 모르겠다.

지방자치가 실시된 이래 기초단체마다 들불처럼 번진 것은 축제가 아닌가 싶다. '축제공화국'이라는 비아냥거림이 나올 정도로 고을마다 축제를 경쟁적으로 꾸리다 보니 부실한 점이 많이 노출되었을 것이다. 사정이 이렇다보니 어느 무소속 후보는 문화산업보다는 선진농업의 생산기반조성에 집중하여 경쟁력 있는 농촌을 건설하겠다는 공약을 내걸고 당선되기도 하였다.

이제 지자체들은 민생이나 문화와 관련하여 어떤 일을 추진하려면 보다

정치하고 과학적인 설계를 가지고 주민에게 다가가야만 소기의 성과를 낼 수 있을 것 같다. 칠레나 LA산 와인이 프랑스를 따돌리고 세계시장을 석권하고 있듯이 이제는 고품질 친환경농산물 생산이 농민 문화의 중핵이 되는 시대가 바람직하다. 그러기 위해서는 지자체가 역사에 눈을 떠야 한다. 자기 고을의 문화와 역사를 배경으로 삼아 현재를 보다 확실하게 다져나간다면 주민들이 잠시 잊고 있었을지도 모를 우국충정이 되살아나는 계기가 될 것이다. 그런 점에서 민선 4기의 책무는 그 어느 때보다도 무겁다. 예컨대 '화순 고인돌축제'의 경우 시작부터 '역사와 문화고장' 화순을 표방하였다. 누가 보아도 대단히 뜻깊은 일이고 방향감각 또한 옳았다. 화순은 세계문화유산으로 지정된 고인돌 말고도 근현대사에서 훌륭한 인재를 부지기수로 배출한 고장이며 문화유산이나 사적이 곳곳에 널려 있기 때문이다.

화순이 고인돌 축제를 심화시키면서 3·1운동 당시 전남에서 유일하게 민족대표로 참여한 양한묵 선생의 기념사업을 함께 하면 후생의 교육은 물론 관광자원으로도 제몫을 할 것으로 믿는다. 이 사업은 고을 명예뿐만이 아니라 통일시대를 여는 초석이 되기에 충분하다.

양한묵 선생은 해남에서 태어나 혼인과 동시에 남평 송촌에서 살았다. 1894년 탁지부 주사에 임명되어 그의 선조의 고향인 능주에 세무관으로 부임, 동학혁명을 겪는다. 그때 장흥과 보성의 농민군 가운데 체포된 자들을 구출하였다고 한다. 도곡 달아실 학포공의 후손인 그는 순국 후 화순 앵남에 묻혔다. 그의 생애에서 가장 빛나는 업적은 동학을 근대적 민족종교로 다듬어 냈다는 것이고, 민족종교인 천도교는 3·1운동을 주도하였다.

역사적 사실에 기초하여 선열을 기리는 사업은 위기적 상황에 처한 오늘의 정치현실에서 시급히 추진되어야 할 당면과제이다. 역사의식이라는 더듬이가 작동을 멈추면 정상배들의 농간에 넘어가 오판하는 중대과오를 되풀이하게 될지도 모르니까 말이다.

무등산과 영산강이 일군 호남문화

　예부터 무등산은 산짐승만을 포용하지는 않았다. 산토끼나 까투리 말고도 구진포 장어와 몽탄강 참숭어를 품에 안아 길렀다. 그뿐인가. 최근 동복호가 고기 반 물 반이라고 하지 않던가. 극락강 가 버드나무 타고 놀던 가물치는 초동의 발자국 소리에 놀라 튀고, 잉어나 쏘가리는 하천을 거슬러 오르다가 원효 계곡에서 풍류를 즐기던 임석천과 정송강을 보면 추파를 던지기도 했다. 피라미나 자가사리는 아예 숨을 죽이고 갈대숲 마른 줄기를 붙들고 통사정할 수밖에 없었다.
　영산강 하구둑인가 개뿔인가가 생기기 전까지만 해도 무등산은 산짐승이나 사제무司祭巫들뿐 아니라 물고기의 서식처였다. 산새 우짖고 승냥이 떼와 호랑이가 공생했을 법도 하다. 아무나 범접할 수 없었던 무등의 위용이 가히 어떠했던가는 상상되고도 남는다. 무등산 호랑이가 사방 백 리를 호령했다고 생각해 보라. 저절로 힘이 솟고 거침없이 남북을 오갈 것 같지 않은가.
　비호飛虎라! 백아산, 모후산, 조계산, 금성산, 불갑산 정도는 다람쥐나 오소리, 노루들의 놀이터로 내주고, 속인들 눈에 띄지 않게 으슥한 밤이면 백여 리를 날면서 탐진에서 한라로 건너뛰기도 하고 백운산에서 포효하면 남해나 거제 앞바다가 쿵쾅거렸겠다. 섬진강 맑은 물에 노닐던 은어를 보면서 차마 갈증을 풀지 않는 산중왕山中王의 금도는 지리산 기슭 평사리에 이르면 사뭇 달라졌다. 어쩌다가 헛것 보고 짖어대는 황구라도 만나면 감식甘食한 후에야 새벽녘 귀가 길의 허전함을 달랬을 것 같다.

영산강이 살아서 용트림하고 남·서해가 일렁였던 시절, 무등은 한껏 그 기개가 높았다. 광활한 평야와 산천에 동식물이 자라고 뛰놀던 호남벌은 무등이 거느린 천군만마였다. 장보고의 야심만만함이 좋았고 녹두장군의 불굴의 의지가 삼남을 뒤흔들고 멀리 북만주 대륙으로 메아리쳐 갔다. 밀고 밀리고 맞받아치면서 문화의 수준을 높였다. 지금은 영산포의 뱃고동 소리도 사라진 지 오래지만 멸치젓 비린내가 일구어낸 영산강 유역 문화는 발칸 반도의 그리스 문화에 비견될 만하다.

오래전 무안 앞바다에서 건져 올린 청자! 청자 소식은 오늘을 살아가는 세대로 하여금 아득한 향수에 젖게 했다. 청자는 고려의 무인정권 아래서 강진의 도공들이 구워낸 것이 일품이다. 무단 통치시대였을망정 도공들은 한눈팔지 않고 제 갈 길을 가고 있었던 것이다. 보물을 소중히 간직하다가 때맞추어 토해내는 걸 보면, 서해의 파고가 예사롭지 않을 조짐인가 한다.

탐진강 유역에서 구워낸 청자는 우리 도자陶瓷문화의 진수다. 높은 이상에 살려는 역사의식의 발현이며 우리의 가슴속에 감춰 둔 신비한 세계의 일부이기도 하다. 나철 선생이 대종大倧사상의 깃발을 높이 치켜든 것도 같은 맥락에서 사려 깊은 일이라 하지 않을 수 없다. 일제 강점기 우리 민족을 말살하려던 강도 일본에 항거하면서 민족주체의식을 함양하려던 고차원적인 발상이다. 하늘과 땅, 삼라만상을 하나로 아우르는 드높은 정신의 발현이기 때문이다.

자연은 가만히 놔두고 보아야 할 부분이 있는가 하면 손 쓸 부분이 따로 있음을 엄격히 구별해야 한다. 이제라도 생각을 고쳐먹고 슬기롭게 방안을 찾아내는 일에 골몰해 보자. 생태계의 복원은 행복한 삶으로 가는 지름길이다. 삶의 내용이 부실하면 저질 문화 밖에 더 이상의 기대는 곤란하다. 가장 좋은 방법은 하구둑을 터버리는 일이다. 국토면적이 좁은 네덜란드도 농민에게 주었던 땅을 도로 사 들여서 물막이를 트고 있다. 미국도, 또 무슨, 무슨 나라들도 마찬가지다. 생태계 보존이 얼마나 중요한가를 깨달아 가고 있는 본보기라 하겠다. 똥물을 마시고 사는 목포 사람들을 방치해 놓은 채 구리지 않는 지도자가 나오기를 바란다는 건 억지가 아닐까.

산에서 짐승이 쫓겨나고 강이 썩거나 마르면 그곳에 사는 사람도 겨레의 기상도 함께 죽고 만다. 자연을 단순한 정복의 대상으로 여겨선 안 된다. 밀림의 법칙은 생물의 법칙이지 사회진화론적 입장에서 힘의 논리를 전개할 것은 못된다. 스펜서의 논리가 무위로 끝나버린 것을 방금 전에 우리들은 목도한 바 있다. 제국주의 열강의 아시아 침략이 그것이다. 자연을 정복한답시고 생태계를 파괴하면 멀지 않은 장래에 무서운 재앙을 만나게 될 것이다.

무등산 꼭대기를 깎아서 요새를 만들어 놓았다고 해서 유비무환의 자주국방이 완성되었다고 믿는 사람은 하나도 없다. 최근 리비아(Libya)의 카다피는 이베리아(Iberia) 반도 남단 끝에 있는 지브랄타(Gibraltar) 해협에 있는 인공위성 정보망에 포착되어 목숨을 잃지 않았는가. 지왕봉, 인왕봉, 천왕봉은 시급히 제 모습을 되찾아야 한다. 장불재나 중봉에 방송 중계탑을 제 아무리 높여 보았자 위대한 사상이 배태되거나 문화의 터전을 일구는 데는 한계가 있다. TV만 켜면 눈 덮인 서석대 풍경을 브라운관에 띄우면서 무등산 보호를 외쳐대는 방송사들도 이제는 시민 앞에 진실해 질 때가 되었다.

원컨대 정월 초하룻날 무등산 일출을 보고 짖는 개를 나무랄 수는 없지만 재수 없이 명산에 경비견을 빙자하여 멍멍이를 잡아두려는 자들의 각성을 촉구하지 않을 수 없다.

       산촌에 밤이 드니 먼 데 개 짖어 온다/시비柴扉를 열고 보니 하늘이 차고 달 이로다/저 개야 공산空山 잠든 달을 짖어 무삼하리오

자연으로 돌아가라

머지않아 무등산 지공너덜에도 철쭉꽃이 만개할 것이다. 바위틈에서 추위를 이겨낸 나무들이 하나 둘씩 꽃망울을 터뜨리면 산자락은 말갛고 앳된 소녀의 얼굴로 바뀐다.

산을 타면서 꽃구경을 하려면 아무래도 장불재를 넘어서 규봉암으로 가는 코스를 택하는 것이 좋을 것이다. 4월 하순부터 5월 초순 무렵이 절정이기 때문이다. 산꾼들이라면 당연히 창령 화왕산이나 지리산 바래봉을 떠올리겠지만 사람의 공력을 들이지 않고 자생하는 철쭉의 군락지로는 몰라서 그렇지, 무등산이나 근교의 백운산만 한 곳도 흔치 않을 것이다. 벚꽃이 지고난 뒤에 피는지라 산에 들면 신록과 풀냄새가 싱그럽고, 햇볕은 따스해 숲 속을 걷는 재미가 쏠쏠하다.

떡갈나무나 후박나무 위에 송홧가루가 내려앉으면 물오른 나무들도 수줍음을 탄다. 산새소리인지 골짜기의 물소리인지도 구분이 안 된다. 무등산에 앉거나 선 바위들은 한양을 이루는 주산主山 백악(지금은 북악산)이나 인왕산처럼 속살을 하얗게 드러내지 않고 장삼長衫을 입고 좌정한 도인 같이 거무튀튀하면서도 푸른 기상이 넘쳐난다. 우뚝한 것은 하늘을 찌를 듯하고 가부좌한 바위는 차가운 기운을 뿜는다. 무돌뫼의 제일경인 규봉이 동면에서 깨어 기지개를 켜면 화신도 졸다가 정신이 번쩍 드는지 성큼성큼 소걸음질이다. 산꾼들이 흥에 겨워 야호! 소리지르다가는 산지킴이들한테 금수가 놀란다고 야단맞는다.

무등산이 시인 묵객의 붓끝에 처음 오른 것은 고려 김극기金克己의 시다. 규봉圭峯에서 바라 본 무등산의 조망을 이렇게 노래하였다.

    기이한 그 모습 이름 짓기 곤란터니
    올라와 내려보니 만상萬象이 발아래라
    바위 꼴은 마치도 비단을 마르잰 양
    봉우리의 형세는 규옥圭玉을 쪼은 듯이
    즐거이 노닐며 티끌 자취 가리니
    그윽한 거처는 도정道情을 더해주네
    어이해야 세상 그물 훨훨 내던지고서
    가부좌를 틀고 앉아 무생無生을 배울런가

정상에 우뚝 솟은 바윗돌이 마치 비단을 마름질하여 뽑아 세운 듯하다고 읊고는 진적塵迹도 미칠 수 없어 도정도 절로 솟으니 이 산에서 세망을 걷고 무생의 설법에 귀 기울이겠다는 것이다. 옛 선인들의 강산유람에는 멋과 풍류가 따랐던가 보다.

근래에 전문산악인이 늘면서 취향도 다양해졌다. 여름이면 물 맑은 계곡을 낀 산, 가을엔 단풍, 겨울철에는 설경이 아름다운 곳을 찾아서 산행길에 나선다. 경제성장에 따른 여가 시간이 늘면서 휴일이면 산을 찾는 인구 또한 격증하는 추세다. 형형색색의 옷차림을 한 등산객들로 산은 가을이 아니더라도 문자 그대로 천자만홍이다.

　산적적 수잔잔이라는 말은 이제 옛일이 되고 말았다. 괜히 알지도 못하면서 산짐승이 어쩌고 하지만 눈 덮인 겨울산을 올라 본 분들은 알 것이다. 심산유곡에 인기척이 나면 가장 먼저 반기는 것이 비둘기나 까마귀들이다. 장난기가 발동하여 모른 척하면 어찌나 보채던지. 바위 위에 모이를 가져다 놓으면 순식간에 새들이 모여든다. 사람의 눈치를 살피면서 기회적절하게 변신을 꾀한다거나 제 배만 불리려고 대립각을 세우지도 않는다. 그냥 지껄이고 까불면서 의좋게 먹는다.

　산행을 하다보면 잠시 한 발짝 물러서야 할 때가 있다. 기어이 끝장을 보겠다고 막무가내로 덤비다가는 공멸의 위기에 내몰릴 수도 있다. 정글의 법칙은 사람으로서 세상 사는 지혜가 아니고 자연 섭리의 한 모습일 뿐이다. 부시가 이라크를 침공했다가 "뻔뻔스런 강도짓"으로 지탄받으면서 고립에 빠져 있는 모습이 이와 다르지 않다.

　한때 자연으로 돌아가라고 외치던 시대가 있었는데 이젠 진정 자연으로 돌아가기가 쉽지 않더라도 자연으로 돌아갔으면 한다. 사회 일각에서 '희망제작소'라는 걸 만들어 보겠다고 서두르고 있는 걸 보면서 자연스러움은 탐욕적이지 않다는 생각을 해 본다. 우리의 산야에 지천으로 널려 있는 민들레나 무등산에 자생하는 춘란은 언제 보아도 해맑다. 나무가 우거진 숲 속에 차가운 샘물을 찾는 노루나 까투리처럼 우리의 가슴에도 한 가닥 시원한 물줄기가 샘솟았으면 좋겠다. 자연 속에서 사특함을 멀리할 수 있는 기상을 배울 일이다.

가을 문턱에 서서

새벽녘이면 여름 내내 열어둔 창으로 서늘한 기운이 밀고 들어온다. 더위에 지친 심신에 무연히 감겨오는 한기가 상쾌하기 그지없다. 가난한 소시민들이 누리는 맑고 소박하고 평담한 삶은 자연의 섭리가 아닌가 싶다. 한 여름 무더위가 기승을 부릴 때만 해도 가을이 언제 오나 아득하기만 했는데 절서節序는 속일 수 없는지 베짱이 우는 소리가 애처롭다.

쌍춘년 윤달에 밀려 한가위가 저만큼 물러서 있는 탓인지 매스컴도 잠잠하다. 예년 같으면 추석물가동향이나 교통편 귀성예매 등으로 화젯거리가 무성할 터인데 아직도 조용하다. 다른 한편으로 생각해 보면 쉴 새 없이 터지는 대형 사건들로 말미암아 보통사람들의 상식으로는 어느 게 정상이고 비정상인지 구분하기 힘들 정도로 휘둘리는 일상이다.

'바다 이야기' 파문이 도박공화국이라는 오명으로 일파만파 번져가고 있고 한·미간에 논의되고 있는 '전시작전통제권 환수' 문제를 놓고 양국 정부가 명쾌한 해법을 내놓았음에도 불구하고 재향군인회, 기독교총연합회, 사학수호국민운동본부, 한나라당 전·현직대표들이 나서서 이를 반대하는 여론몰이를 일삼고 있는가 하면 노조의 파업도 지칠 줄 모른다.

이런 와중에서도 징검다리 추석연휴를 즐기려는 사람들의 움직임이 예사롭지 않다. 월, 수 이틀만 연가를 쓰면 일주일을 통째로 놀 수 있어선지 유럽이나 미주지역 항공권이 매진상태라는 뉴스다. 장거리항공권을 놓친 분들은 중국 등 동아시아권으로 발길을 돌리는 모양이다. 그런 연유로 추석특수를 노리는 상혼은 몰라도 교통대란은 수그러들 것이 분명하다.

더구나 외지에 나가 살고 있는 자식들이 명절에 고향집을 찾던 갸륵한 정성은 이젠 옛이야기가 되어가고 있는 게 요즈음 세태다. 그나마 가족여행을 떠나는 사람들은 숙박지에서 차례상을 올리면서 오순도순 지낸다고 하니 다행이 아닐 수 없다.

그래서 그런지 힘들게 벌어서 헤프게 쓴다는 비난여론에도 불구하고 삼삼오오 해외로 나가는 것이 대세를 이루고 있다. 꽉 짜인 일상에서 벗어나 어디론가 혼자 떠나고 싶은 충동은 사람이면 누구나 한번 쯤 가져보는 감정일 터이다. 인공위성이 날고 극지방에 연구소가 들어서고 있는 시대에 우리와 다른 문명세계로의 여행은 행복하고 즐거움을 가져다 줄 뿐만 아니라 인생에서 가장 밀도 있는 시간이 될 것이다. 2300여 년 동안에 열두 번 밖에 없다는 쌍춘년, 모처럼 맘먹고 떠나는 외국여행에서 글로벌시대의 보편적인 가치나 조화를 발견하고 자신이 지니고 있던 인식체계를 새롭게 다듬을 수 있는 기회로 삼으면 어떨까 싶다.

세계문화를 동서로 양분하여 이해하던 지난 세기, 우리의 사상계는 '유럽중심주의' 견해를 벗어나지 못하였다. 하지만 그러한 사조는 인류사의 긴 흐름이라는 관점에서 보면 제국주의 물결을 타고 일시적으로 일어난 현상에 지나지 않는다. 인류는 지금 그리스·로마의 고전 고대만큼이나 르네상스 이전의 동양에 주목하고 있다. 한때 '로마가 종교로 세계를 다시 한 번 제패했다'는 이야기가 설득력을 얻는 것 같았지만 중국의 황제를 끝내 개

종시킬 수는 없었다. 마테오 리치(Matteo Rich)가 본색을 감추고 화광동진和光同塵하려 했으나 그 유폐는 비루하게 되었다. 조선후기 실학을 집대성한 다산茶山 역시 그가 쳐 논 그물에 걸려 곤경을 치렀다고 보아도 지나치지 않다. 금년 스위스 '다보스 포럼'(World Economy Forum)에서 세계인의 이목이 중국이나 인도에 집중되었다고 들었다. 지구촌 경제의 중심이 신흥국으로 이동하는 추세와 함께 문화의 중심축이 동으로 기울고 있는 상서로운 조짐이라고 이해해도 될지 모르겠다.

다보스포럼이 세계화를 지향하는 선진국 중심의 국제회의라는 비판과 함께 개발도상국과 제3세계국가들을 외면하고 있다는 한계를 지적하면서 출범한 세계사회포럼(WSF)의 입장도 있고 보면 반드시 긍정적으로 받아들일 수만은 없지만 말이다.

아시아문화중심도시조성을 위한 특별법이 국회를 통과하여 사업이 본격화 될 전망이다. 우리가 만들어가고 있는 새로운 역사가 누리를 밝힐 수 있는 초석이 되었으면 하는 간절한 염원을 담고 있다.

시골살림

　태풍은 고산지대의 썩은 나뭇가지를 쳐낸다. 장마가 끝나고 바람도 자면 햇살은 가을 산야에 뜨겁게 쏟아지고 오곡백과는 알알이 영근다. 밤송이가 터지고 감이 홍조를 띠면 아이들은 알밤과 홍시를 주우려고 나무 밑을 쏘다니고 어른들은 참깨 털고 목화, 고추를 말린다. 가을볕은 촌음도 아껴야 한다. 소꼴도 베어 놓고 볏짚은 이엉에 쓴다. 들녘사람들이야 땔감으로 쓰기도 하지만 산골 사람들은 통나무를 솎아서 가지치고 빠개 널었다.
　옛날에 심마니가 뻔질나게 드나들었던 '삼밭골' 안 산마루는 집에서 십리나 되었을까. 골이 깊지는 않았으나 높은 산 계곡을 타고 사시장철 맑은 물이 흘러 나무꾼들은 물도 마시고 목욕도 했다. 산은 물을 가르고 물은 산을 건너지 않는다. 산에 들면 푸른 숲을 흔드는 바람과 계곡에 흐르는 시원한 물소리가 혼곤한 정신을 일깨워 잠시 세속의 시름으로부터 벗어날 수 있어서 좋다. 풀과 나무와 산새들과 함께 어울릴 수 있는 산. 물길 따라 오르다 보면 산머리에 이른다.
　조선시대의 인물 김시습은 깊은 산골짜기 돌 위에 앉아 물심일여의 경지에 이르고자 했다. '저절로 되어감'에 자신을 맡기려는 초탈한 경지는 아무나 흉내낼 수 없는 그이만이 가질 수 있는 넉넉함일 것이다. 다른 한편으로 생각해 보면 꼬여가고 있던 역사의 현장에서 뛰쳐나와 고행의 길을 선택한 이면에 드리운 쓸쓸한 그림자를 지울 수는 없어도 마음만은 천고공산 일루청풍千古空山 一縷淸風 바로 그것이었을 것 같다. 매월당 역시 주어진 생애를 헛되이 낭비하고 싶지만은 않아서 였을까. 경주 남산에 몸을 숨기고 냉골마애불 앞에 쭈그리고 앉아서 『금오신화』를 엮어냈으니 말이다. 일상의 현실과 거리가 먼 신비로운 환상의 세계를 그렸으나 그가 남긴 뛰어난 문장은 높이 평가되고 있다.

 삶은 자연의 한 숨결이다. 두메산골에 사는 사람들은 봄, 가을 없이 산에 들어가 자연과 호흡을 같이하였다. 늦은 가을 나무 베는 날이면 점심 내다 드리고 돌아오는 길에 이끼 낀 돌 밑에서 가재 잡는 재미도 컸다. 개울물이 흐르다가 낙차가 큰곳에 이르면 그 아래 '소'를 이루고 '소'는 무당개구리의 서식처가 된다. 경사가 완만한 곳에는 상류에서 굴러온 돌들이 쌓여 가재는 주로 이곳에 모여 놀았다. 잡은 가재는 장난감으로 가지고 놀기도 하나 무우와 함께 조리면 맛이 제법이었다. '가재는 게 편 초록은 동색'이라는 말은 판소리 춘향전이후 서민들이 즐겨 인용하는 말이다. '가재는 게 편'이라는 운명공동체의 의미가 요사이 변질되어 건전해야 할 사회기풍을 해치고 있기도 하다. 그로 말미암아 기회 적절하게 변신하거나 뒷걸음질치는 무리들이 하도 많아서 이러다가 우리 겨레의 진취적 기상이 꺾이지나 않을까 걱정이다.

 가을 산에는 채취할 것도 많다. 가시덤불 그윽한 곳에서 만나는 으름은 쫘악 벌어진 알몸으로 싱그레 반긴다. 머루는 상상만 해도 군침이 돌았다. 다래, 파리똥, 꾸지뽕나무, 아그배, 개암나무 열매하며 더덕, 도라지, 고들빼기도 좋았다. 고들빼기는 요즘 밭에 심고 있지만, 야생이었을 때에는 가을 아니면 맛보기 힘들었다. 쌉쌀한 게 식욕을 돋웠다. 고라니, 멧돼지가 불쑥 나타나기도 하고 장끼가 고운 자태를 뽐내는 산. 발걸음 옮기기가 왠지 두렵기조차 하다. 비탈진 곳에 떡 버티고 앉아 있는 바위, 그 어딘가에서 석청을 만날 것도 같고 잡초 무성한 덤불 속 맵새의 둥지에서 푸드득 새들의 날개짓이 잡힐 것만 같다.

가을걷이가 끝나고 나면 겨우살이 준비로 산골사람들의 손길은 쉴 틈이 없다. 볕에 말린 곡식은 갈무리가 수월했으나 땅 속에 묻어 지열로 월동나는 것도 많다. 태양, 바람, 흙 그 무엇 하나 요긴하게 쓰이지 않는 것이 없다. 무는 잎을 자르고 인두로 지져 묻으면 봄이 되어도 움이 안 나고 속이 햇것같이 좋았다. 하나 일손이 딸린 농가에서는 그냥 묻었다가 이른봄 순을 잘라 나물을 만들었다. 밤은 모래에 섞어 헛간 바닥을 파고 묻고, 고구마 호박은 방안에 간수했다. 고춧잎은 연한 줄기와 잔고추가 달린 채 따서 큰 항아리에 담고 소금에 절였다가 김장하거나 된장 밑에 넣는다. 밑반찬은 기나긴 여름철 노동에 대비한 아낙네들의 슬기였다. 김장독 땅에 묻고 동치미 꺼내 먹던 시절이 그립다.

이 겨울 우리는 무엇을 어디에 저장할까. 지식이 상품화되면서 시장에 지천으로 널려있는 시속을 어떻게 헤아려야 되는 것인가. 좋은 선비가 양심을 팔지 않고 '심장이불시深藏以不市'하려 했던 자세는 전시대에나 걸맞는 일일 것인가. 글 배운 사람이 마지막까지 지켜야 할 정신의 보루는 허물어지기 일쑤이고 시정배들이나 할 수 있는 패권주의가 난무하는 가운데 방사능 폐기물 묻을 곳을 찾느라 야단법석이다. 아프가니스탄이 무차별 폭격으로 화염에 싸여도 멀쩡한 이라크를 악의 축으로 몰아서 치겠다고 큰소리를 쳐도 이를 막을 방도를 찾지 못하고 전전긍긍하는 인류를 바보처럼 멍하니 바라보고만 있을 수밖에. 핵폭탄을 품은 마음 거처 잃고 허공을 헤맬 뿐이다.

가을 들녘에는

귀한 손은 밤에 오는가. 해마다 이맘때면 초가집 봉창을 두드려 단잠을 깨웠던 밤손님은 귀뚜라미였다. 들일에 지쳐 곯아 떨어졌다가도 귀뚜라미 소리에 잠을 깨는 일은 싫지 않았다. 멀리 떠나 있던 소꿉친구가 돌아온 것 같은 순수한 느낌을 받는다. 난리 통에는 불쑥불쑥 나타나던 밤손님 때문에 곤욕을 치르는 것이 다반사였다. 소슬바람이 사립문만 흔들어도 섬찟 놀라 깼고 쥐들이 광마루 밑에서 찍찍거려도 신경을 곤두세우는 불안한 밤이었다.

그런데 귀뚜라미 소리는 예외다. 언제나 이웃처럼 우리 곁에 다가와 감춰뒀던 실타래를 풀어놓는다. 여름 내내 모기와 파리에 시달린 까닭도 있겠지만 그의 청아한 가락을 듣고 있노라면 쌓인 시름이 말끔히 가신다. 먹을거리에 집착하여 제 욕심껏 모으는 것밖에 모르는 개미나 단물만 추구하는 일벌과는 달리 매미, 여치와 함께 자연의 진수를 읊조려 우리에게 즐거움을 준다.

자연을 느끼지 못했던 시절에도 시골에서 자란 사람들은 자연의 품안에서 살 수밖에 없었다. 메밀꽃 일던 초가을 집 뜰에 찾아와 한마당 펼치던 고

추잠자리는 우리의 좋은 동무가 됐다. 잠자리채로 몹시 귀찮게 굴었건만 사뿐히 내려왔다가 수줍은 듯 높이 달아나던 모습이 매력적이었다.

한가위가 지나면 아이들은 새막에서 산다. 아침 이슬을 밟고 새막에 나가면 메뚜기들이 후드득 후드득 이슬을 털어준다. 미꾸라지가 주인을 맞느라고 논바닥을 기는 소리가 수선스럽게 어우러진다. 물꼬에 어망을 치면 추어탕감이 한 그릇씩 잡힌다. 새들이 숲으로 떠나고 들판이 조용해진 뒤에야 집으로 돌아왔다. 메뚜기를 벼이삭에다 한 꾸러미 꿰어갖고 오다가 문득 배은망덕이 아닐까 자문하면서.

그때만 해도 참새 떼가 어찌나 극성을 부렸던지 한시도 논을 비워둘 수가 없었다. 마치 야전군 초소에 선 초병처럼 언제 있을지 모르는 참새의 기습에 대비하지 않으면 땀 흘린 농사가 보람도 없이 날아가 버린다. 참새의 공격에는 유비무환이 제일이다. 그래야 낟알 하나라도 지켜낼 수가 있다.

군데군데 허수아비를 세우고 끈으로 연결시켜 지뢰처럼 깡통을 매단다. 새떼가 총공세를 감행하는 정오쯤이면 들판은 한바탕 격전지로 변했다. 새들은 노련한 전술가들이 흔히 쓰는 야음을 타고 기습공격을 하지는 않는다. 새 쫓는 소리가 마치 분노의 함성과도 같이 천지를 뒤흔든다.

> 아랫녘 새야 윗녘 새야
> 전주 고부 녹두새야
> 나락밭에 앉지마라
> 두류박 딱딱 우여!

6·25 뒤 한동안 참새가 줄어드는가 했더니 근래에 정상을 회복하는 추세다. 아마도 좋은 징조가 아닌가 싶다. 날짐승이 곡식을 축내는 몹쓸 것으로 보일지 모르나 저 하는 대로 가만히 놔두면 인간에게 기특하게 역사하

는 존재다. 만약 참새가 사라졌다거나 철새의 이동이 끊겼다고 생각해 보라. 해충은 지금보다 더 극성일 것이며 우리의 삶은 더욱 쓸쓸해져 견디기 어렵게 되지 않겠는가. 어찌 보면 천적관계란 자연의 균형을 유지하는 데 없어서는 안 될 상생相生의 원리인지도 모른다.

가을걷이가 끝나면 들쥐들은 앞다투어 이삭을 줍는다. 땅에 떨어진 곡식이나 과일을 물어다가 저장하기에 여념이 없다. 지금은 본국에 돌아가 생사를 알 수 없으나 주한 미국대사였던 워커라는 녀석이 한국인을 들쥐에 비유한 적이 있다. 들쥐가 부엉이나 독수리의 좋은 먹이라는 걸 생각하면 그의 인면수심人面獸心이 가히 어떤 지경에 이르렀던가를 짐작케 한다. 이야기가 빗길로 새는가. 지금쯤 산비탈 도토리나무나 밤나무 밑에서는 다람쥐들의 가을걷이가 한창 볼 만할 것이다. 사람을 보면 힐끗 쳐다보다가 혀만 낼름 내밀고 비호처럼 내뺀다. 산짐승치고 다람쥐보다 깜찍하고 예쁜 몸매를 자랑하는 것이 또 있을까.

보리갈이가 끝나면 머지 않아 갈까마귀떼가 날아들 것이다. 미처 달아나지 못한 벌레들은 들국화 밑으로 숨어들는지 모른다. 갈까마귀는 목에 두른 흰 머플러가 인상적이다. 옛날에는 한꺼번에 수백 마리씩 이동하였기 때문에 깃 펴는 소리에 농민들이 넋을 잃을 지경이었다. 블랙파워가 기세를 올리면 흰 옷자락이 까만 먼지에 휩싸인다. 갈까마귀가 주로 들에서 생활하는 것에 비해 물오리는 강이나 저수지를 배회하면서 겨울을 난다. 맛이 좋아서 사냥꾼들의 표적이 되기도 한다.

이밖에도 우리의 산야에는 조류가 참 많다. 산비둘기, 까치 등 길조가 있는가 하면 기러기처럼 붓끝에서 예찬되는 새도 있다. 김영랑은,

　　북으로 북으로,
　　울고 간다 기러기,

남방 대숲 밑을 뉘 후여 날켰느뇨
　　　낄르르 낄르르

　라고 읊었다. 춘원은 죽어서 새가 된다면 기러기가 되리라고 했던가. 그러나 깃을 치고 웅비하기에는 그는 너무 심약한 글쟁이에 지나지 않았던가 보다. 기러기는 변함 없이 남북으로 나는데 인걸은 간 데 없다.
　정치계절을 앞두고 철새들의 이동으로 세상이 어지럽다. 덩달아 가을여행을 앞당기고 싶은 것은 나만의 심정일까.

사금파리 역사

요즘 학생들 가운데 유기鍮器그릇을 아는 사람은 흔치 않다. 농가에서 태어났거나 전통 있는 가문의 세간을 물려받은 가정이라면 몰라도 새 살림이 대부분인 오늘의 가정에서는 아예 쓰지 않게 된 지 오래다. 그러나 태평양전쟁으로 천하가 끓고 있던 무렵에 숟가락질을 배웠던 연령층은 공출이라는 된서리에 대나무 숟가락을 써야 했고 해방 후 놋그릇, 사기, 질뚝배기의 공존시대를 겪어서인지 가끔씩 야릇한 정감으로 회상하게 된다.

명절이나 잔치 준비를 서두르던 집안에서 빼놓을 수 없는 일 가운데 하나가 식기 닦는 일이었다. 놋그릇은 연蓮줄기나 잎으로 닦아야 반짝거린다. 시집가는 새색시 혼수에는 놋대야에 요강이 반드시 뒤따랐다. 놋쇠는 아연과 구리의 합금으로 여러 가지 장식물, 징, 꽹과리 등을 만드는 데 쓰인다. 사기는 삶아서 썼고, 옹기는 된장국이나 추어탕을 담을 때라야 격에 맞았다. 열전도가 느린 반면 따뜻한 국물로 빠르게 식욕을 충족시킬 수 있어서 애용되는 것이다.

그러나 옹기나 사기는 깨지기 쉬워 갓 시집 온 새색시가 조심이 지나쳐

깨 먹기 십상이었다. 한옥 부엌 구조를 나무라야 될 일이지만, 사나운 시어머니를 만나면 시집살이 구실이 되기도 하는 것이다. 특히 사기그릇은 모양이 매끄럽고 흡수성이 없어서 식기로는 일품이지만 미끄러져 잘 깨진다. 설거지통에 넣고 씻을 때도 부딪히지 않도록 조심함은 물론 살강에 엎어둘 때도 일정한 간격을 두어야 했다.

사기그릇 깨진 조각을 도편陶片, 즉 사금파리라고 한다. 어쩌다 실수로 그릇을 깨게 되면, 뒤처리를 깨끗이 해야 후환이 없다. 인적이 드문 변방이나 땅을 깊이 파고 묻는다. 맨발로 노는 아이들이 많은 시대였으니 세심한 주의가 필요했을 것이다. 혹 돌담장 틈에 쑤셔놓거나 장광 근처에 버려둘라치면 어린 아이들이 주어다가 소꿉놀이 세간으로 가지고 놀기도 한다. 쌀, 콩, 나물로 상을 차리는 등 어른들 살림 흉내가 즐겁기도 했으리라.

서민들의 일상 주변이나 역사상으로는 사금파리에 얽힌 재미나는 이야기가 많다. 가축 사육이 농가 부업으로 성행하기 전만 해도 돼지의 성장을 촉진시키고 육질을 높이기 위해서 거세시켰는데 이때 메스 대신 사금파리로 고환을 발라내고 꿰매던 진풍경은 흔히 볼 수 있는 일이었다.

고대 중국 관료사에 등장하는 환관 역시 도편과 무관하지 않을 것이다. 환관은 궁중의 잡역에 종사한 하급 벼슬아치로 거세된 남자를 말한다. 이들은 청나라 말기 선통제 때까지 천자나 후궁 곁에서 잔심부름을 하며 때로는 충복으로, 때로는 천하를 혼란에 몰아넣는 간악한 무리로 변신하기도 하였다. 당대에는 병권을 장악하고 천자의 폐립까지 좌지우지했으니 역사 속의 망나니들이라고나 할까.

우리나라에서는 신라 때부터 기록이 보이며 갑오개혁 이전까지 정치에 용훼容喙했음을 살필 수 있다. 궁중의 풍기문란을 예방하려다가 화를 자초한 것인가. 아니면 인간의 양면성을 스스로 인정하면서 권력의 시녀는 양성하되 종자의 번식은 끝내 용납될 수 없다고 판단했던 것인가!

깨진 그릇의 용도가 동서양 문화에 따라 다른 점도 흥미롭다. 그리스인들은 아테네 민주정치의 발달 과정에서 폭력정권인 참주의 재출현을 막기 위해 도편 추방제라는 조치를 취하였다. 민주정치의 막을 연 크리스테네스(Cleisthenes)는 '참주제 수립을 기도하거나 방조幇助하는 자'를 처벌하는 데 사금파리를 사용하였는데, 설거지통에서 그릇을 많이 깼을 법한 소크라테스 부인 탓인지도 모르겠다.

처벌 방법은 사금파리에 이름을 써서 투표해 6천 표 이상일 때 10년 동안 해외로 추방하는 방식이었다. 절차는 매우 신중했는데, 민회에서 그 해 도편 추방 투표를 실시할 것인가의 여부를 결정하고 거수 표결하여 그릇된 선동으로 여론의 오도를 막았다. 사금파리에 새겼던 민의의 위력이 어떠했던가는 이후 아테네 민주 발전이 웅변적으로 보여준다. 그들은 '미워도 다시 한 번'이라는 감상적 정서나 집단 이기주의의 노예로 전락하기를 거부한 슬기를 발휘했다.

역사의 반동과는 하등의 관계도 없이 금남로에서 불던 바람은 용봉대에서 멈추고, 우리의 20세기는 거세去勢를 기다리고 있다. 새날을 바라보고 뛰는 젊은이들은 거세된 20세기 한국에서 과감히 탈출을 시도해야 한다.

민족통일대축전을 앞두고

『씨알의 소리』는 함석헌 선생이 작고하시기 전까지 발행하던 월간지였다. 1972년 '자주통일' 원칙을 밝힌 '7·4 남북공동성명'이 터지자 나라 안팎으로 톱뉴스가 되는가 하면 사람마다 감격의 눈물을 흘리면서 삼삼오오 모여 통일이야기로 꽃을 피우던 그해 9월호에 당시로서는 주목할 만한 글을 내보냈다. 표지 안쪽에 백범白凡 김구 선생 영정을 싣고 '내 소원은 대한의 완전자주독립'이라는 부제를 달았다. 그리고 머리글로는 발행인의 '오천만동포五千萬同胞 앞에 눈물로 부르짖는 말'과 장준하 선생의 '민족주의자의 길'을 실었다. 남북한이 분단 4반세기 만에 합의한 문서에 대한 반응이라서 그랬던지 종전의 군정 거부 논리를 접고 사안에 무게를 실었다. 논리 정연하면서도 생동감이 넘쳐났다. 인구에 회자된 지 오래되었으므로 다시 읽으면서 그 뜻을 음미하고자 한다.

배가 깨지려면 각자도생各自圖生이라 제각기 살길을 찾습니다. 그러나 그러면 그럴수록 배가 더 빨리 깨지게 됩니다. 그것을 평시에 이치로는 잘 알건만 정말 그 마음이 필요한 순간에는 못하게 됩니다. 그것이 사람의 약점입니다. 전체의 제단 위에 자기를 불살라야 합니다.

함선생의 평소 지론인, 민족통일은 정신운동, 생명운동이라는 점에서 하신 말씀이었다.

한편 장선생은 "한 인간이 민족적인 양심에 따라 자기의 생애를 살아가는 길은 무엇인가, 그것은 자기의 개인적인 인간적인 삶, 고달픔과 보람을 민족의 그것과 함께하는 것이리라. 민족적인 삶이 헐벗고 굶주리고 억압받고 있을 때 민족적인 양심에 살려는 사람의 눈물과 노력은 모두 이런 민족적인 간난을 극복하려는 데 바쳐진다"라고 하여 민족사의 진전을 위해 자기희생이 따라야 함을 강조하셨다.

나아가 "남북은 서로 그 체제 내의 정치, 경제, 사회, 문화 등 모든 분야에서 외세의존적 요소"의 청산을 제시하고 이 엄숙한 역사의 순간에 겸허히 자기를 내던지지 않으면 통일은 결코 실현되지 않을 것이며 이것은 또 새로운 반역이 될 수도 있음을 강조하였다. 경고하건대 어떤 국제정세나 국내정치적 이유로도 이처럼 진전된 남북관계를 후퇴시키려고 한다면 민족의 이름으로 용납하지 않겠다는 결연한 의지도 함께 표명하였다.

하지만 독립혁명가였던 선생의 주장은 잉크가 채 마르기도 전에 다카키 마사오(高木正雄. 해방전 일본군 중위 박정희의 일본명)의 군홧발에 짓밟히고 만다. 전국에 계엄을 선포하고 종신집권을 위한 개헌을 단행한 것이다. 이른바 유신헌법이라는 것이 그것이다. 국민의 숨통을 조여 놓고 저지른 만행이었다. 이 무렵 재야인사 15명이 서명한 '시국선언'은 '한국은 내외로 최악의 상태'라 규정했으나 역사는 바로 잡히지 않았다. 군사정권에 기생하면서 독버섯처럼 자라난 악의 무리들에 의해 주권은 한차례 더 유린당해야 했다. 그로부터 26주년을 맞는 광주민중항쟁의 감회는 예년 같지 않다.

지역 간, 계층 간의 갈등을 교묘히 부추기거나, 지역여론과는 상관없이 전략공천이라는 미명하에 줄 세우기와 패거리를 일삼는 구태정치세력을 도태시킬 수 있는 5·31 지방선거와 6·15 공동선언 여섯 돌 기념 민족통일대축전이 준비되고 있기 때문이다. 정치권이 어떤 음모를 꾸미든 국민이 할 수 있는 최선의 방책은 선거를 통한 정권 심판이다. 백낙청 6·15공동선언실천민족공동위원회 남측 상임대표는 '오월에서 통일로'라는 광주정신이 각인될 수 있도록 화합하여 참여하는 행사가 됐으면 좋겠다는 뜻을 밝혔다. 아울러 "광주가 대한민국 전체와 더불어 평양과 소통하고 세계와 소통하는 길목이 되기"를 희망하였다. 그는 최근에 한반도식 통일 현재진행형으로 보자면 '6·15시대'가 곧 분단체제의 해체기에 해당한다고도 했다.

광주가 세계와 소통하는 길목이 되고 분단체제 해체의 시발점이 되었으면 하는 바람 때문인가. '민족통일대축전'에 거는 기대가 크다.

말더듬이 정씨의 더부살이

'말더듬이 정센'(우리는 정씨인 그를 정센이라 불렀다)은 산수동 일대에서는 모르는 이가 드물 정도로 알려진 인물이었다. 그가 남달리 뛰어난 재주나 학식을 갖춘 사람이냐 하면 그렇지 않다. 세상 사람의 기준으로 한다면 당연히 정치가나 법률가, 장군, 목회자, 고관쯤으로 상상해 보는 것이 옳다. 그러나 그들은 '도로우'의 표현을 빌린다면 "좀처럼 도덕적으로 판단하는 일이 없는 사람들"이므로 정센의 명성과는 거리가 멀었다.

그는 하잘 것 없는 비렁뱅이로나 비견되기에 알맞은 도시의 영세한 품팔이꾼에 지나지 않았다. 아마도 수난과 고통의 시대에 빼앗기고 짓밟히다가 한세상을 마감한 사람 중의 하나일 뿐이었다. 그럼에도 불구하고 인근 사람들은 한결같이 그를 좋아했고 가사나 일손이 필요하다 싶으면 어김없이 그를 불러가곤 했다. 됨됨이가 순실하여 그렇기도 했겠지만 무슨 일이든 맡기면 정성이 지극하였다.

중일전쟁의 와중에 식민지 백성으로 태어나 쉰 아홉의 나이로 세상을 하직하기까지 말더듬이 정씨의 삶은 이 땅 민중의 아픔 바로 그것이었다고 보아도 지나치지 않다. 그는 한학자였던 아버지의 슬하에 오남매 중 셋째로 곱게 자랐으나 말더듬이 장애로 형들처럼 글공부도 못해보고 글방 청소나 해주는 천덕꾸러기 신세가 되고 말았다. 글을 배우지 못한 자식이 물려받을 것이라고는 가난밖에 없었던가 보다.

그의 생애를 거슬러 올라가 보면 청년기는 농촌의 임금노동자인 머슴살이로, 중년 이후는 도시의 막일꾼으로 품삯에 매달리는 목숨이었음을 알 수 있다. 해방 전후 농가에서 부리는 품팔이 노동은 대개 1년 계약인데 나락 7~8섬씩 받고 숙식을 함께 하며 농사일을 전담하는 것이었다. 씨앗 뿌리는 일에서부터 김매고 타작하는 일 외에 잡다한 집안일을 도맡아서 처리했다.

그때만 해도 직업윤리가 서지 않아 남의 집 고용살이는 업신여김을 받았는데, 그런 시각은 아예 무시해버리고 제게 부여된 일에만 전력을 쏟았다. 한 톨의 곡식이라도 더 생산해보려고 힘썼고 고용주의 뜻이라면 군소리 없이 수행했다. 일을 손에 잡으면 가히 신들린 사람처럼 몰두했기 때문에 어머니는 자식 몸 상할까 걱정을 많이 했었다고 한다. 양심에 상처를 입히지만 않는다면 순종하면서 베푸는 게 그의 성품이었다.

"가을에는 부지깽이도 덤벙인다"고 일이 신나게 돌아가는 날이면 말더듬이가 심하여 반벙어리와도 같이 도대체 무슨 말을 하는지 알아들을 수 없었다. 함께 일하던 일꾼들은 한바탕 박장대소하며 그의 특유한 유머인 '버버버'를 흉내내기도 해서, 그가 함께 있는 자리는 즐거운 일터가 되었다. 남의 집 일이든 내 집 일이든 정센의 몸가짐은 변함이 없었다. 자기 등에 지워진 짐이라면 넌지시 받아지고 유유히 걷겠다는 굳센 의지력이 몸에서 풍겼다.

서른이 넘어서야 가까스로 장가를 들면서 그의 생애는 갑자기 전환된다. 처지가 비슷하다고 취한 것이 볼품 없고 요망한 계집이었다. 현대 여성이라면 허리가 가늘고 엉덩이가 빈약한 듯해야 미녀 축에 들겠지만 농촌살림에는 다부지고 실한 데가 있어야 몸닦달이 가능할 터인데, 그의 아내는 한마디로 살랑한 여자였다. 말더듬이 정센은 도시로 나가자는 아내의 성화에 못 이겨 광주로 옮겨왔다. 농촌빈민들이 도시로 몰려들던 60년대 초반의 일이다.

그가 처음 정착한 곳이 무등산 자락 잣고개다. 지금의 광주 지산유원지와 산장 갈림길 아래 큰 버섯만한 초가 한 칸에 몸을 기댄 것이다. 낮이면 산수동이나 계림동 기차역 부근을 서성거리면서 등짐, 목공, 미장, 공사장 잡역부 등 도시 사람들이 필요로 하는 허드렛일을 도맡았다. 일거리가 없는 날이면 무등에 올라 소나무 밑에서 낙엽이나 검불을 긁어모아 갈퀴나무를 해다가 학동 종태거리나 금동시장에서 먹거리와 바꿨다. 머슴살이는 겨울이라야 살맛이 나는데 낙엽이 하나 둘씩 바람에 날리면서 정센의 도시 밑바닥 인생은 불안하기만 했다.

냉혹하리만큼 비정한 거리에서 생존이 흔들이면 그는 아내의 손을 끌고 무등無等을 탔다. 부인으로 하여금 상수리나 도토리를 줍게 하고 싸릿대나 산죽山竹을 추수하듯 부지런히 베었다. 세한歲寒에 품팔이가 어려우면 사랑방에서 배운 솜씨로 각종 공예품을 만들어 팔아볼 심산이었다. 싸리나무는 무등산 어느 곳이나 흔해 7~8월이면 짙은 자색이나 홍자색꽃 위에 꿀벌들이 윙윙거렸고 그 바람에 정센의 여린 마음도 함께 나부꼈다. 싸리로는 삼태기, 발대나 바구니 또는 싸리비를 만들었다. 싸리비는 그때까지만 해도 집집마다 없어서는 안 될 가재도구였고, 복조리는 산죽이라야 제멋이 났다.

정월 초하루 새날이 밝아오면 카랑한 그의 목소리는 빛고을에 메아리친다. 장불재 너머 장불천 계곡이나 장원봉 언저리에서 자란 산죽은 한아름 행복이 되어 시민의 가슴을 포근히 감쌌다. 뿐인가. 도토리묵은 왜인倭人들 식당에서 밥 빌어먹던 자들이 파는 정종 대포나 생선초밥에 비교될 수 없는 산의 정기가 아니던가.

도시생활에 익숙해가면서 조금씩 자신을 얻고 있을 때 살랑한 여편네는 부나방 되어 밝은 빛을 좇아 날아가 버렸다. 실의에 빠진 정센은 한동안 방황하였지만, 고향에 남아 계시던 어머니를 솔가率家하면서 이웃에 사는 과수댁과 재혼, 새로운 출발을 다짐한다.

그로부터 30여 년, 말더듬이 정셴은 세 자녀를 낳아 의젓해지는가 했더니 아내의 전실 자식이 사업한답시고 가산을 탕진, 재기불능에 빠지고 말았다. 말더듬이 정셴은 지난 여름 갑자기 아버지의 유저遺著를 품에 안고 먼동이 터오는 신새벽 이승을 하직하고 말았다. '누구의 더부살이가 되기에는' 그는 너무 높이 났던 것일까. 그 고운 숨결이 무등산 자락 소나무 숲을 흔드는 것만 같다.

전진하는 역사를 위하여

국가를 부도낸 새누리당이 집권 5년 만에 또다시 나라를 총체적 위기국면에 빠뜨렸다. 미국산 쇠고기 수입, 용산참사와 쌍용자동차 사태, 한미 FTA 날치기 통과, 4대강 죽이기 사업 등 새누리당 집권 내내 이어진 실정은 마침내 물가와 전월세가격·가계부채를 폭등시키고 청년실업자와 비정규직을 양산하여 민생경제를 파탄 나게 하였으며, '국민의 정부'와 '참여정부' 10년 동안 이룩해 놓은 화해협력의 남북관계도 파국으로 치닫게 하였다. 또한 동아시아 지역의 특수성을 무시한 채 미국의 대 한반도전략에 편승하여 추진한 한일군사정보보호협정은 엄청난 국민적 저항을 불러일으켰으며, 최근에는 이명박 대통령의 느닷없는 독도 방문으로 국제분쟁을 자초하는 초보외교의 극치를 보여주고 있다.

이러한 실정의 근본적인 원인제공자인 새누리당은 국민 앞에 진실로 반성하고 책임을 짐으로써 공당으로서의 기본적인 의무를 다해야함에도, 대선을 앞두고 그 당명만을 바꾸어 또다시 국민을 속이려 하고 있다. 밀실에서 서둘러 봉합하려는 추악한 공천장사의 실상은 새누리당의 본성을 여지없이 드러내는 단초일 뿐이니 어찌 부패공화국의 원조라 하지 않을 수 있겠는가.

도탄에 빠진 민생을 살리고, 후퇴한 민주주의를 바로잡으며, 남북화해로 민족통일의 초석을 다져야 할 민주통합당의 실상은 어떠한가. 정권교체라는 국민적 여망을 안고 출범한 민주통합당은 상식과 원칙을 중시하는 지도자를 중심으로 범 민주세력을 아우르고, 국민의 신망을 얻을 수 있는 미래지향적 청사진으로 혁신의 정치를 구현해야함에도, '친노'인지 '폐족'인지 하는 사람들이 점령군처럼 당권을 거머쥐면서 총선에서 참패하였고, 이들 세력과의 '담합'으로 당의 지지도가 실추되어 대선 승리에도 빨간불이 켜진 상태다. 대선후보 경선의 막이 오르자마자 유착설이 나도는가 하면 공정성 시비까지 일어 혹여 대사를 그르치는 것은 아닌지 우려하지 않을 수 없다. 국민은 참여정부식 아마추어정치가 되풀이되는 것을 결단코 원치 않는다.

이에 우리 광주시민은 2013체제를 걱정하면서 통합형지도자, 경륜과 철학을 지닌 반듯한 지도자, 지역주의 벽을 깰 수 있고 남북화해협력의 시대를 활짝 열어갈 수 있는 지도자가 과연 누구일까에 주목하고 있다.

우리가 당면한 민족적 과제는 군사쿠데타와 유신잔당들의 준동을 막고 민족중흥의 통일시대를 열어가는 것이다. 한국의 민주 발전에 절대적으로 공헌한 우리 광주시민은 민주·정의·평화에 역행하는 반민주·반민족·반통일 세력의 어떠한 도전에도 굴하지 않고 민족역사의 위대한 진보를 위해 용감하게 나아갈 것을 다짐하면서, 감히 제안하는 바이다. 민주통합당은 날랜 동작으로 당의 기풍을 쇄신하고 국민의 전폭적인 지지를 획득할 수 있는 비상한 대책을 강구해 주기 바란다. 이 길이 대선 승리의 첩경이라고 우리는 확신하고 있다.

2012년 12월

* 이 글은 2012년 대선을 앞두고 광주 지역 대학과 문단 등 각계 원로 30여 분이 모인 자리에서 발표된 것이다.

제2부 역사·인물

매화 옛 등걸에
고봉과 퇴계처럼
겨레의 현실과 우사 김규식
유응부의 칼
전쟁 속의 봄나들이
'동도위붕同道爲朋'을 바라며
천고의 비루함을 한 번 씻어내고자
위안스카이, 그리고 조선여인들의 수난
참스승이 그리울 때면
망미정望美亭 실기實記

매화 옛 등걸에

눈이 쌓이고 찬바람이 불어 세상이 온통 매운 기운으로 가득하다. 아궁이나 연탄부엌을 쓰는 난방문화권 밖 사람들에게는 겨울이 무서운 공포로 다가설 것 같다. 얼어 죽고, 굶어 죽고, 총 맞아서 죽었다던 빨치산의 입산투쟁보다야 덜하겠지만 아직도 우리 사회는 양극화로 말미암아 소외계층의 고통은 말로 표현할 수 없을 만큼 심각하다.

역사를 가르치는 사람으로서 우리 아이들에게 올바른 역사의식을 심고자 힘쓰다가 포학무도한 자들에게 잡혀가 반 평짜리 독방에 갇혀 1년을 살고 나니 몸 전체가 어디 하나 성한 데가 없고 정신마저 황량했다. 출소 후 하는 일 없이 그럭저럭 지내면서 세월을 낚던 중 정초에 그림 그리는 선배한테서 편지 한 통이 배달되었다. 안부서찰이겠거니 하고 뜯어보니 웬걸 한 폭의 묵매도였다. 눈처럼 희게 핀 매화나무 가지에 도전적인 자세를 취하고 앉아 있는 참새 한 마리를 그리고, 화제를 세한도歲寒圖라고 했다. 굽은 소나무 등처럼 뒤틀려 올라간 곳에 성긴 가지가 군데군데 뻗고 그 위에 띄엄띄엄 몇 개씩 꽃망울이 맺거나 피어 그윽한 향기를 뿜고 있었다. 엄동

설한에 눈부시게 피어난 매화를 보자 전의戰意를 상실한 채 혁명의 광장을 방황하고 있던 정신이 번쩍 깨었다. '백설이 잦아진 골'에 반가운 매화라고 나 할까. 학살을 주도했거나 이를 방조하고 있는 흉포한 무리들에게 끌려가서 당한 치욕과 모멸감을 한순간에 날려버렸다.

'세한, 날이 차가워진'이라는 표현은 『논어』의 '추위가 닥친 뒤에라야 소나무와 잣나무의 잎이 떨어지지 않는다는 것을 알게 된다. 歲寒然後知松栢之後凋也'라는 글을 따다가 화제로 삼은 것이다. 조선시대 유생들이 즐겨 암송하던 글귀이기도 하지만 완당阮堂이 적거지인 제주에서 제자 이상적에게 그려준 산수화의 화제로 더 유명해졌다. 천하의 명작이라고 평가되고 있는 추사의 「세한도」가 그것이다. 아닌 게 아니라 그림을 모르는 사람의 눈에도 「세한도」를 보고 있노라면 가슴이 뭉클해지면서 왠지 쓸쓸한 느낌이 든다. 완당의 제자 이상적은 역관譯官이면서 공부가 실하여 시서詩書에 능하고 조선과 청나라간의 문화교류에 이바지한 당대의 큰 학자이다. 그는 연경에 수시로 드나들면서 그곳의 학예자료를 수입하여 들여오곤 하였는데 이렇게 가져온 책 가운데 1843년부터 두해에 걸쳐서 계복桂馥의 『만학집晩學集』, 운경惲敬의 『대운산방문고大雲山房文藁』 그리고 『황조경세문편皇朝經世文編』 120권 79책을 제주로 보냈다. 실로 방대한 분량의 책이다. 교통이 편리한 오늘날에도 지인에게 책 한 권 선물하기가 쉽지 않은 일인데 하물며 북경에 오가면서 서너 달씩이나 걸리는 거리인 것을 감안하면 이만저만한 정성이 아닐 수 없다. 평소에 자기를 좋아하던 사람도 자기가 위기에 처하면 멀어지는 것이 인간 세태인데 이상적은 사람으로서 할 수 있는 도리를 끝까지 저버리지 않은 것이다. 자신의 입신만을 위해 천방지축 날뛰면서 권좌를 탐내는 박덕한 자였다면 어찌 흉내라도 낼 수 있었겠는가.

완당은 그런 제자를 그림으로 그리고 발문에 붙이면서 "세상은 흐르는 물살처럼 오로지 권세와 이익에 수없이 찾아가서 부탁하는 것이 상례인데 그대는 많은 고생을 하여 겨우 손에 넣은 그 책들을 권세가에게 기증하지 않고 바다 바깥에 있는 초췌하고 초라한 나에게 보내주었도다."라고 적었다.

완당이 살던 시대는 정치가 막다른 길로 치닫고 있던 불안한 시기였다. 특정가문이 권력을 장악하고 매관매직을 일삼아서 탐관오리들은 무고한 백성들을 주리 틀기 일쑤였고 민생은 도탄에 빠져 허우적거렸다. 다산 선생이 지적했던 대로 "온 세상이 썩은 지 이미 오래다. '天下腐已久' 부패하다 못해 썩어 문드러졌다."라고 표현했다. 그럼에도 불구하고 정상배들은 탐욕에 눈이 멀어서 정쟁이 끊일 날이 없었다. 추사는 이런 와중에서 무고하게 희생된 것 같다. 이때 그의 친구 권돈인에게 보낸 편지에서 "행색이 욕된 것보다 더 추한 것이 없었고 그 다음은 통나무에 꿰어 회초리를 맞는 욕을 당하는 고통인데 두 가지를 다하였습니다. 40일 동안 이와 같이 혹독하게 당하는 일은 옛날이나 지금의 어느 곳에 어찌 있을 수 있겠습니까. 천만인이 모두 죽이려 드는데"라고 심경을 고백하였다. 이 아픔을 딛고 그의 예술은 초탈한 경지에 이르렀다. 시련과 역경을 극복하고 자연주의적인 입장에 서 온 것이 우리의 예술 세계이다. 마음이 일그러지면 자연현상의 순수함을 어찌 제대로 볼 수 있겠는가.

요즘 세상이 시끄럽다. 그 내면을 깊이 들여다보면 정치가 과거의 타성에서 벗어나지 못하고 제자리걸음만 되풀이 하고 있는 데서 비롯된 것 같다. 정계에 몸담고 있는 사람들이야 줄을 잘 서거나 기회 적절하게 변신만 하면 그만이지만 그 폐해는 고스란히 국민의 몫이 되는 데에 문제가 있다. 세상이 시끄러우면 국민은 불안하고 피곤하기 마련이다. 정치가 어떠한 방향이나 목적을 위한 수단이라면 그 목적이나 방향은 우리가 추구하는 이상이어야 한다. 예컨대 플라톤의 '공화국'에서부터 오늘날 민주정치가 지향하는 인류공영의 사회가 그러하다. 그런데 자유라는 이름으로 억압과 굴종이 강요되고 있으며 계층 간의 갈등과 불평등 그리고 양극화의 심화로 말미암아 공생이 무너지고 약탈, 파괴, 살상으로 지구촌은 가히 몸살을 앓고 있다.

모든 정치행위의 궁극적인 목적은 인간에게 가장 좋은 사회를 만드는 일이다. 사람에게 사람답게 살 수 있는 방향을 제시하고 그걸 성취시키기 위한 노력일 때에 정치 행위는 옳은 것이 된다. 『논어』에 "정자정야政者正也"라 한 것은 그대로 정치의 기준을 제시한 것이다. 기회만 있으면 줄서기에 바쁘고 지역을 볼모로 잡고 한탕 칠 계략에 골몰하는 구태의연한 자세는 이제 그만 청산할 때가 되었다. 뿐만 아니라 한가하게 이념공방이나 벌인다든지 폭력을 다반사로 여기면서 붉은색 어깨띠를 두르고 거리로 나가 '새누리'니 '구국' 운운하는 모습은 그 누구에게도 바람직하지 않다. 이런 현상들의 뿌리를 캐보면 서당개식 어깨너머로 배운 정치에 있음을 알 수 있다. 이들의 행위에 박수를 보내는 무리들의 정신상태 역시 '개발독재' 시대가 좋았다는 퇴보사관에 기초한다. 분단시대를 넘어 통일로 가는 길에 도움을 주지는 못할 망정 걸림돌이 되어서야 되겠는가. 이럴 때일수록 엄동을 두려워하지 않는 매화의 강인함을 배울 일이다.

추기追記

완당이 김정희의 호라는 걸 모르는 분은 없을 것이다. 그 자字는 원춘元春 호號는 완당阮堂 또는 추사秋史, 담재覃齋, 예당禮堂, 시암詩庵 등 수십을 헤아리나 추사와 완당을 가장 많이 사용하였다. 선친은 이조판서를 지낸 노경魯敬이며 경주김씨로 선대는 고려 말 신하로서 절의를 지켜 조선왕조에 출사하기를 거절하는 구 귀족 가운데 충청도 관찰사를 지냈던 상촌桑村 김자수金自粹의 후손이다. 상촌은 조선이 개국하자 고향인 안동으로 내려가 은둔하고 있다가 태종으로부터 형조판서의 징소徵召를 받았으나 이를 거부하고 절의를 지켜 자결하였다. 상촌의 사후 그 자손들은 점차 하급관리로 조선왕조

에 출사하는데 그 증손 희僖(1439~1494)에 이르러 태종4남 근령군謹寧君 농
襛의 여서女婿가 됨으로써 종척宗戚가문이 되었다. 이후 희의 손자 연堧이 태
종1남 경령군敬寧君 비裶의 증손서가 되고 서흥 부사로 재임시 임꺽정 토벌
에 공을 세웠으며 안주목사를 끝으로 서산 취령산 아래 한다리, 지금의 서
산군 음암면 대교리에 자손의 세거지를 마련하였다. 이어서 연의 증손 홍욱
弘郁(1602~1654)이 충청 황해의 관찰사를 역임하는가 하면 홍욱의 장 증손
흥경興慶(1677~1750)이 영의정, 흥경의 막내 한신漢藎(1720~1758)은 영조
의 장녀 화순옹주和順翁主에 상尙하여 월성위月城尉에 피봉되어 왕가의 내척
이 되는 영예를 안았다. 화순옹주는 영조가 매우 사랑하던 따님으로 월성위
가에 하가下嫁한 다음 현부양처賢婦良妻로 시부모 봉양 남편 공경 여느 여염
집 규수보다도 더욱 잘하며 왕실의 귀감이 되었다. 그래서 영조는 지금의
충남 예산군 신암면 용궁리 일대를 월성위가에 별사전別賜田으로 내려 주었
다. 왕가의 비호로 대 문중으로 성장하였으나 월성위가 자식없이 불과 39세
로 요절하자 화순옹주는 식음을 전폐하고 14일 만에 순절하고 말았다. 그래
서 월성위 장형 한정漢楨(1702~1764)의 3남 이주頤柱(1730~1797)로 하여금
뒤를 잇게 하여 국왕의 외손으로 청요직淸要職을 거치게 하니 여러 자질들이
차례로 등과하였다. 장자 노영魯永이 예조참판을, 둘째 노성魯成이 수원판관
을, 넷째아들 노경魯敬이 이조 판서를 지냈는데 이이가 완당의 부친이다. 그
런데 백부 노영이 후사 없이 세상을 뜨자 12세의 추사가 월성위가의 사손嗣
孫이 된 것이다. 이어서 홍욱의 고손인 한구漢耉(1713~1769)의 딸이 영조의
계비 정순왕후貞純王后로 책봉됨으로써 왕실과 중첩된 혼인관계를 배경으로
충남 서산 한다리 김씨는 명실공이 국중의 명문 대가가 되었다. 영조시대에
이 김문을 중심으로 뭉쳐진 노론 벽파 세력은 사도세자를 제거할 만큼 권문
세가로서 위세를 떨쳤다. 추사가 났던 시대는 말기적 현상이 두드러져 개혁
의 징후가 곳곳에 나타나고 있었으며 그 중 정조의 총애를 받았던 박지원의

제자 그룹 이덕무, 유득공, 박제가, 이서구 같은 신진기예들의 활동이 두드러졌다. 그 중에서도 연암의 의발衣鉢을 전수 받은 박제가는 『북학의北學議』를 저술하여 청나라의 문물을 소개하였는데 추사는 약관의 나이로 그에게 나아가 배웠다. 박제가에게서 북학을 배우고 다시 연경에 가서 청나라 고증학의 전통을 배워옴으로써 그는 신사조의 종장이 된다. 그런데 이 당시 조선왕조를 지탱해 온 성리학은 이미 말기적 폐단이 노골화하여 그 본래의 면목을 상실하고 현실과 유리돼서 내용 없는 공론으로 전락하였다. 따라서 참신하고 현실적인 학문을 하려는 신진사류들이 완당의 문하를 찾아들게 되었는데 양반 종척을 비롯하여 중인층의 자제들이 대거 입문한다. 신관호申觀浩(헌櫶으로 개명. 1810~1888), 이하응李昰應(1920~1898), 민규호閔奎鎬(1836~1878), 이상적李尙迪(1804~1865), 전기田琦(1815~1854), 강위姜瑋, 오경석吳慶錫(1831~1879) 등이 그들이다. 이 중에서도 추사가 지극히 사랑한 수제자는 신헌으로 완당 문하에 들어와 금석학은 물론 시서화를 모두 배워 그 진수를 이어 받았다. 그는 북학에 심취하던 헌종의 총애를 받아 항상 측근에 봉사하는데 추사의 소개로 허소치許小癡(1809~1892)를 헌종에게 추천한 것도 그였다. 또한 홍선군 석파 이하응도 추사의 권우眷遇를 받아 난蘭 치는 법을 인가받은 사람이다. 석파는 종실로 영조에게 현손이 되고 추사는 영조의 외현손에 해당하므로 추사와는 8촌친八寸親의 인연이 있어서 석파의 학문에 친절한 가르침을 베푼다. 완당이 가르친 제자 가운데 오경석, 신헌, 강위 등이 1876년 강화도조약을 주도하였으며 김옥균도 그의 문하이다.

고봉과 퇴계처럼

서늘한 바람과 따사로운 햇살이 교감하는 가을이다. 높고 파란 하늘 아래 지상의 나무들이 색색으로 물들면서 겨울을 예비하느라 부산하다. 가을 하늘은 거울과 같아서 지나온 날들을 비추어 보게 하고, 울긋불긋 달아오른 나뭇잎들은 그 시간의 굴곡마다 아리게 배어 있는 상처를 들추는 것도 같다. 타오를 수 있을 때 끝까지 타올라야 힘든 겨울을 강건히 날 수 있을 것이며 화사한 새 봄도 맞이할 수 있다.

퇴계 선생 생존시 도산陶山 서실은 언제나 봄바람이 감도는 듯 화기가 가득하였다고 한다. 제자를 가르칠 때는 먼저 그 뜻이 어떠한가를 보았으며 그 자질에 따라 가르치되 먼저 입지立志를 하게하고 그리하여 위기근독爲己謹篤을 하여 기질을 변화시키는 공부를 하게 하였다. 학자가 도道에 뜻을 두기를 깊고 간절히 하는 것을 보면 기뻐하며 더 나아가도록 힘쓰게 하였고 학문을 하려는 마음이 해이한 것을 보면 걱정하면서 격려하여 주었다. 그리하여 부지런하고 간절하게 이끌어 주고 부추겨 주기를 한결같이 하였다. 퇴계의 교육 형식은 '강講', '강회'와 같은 형식 교육이 있었으나 흔한 일은 아니였고 오히려 서한書翰, 시풍詩諷, 계戒, 대화對話, 품성品性, 예술교육藝術教育 등 비형식 교육이 주류였다. 선생은 세상을 뜨기 전 제자들에게 "비 세우는 일은 그만두고 조그마한 돌 하나에다가 제題하되「퇴도만은진성이공지묘退陶晚隱眞城李公之墓」라 하라"고 했다. 그리고 그해 가을에「자명自銘」을 써서 평소 사용하던 책상 서랍에 넣어두었는데 사후에 제자들이 발견하여 세상에 알려지게 되었다.

> 나면서 어리석었고 자라면서 병이 많았네 / 자라면서 어찌하다 학문을 좋아했고, 늦게 어찌하다 벼슬도 많이 했네 / 학문을 하면 할수록 더욱 더 깊고 멀기만 하며 / 벼슬을 마다해도 자꾸만 내려지네 / 벼슬하면 엎어지니 물러나서 학문하려 했네 / 나라 은혜는 부끄럽기만 하고 / 성인聖人의 말씀은 두렵기만 하네

퇴계서를 접하다 보면 빼놓을 수 없는 분이 기대승(1527~1572) 선생이다. 선생은 1527년(중종 22) 11월 18일 광주光州 소고룡리에서 태어났다. 호는 고봉高峯, 자는 명언明彦이며 본관은 행주이다. 선친 물재勿齋 기진奇進은 아우 복재服齋 준遵과 함께 공부하였다. 그러나 준이 기묘사화로 화禍를 당하는 것을 보고 세상에 대한 마음을 끊고 광주로 내려와 살았다.

고봉은 가학家學으로 9세에 효경孝經을 읽고 손수 베껴 쓸 정도로 재주가 뛰어 났다. 13세에 이미 사략史略 한서漢書를 읽었으며 18세 이후 송순宋純을 찾아가 맹자孟子 한유韓愈에 심취하였다. 고봉은 본격적으로 학문의 길에 들어서면서 일재一齋 이항李恒, 하서河西 김인후金麟厚 등을 배알하고 태극과 음양에 대해 토론을 벌였다. 조선에 있어서 주자학의 본격화는 중종(1523) 때에 교서관에서 『주자대전朱子大典』을 간행 배포하면서부터라고 할 수 있으며 퇴계와 고봉의 논쟁을 통해 비로소 학문으로서의 체계를 갖추기 시작했다고 보는 것이 일반적인 견해이다. 그가 나고 자란 광주 인근 너부실廣谷

에 그를 배향한 월봉서원이 있다. 고봉은 퇴계보다 26세나 연하였지만 무려 13년 동안 120여 통의 서신을 통해 「사칠논변四七論辨」을 주고받았다. 퇴계를 아는 사람들이 다투어서 문인門人이나 문하門下를 자칭했을 때도 고봉만은 후학後學으로서 퇴계를 '선생先生'으로 존칭하였고, 퇴계가 조정을 물러날 때, 고봉을 가리켜 '통유通儒'라고 추천한 유일한 인물이기도 하다.

'선생先生'이라고 존칭하여 부르게 된 사람은 공자가 그 시초이다. 맹자는 '소원이 공자를 배우는 것'이라고 하였다. 세상에 태어나서 자기를 알아주는 스승이나 지기知己를 얻는다는 것은 매우 소중한 일이다. 고봉과 퇴계 두 사람의 만남은 우리의 정신사에 한 획을 그은 일대 사건이었다. 이들의 「사칠논변」은 두 사람의 학술논쟁을 넘어서 우리 유학儒學을 지나支那 유학보다 한 단계 업그레이드시킬 수 있는 계기가 되었다. 1570년 섣달 초여드렛날 퇴계는 70세를 일기로 세상을 떠났다. 그는 그해 동짓달 보름날 '무극이태극無極而太極'이라는 대목의 해석에서 '이즈음에야 나의 설이 잘못되었다는 것을 알게 되었습니다. 더욱 스스로 깨우치면서 두렵게 생각하여 약간 고치려고 합니다.' 라는 말과 함께 자신의 '개격물설改格物說'을 고봉에게 보냈다. 학인學人으로서 퇴계 선생의 겸허한 자세는 후학들이 본받아야 할 귀감이 아닐 수 없다.

고봉은 퇴계의 「자명自銘」을 받아 「자명후기自銘後記」를 지었는데 이 글이 「퇴계선생묘갈명退溪先生墓碣銘」이다.

태어나서는 크게 어리석었고 / 장성하여서는 병이 많았네 / 중년에는 어찌 학문을 좋아했으며, 말년에는 어찌 벼슬에 올랐던고 / 학문은 구할수록 멀기만 하고 / 관직은 사양할수록 목에 얽히네 / 세상에 진출하면 실패가 많았고 / 물러나 은둔하면 올발랐네 / 나라의 은혜에 깊이 부끄럽고 / 성인의 말씀이 참으로 두려워라 / 산은 높이 솟아 있고 / 물은 끊임없이 흐르는데 / 선비의 옷을 입고 한가로이 지내니 / 뭇 비방을 무시하였네 / 내 그리워하는 분 저 멀리 있어 볼 수 없으니 / 나의 패옥 누가 구경해 주리 / 내 고인을 생각하니 / 실로 내 마음과 맞는구나 / 어찌 내세에서 / 나의 지금을 좋아하지 않는다 하랴 / 근심스러운 가운데에 낙이 있고 / 즐거운 가운데에 근심이 있네 / 대화大化를 타고 죽어가니 / 다시 무엇을 구하리

겨레의 현실과 우사 김규식

"모든 미래의 역사가는 옛 질문에 새 대답을 주는 것으로 만족할 것이 아니라 질문 자체를 개정해 가야 한다." 역사가 콜링우드의 말이다. 오늘 우리 사회에서 일어나고 있는 여러 현상들을 보고 있노라면 인간사의 변화가 참으로 무쌍하다는 생각이 든다. 사람마다 그 생김새만큼이나 생각과 행동 또한 천차만별이라는 건 일찍이 알고 있었지만, 요사이 상하를 막론하고 하는 짓들은 지식이나 경험과는 무관하게 저급하기 짝이 없다. 거짓된 논리와 왜곡된 시국관들이 나라의 근본을 흔들면서 우리 모두를 괴롭히고 있어도 이를 제어할 비책을 구하려 하지 않고 저마다 제 갈 길을 잘도 간다. 그래서 그런지 만나는 분마다 나라 걱정, 겨레의 정체성에 대한 회의를 털어놓기 일쑤다.

이런 때 나는 역사에 묻는다. 충칭에 있던 '대한민국임시정부' 부주석 우사 김규식 선생은 1945년 여름 일본이 패망한 직후 「The Lure of the Yangtze, 양자유경揚子幽景」이라는 긴 영문시를 남겼다. 32년이라는 기나긴 세월 동안 이국전선에서 조국 광복을 위해 싸우다가 전승을 맞이하는 순간을 놓치지 않고 쓴 작품이다. 일제 식민치하에서 한 평생 나라와 겨레를 위해 살지 않은 사람은 '광복'의 기쁨이 어떤 것인지 이해하지 못할 것이다.

우사 선생은 시를 쓰면서 한 권의 책으로 묶어낼 계획을 세웠던 것인지 책머리에 들어갈 헌사獻詞를 미리 작성해 두었다. '이 땅위의 자유, 정의, 평화를 위해 싸우다 이름 없이, 찬가 없이 사라진 중국, 한국 그 밖의 용사들에게 바친다'라고. 독립투사이기에 앞서 한 인간으로서 조국광복을 위해 싸우다가 먼저 가신 동지들과 한국독립운동을 비호하고 지지하여 준 중국에 대한 감사의 예禮를 한 편의 시로 표현하였다. 천도를 무서워 하지 않고 야만적인 침략전쟁을 일삼던 일제의 패망은 우리에게 많은 교훈을 남겼다.

『양자유경』은 우여곡절 끝에 우사연구회가 1992년 국역하여 원문과 함께 간행하였는데 실로 반세기만의 일이었다. 이 작품은 '광막하고 깊디 깊으며 의미장중하여 언제나 사람의 영혼을 끌어당기는 거대한 양쯔강'을 배경으로 중국의 문명과 자연을 노래하고 있다. 세계문명의 발원이며 요람이기도 한 광막한 대륙을 기행하듯 그렸다.

우사 선생은 대포와 군함을 앞세운 열강세력이 동아시아를 노략질하던 1881년 동래에서 태어났다. 여섯 살 때 고아학교에 들어가 교육을 받았고, 17세에 미국으로 건너가 버지니아주 로어노크(Roanoke)대학을 거쳐 프린스턴(Princeton)대학에서 영문학 석사 학위를 취득한 뒤 러일전쟁이 발발하자 귀국하였다. 20대 중반의 일이다. 황제의 밀사로 포츠머스에 파견되었는가 하면 한때 배재전문(연희전신)에서 영문학, 수사학, 한문을 가르치기도 했는데 특히 '세익스피어'에 정통했다고 한다.

우사의 정치활동은 1919년 '파리평화회의'에 한국대표로 나가면서 본격화되었다. 그가 제출한 20개 항의 독립청원서에는 한국이 세계에 자랑할 만한 문화와 역사를 가진 국가라는 점과 왜제倭帝의 야만적인 불법침략과 학살만행을 지적함으로써 적의 심장을 꿰뚫었다.

일제의 집요한 방해공작으로 목적한 바를 이루지는 못했으나 역사적인 사건으로 기록되었다. 해방정국에서 '고결한 이상주의자'로 알려진 선생은 1948년 남북협상이 통일정부를 수립하려던 남측의 제의와는 달리 북측이 다분히 '공산정권수립의 정통성 확보' 차원에서 고도의 전략을 구사하고 있다는 걸 간파하고서도 38선을 넘었다. 현실과 타협하지 않는 그의 완고한 자주사상을 읽을 수 있는 대목이다.

1948년 4월 3일 통일독립운동자협의회 결성식에서 "중일전쟁에서 우리는 얼마나 협력하였는가, 그 후에 온 것이 독립이냐 하면 오로지 단정單政뿐이었다. 그들이(미국 등) 언제 우리의 독립을 바라고 원조하였는가!"라고 외쳤다. 지금 한반도韓半島에서 일어나고 있는 모든 폐악의 근원이 분단상황에서 비롯된 것임을 감안해 볼 때 선생의 혜안과 통찰력에 새삼 놀라지 않을 수 없다.

유응부의 칼

　근세조선은 이성계의 군사쿠데타로 수립된 왕조다. 흔히 역성혁명이라는 표현을 쓰고 있지만 힘으로 정권을 탈취한 불법적 정변으로 보는 것이 훨씬 더 사실적이다. 단순한 왕조의 교체라는 측면에서 해석한다면 역성易姓 정도로 이해하는 것이 편할지도 모르겠다. 요즈음 형편을 보자. 비상한 인물이 아니고서는 감히 상상할 수조차 없는 3당 야합을 '구국의 결단'이라고 우기면서 역사를 왜곡시키려고 한다.
　역사적으로 정권을 탈취하기 위한 음모들이 비슷한 양상으로 되풀이되다 보면 사람들은 쿠데타를 혁명으로 생각해버리는 오류를 범한다. 5·16이나 12·12 따위에서도 그럴 가능성이 많다. 그러나 중국 상고사를 몇 장만 넘기면 그 의미가 확연히 드러난다.
　중국에서 천자天子는 왕을 지칭한다. 왕은 아무나 될 수 있는 것이 아니다. 백성을 적당히 속이거나 아니면 작당하여 등쳐먹고, 두들겨 패서 숨통을 조이는 자는 절대로 왕이 될 수 없다. 맹자는 이러한 사람을 필부라고 했다.
　유가儒家에서 가장 이상적인 군주로 이제二帝 삼황三皇을 꼽는데 요임금과 순, 하나라의 우왕, 은나라의 탕왕, 주나라의 문 혹은 무왕을 가리킨다. 탕왕은 하나라의 악덕한 군주 걸桀을 처단했고, 주나라의 무왕은 은나라의 폭군 주紂를 막다른 골목으로 내쫓아서 강물에 처넣었다. 백성을 해치는 자는 군주가 아닌 일개 필부에 지나지 않으므로 시弑해도 무방하다고 본 것이 맹자의 입장이었다.

그러면 군주는 어떠한 인물이어야 하는가. 하늘의 명을 받은 사람이다. 혹 개신교 장로 정도로 곡해할지 모르겠으나 그건 난센스다. 천명을 수행함에 있어서 그 뜻을 거슬리거나 한 치의 오류를 범해도 아니 되었다. 예로부터 정치는 머리가 트여야 하는 건데 요즘 말로 손가락 끝에서 노니까 나라 전체가 흔들리는 것이다.

그러므로 나랏일 하겠다는 사람은 모름지기 철학과 경륜을 갖춰야 하는 것이 기본이다. 정치적 상황 변화를 자신에 대한 기회로 착각하고 대권을 거머쥐겠다는 모리배들의 기만적 술수로는 천심을 읽을 수 없을 것이다. 역사를 거스르고 천심을 배반한 자는 당대인의 준엄한 심판을 면할 수 없다. 또한 지역패권주의를 은밀히 숨겨둔 채 허울 좋은 한 울타리를 내세워 백성의 건전한 이성을 마비시키거나, 민의를 배반한 행위를 저질렀을 때는 천자라고 하더라도 가차 없이 처단되었고, 정권을 갈아치우는 것이 역성혁명이다.

그러면 천명은 무엇을 말함인가. 공자의 말을 빌면 '합목적적 힘'을 뜻한다. '전 우주의 현존 조건의 힘의 전체'라고 말할 수도 있겠다.

이성계가 무력으로 정권을 탈취한 후 피비린 골육상쟁은 방원으로부터 시작됐다. 포은이나 삼봉의 참혹했던 최후 말고도 천륜을 짓밟았던 사건이 얼마나 많았던가. 그 가운데서도 국초에 벌어졌던 세조의 왕위 찬탈은 '힘의 책략'으로 구겨진 역사의 대표적 사례다.

조선 초에서 왕도정치의 모범이 되었던 세종의 18 자子 중 둘째인 수양은 형인 문종이 재위 2년 만에 승하하고, 단종이 12세의 어린 나이로 즉위하게 되자 불한당을 끌어 모아 강압적인 방법으로 왕위를 빼앗았다. 이 과정에서 빚어진 저항운동이 단종의 복위를 위한 성삼문 등의 움직임이다. 일찍이 세종이 북방문제를 놓고 "내 있으되 종서가 없으면 이 일을 이야기할 바 못 되고, 종서 있으되 내 없으면 이를 할 바 못 된다"고 했던 김종서, 황보인 등 사직공신들이 차례로 비명에 쓰러져 가는 것을 보면서 비상한 계획을 세웠던 성삼문, 박팽년, 하위지, 이개, 유성원, 유응부 등과 삼문의 동지, 김질 등이 거사의 핵심 인물들이었다. 이들은 세조 2년(1456) 6월 명나라 사신을 향응하는 창덕궁에서 거사하기로 했으나 동지들 사이에 의견이 일치되지 않아 결행하지 못했다. 이때 김질과 정창손의 배신으로 계획은 수포로 돌아갔고, 관련자들은 세조 앞에 끌려가 국문을 받아 극형에 처해졌다. 동지와 적을 잘못 가린 것이 화근이었을 것이다. 적과 동지는 일시적으로 동거가 가능할지 몰라도 결정적인 순간에 이해를 저울질하면서 신의를 저버린다.

뒷날 성삼문의 충절은 세상에 널리 알려져 후인에게 귀감이 되고 있으나 유응부는 사육신의 한 사람 정도로 기억될 뿐이다. 의인으로서 유응부의 높은 기상이 가려져 왔다고 할까. 먼저 매죽헌의 시詩 한 수를 음미하고 넘어가고자 한다.

남의 밥 남의 옷 먹고 입으며	食人之食衣人衣
평생에 행여 잘못 없기 빌었네	素志平生願莫違
이 몸은 죽어가도 대의는 사니	一死固知忠義在
꿈에도 못 잊혀라 현릉의 솔빛	顯陵松栢夢依依

세종은 무인 출신인 유응부의 신의와 용기를 사랑하였다. 단종의 복위 계획을 추진해오다가 성삼문이 시기가 적당치 않다고 말리는 바람에 실기 失機하여 천추의 한을 품고 사라져간 사람이다. 세조 앞에서 조사 받았던 내

용을 되새김해 본다.

　　세조　　이놈 네 무슨 짓을 하려 했느냐?
　　응부　　청연請宴날 단칼에 자네의 목을 자르고 상왕을 도로 모시고자 하였네! 불행히도 간악한 김질이 놈이 고해바쳐서 일이 글렀네! 이제야 여러 말 할 것 있겠나, 어서 나를 죽이게나.

이에 세조는 진노하여 "이놈 너는 상왕을 모신다고 하고 너희들이 나라를 빼앗고자 함이 아니더냐! 이 역적 놈!"

　　응부　　내가 역적이 아니라 네가 역적이다.

이리하여 세조는 응부의 살가죽을 지지고, 불태우면서 무릎 꿇고 빌기를 강요했으나 끝내 거절당했다.

응부는 옆에 있던 삼문을 향하여 "선비 놈들과는 일을 함께 못한다더니 정말 그렇군! 그때 내가 한 칼로 세상을 바로잡고자 하니 너희가 말려서 글렀지 않느냐! 그래 이 꼴을 당하게 되니 사람으로서 그렇게 소견머리 없는 것들이 짐승보다 나을 것이 무엇이냐!"고 탄식하였다고 한다. 그리고 세조를 노려보면서 "여러 말 물을 것 없다. 물어보고 싶거든 저 따위 썩은 선비 놈들에게 물어보라"고 말힌 후 입을 굳게 다물어 버렸다.

대의大義를 위해 목숨을 버린 유응부의 기개는 북악산 숲을 흔드는 바람이다. 시대의 양심이다.

전쟁 속의 봄나들이

　불가의 승려가 아닌 범속한 사람일지라도 가끔씩 속세를 떠나 어디든 바람 부는 대로 떠돌고 싶은 충동을 느낄 때가 있다. 더구나 요즘처럼 세상이 뒤숭숭하고 전쟁의 공포가 시시각각 우리의 봄나들이마저 앗아가고 있는 시국이면 분란만 일으키는 마음을 주체할 수 없어 전전긍긍하기 일쑤다. 전인미답前人未踏의 이상향이 아니더라도 사람의 눈에 띄지 않는 곳으로 훌훌 날아버릴 수만 있다면 얼마나 좋겠는가, 죽장망혜는 오히려 사치스러울 것이다. 평소에 입성 그대로 길을 나서면 되는 것이다. 땅끝 어디든 발 가는대로 맡겨두고 물처럼 구름처럼 흐르는 운수행각이면 어떤가.
　도무지 이해할 수 없는 무지막지한 폭력으로 무고한 사람들이 목숨을 잃고 있는데, 그걸 '눈부신 승리가 계속되고 있다.' 라고 자찬을 늘어놓는 짐승만도 못한 자들이 날뛰는 세상을 조석으로 지켜보아야 한다니 참으로 기막힌 현실이 아닐 수 없다. '걸프만'의 석유자원을 탐내고 싸움을 시작하더니 그게 인류에 무슨 재앙이라도 되는 것처럼 '다국적군'으로 포장을 해서 이해 당사국들을 끌어들이고 있다. 전쟁에 광분한 자들에겐 신도 어쩔 수 없는 모양이다. 이성, 야만, 부패, 저주, 멸망, 그런 것들은 로마제국의 역사에서나 읽었음직하다. 그래서 우리는 그 옛날 추억처럼 떠오르는 어딘가 깊고 깊은 산중을 홀로 헤매고 싶어지는지도 모르겠다. 장자莊子처럼 이름난 산꾼이 아니더라도 지리산은 누구에게나 탐나는 산 중의 산이다. 칠선계곡의 탁족濯足은 일러무삼하리오. 그러나 때가 때인지라 산속에 은둔하여 유유자적하기보다는 들이나 강으로 나와야 막힌 숨통이 트이고 심신은 가벼워질 것 같다.

우리의 산하 가운데서 섬진강만큼 아름다운 곳도 흔치 않을 것이다. 광양 백운산과 지리산 사이를 흐르는 섬진강은 분단의 모진 고통을 안고 지금도 유유히 흐르고 있다. 경칩을 전후하여 고로쇠나무나 기재수나무 수액을 마시러 온 사람들이 줄을 서 온 지 이미 오래되었지만 그게 '여순사건'이나 '남부군'의 혈맥임을 아는 사람은 흔치 않을 것이다. 아무도 알아주는 이 없지만 자연 그대로 무심히 흐르고 있는 섬진강변만은 혼자서 걷고 싶다. 매화꽃도 보고 산수유 노란 꽃망울이 터질 때면 사향노루, 반달가슴곰, 수달의 숨소리가 들리고 오미자, 탱자나무, 익모초가 향그럽다. 성제봉 아래 평사리는 박경리 씨의 소설 『토지』의 배경이 된 마을이다. 취나물이 좋기로 이름이 나있고, 자지러진 벚꽃을 보면서 강바람을 마시다 보면 '재첩' 캐는 어부들의 손놀림이 부산하다. 강변을 산책하는 나그네의 '고독한 몽상'은 끝없이 나래를 편다. 무도한 세상일수록 현자의 목소리가 그리워지는가 보다.

지리산 동쪽 기슭의 덕천서원德川書院은 남명 조식 선생이 공부하던 곳이며 서쪽 기슭엔 한말 절의로 이름 높은 매천 황현의 매천사가 자리하고 있다. 남명은 평생을 처사로 숨어 지내면서 조선유학을 한 단계 높여 놓은 분이다.

　　　두류산 양당수를 예듣고 이제보니
　　　도화 뜬 맑은 물에 산영조차 잠겼어라
　　　아이야 무릉이 어디메냐 나는 옌가하노라

남명이 합천에서 집과 토지를 버리고 빈손으로 지리산 자락에 숨어들어 처음 지은 시이다. 그는 이곳에서 산천재山川齋라는 학문의 도장을 열고 세상을 떠날 때까지 후학을 가르쳤다. 일생을 산림에 묻혀 고고한 자세를 잃지 않았다.

"왕과 신하는 붕우의 관계지만 군왕은 선비의 심판을 받아야 한다."고 했고 "처사는 군왕과 관리 위에 서서 군왕과 관리의 비정을 비판하는 위치에 있다."고 주장하기도 했다.

한편 구례읍에서 천은사 쪽으로 가다보면 광의면 월곡리에 매천사당이 있다. 매천은 1855년 광양에서 태어나 구례로 옮겨 살았다. 소싯적부터 시를 잘 짓는다하여 향촌에선 신동神童으로 알려졌다. 나이 20세에 서울로 올라가 강화학파江華學派에 속한 이건창을 만나면서 그는 생애에 일대 전환을 맞는다. 을사조약 후 김택영과 함께 중국으로 망명하려다가 뜻을 이루지 못한 것이다. 경술국치로 「절명시」를 남기고 자결한 것이 모두 이건창과의 만남에서 얻은 바가 컸다. 이건창의 조부 이시원은 판서를 지낸 조선왕조의 종친이었다. 그가 고종 3년(1866) 초가을 병인양요 때 프랑스 함대가 강화도성을 포격하자 성을 지켜야 할 고관들이 모두 도망쳐버렸다. 이시원은 그것이 분했다. 국은이 망극해서 혼자 죽어야 할 이유가 있던 것도 아니건만 그는 신하의 도리를 다하고자 선영 앞에 하직하고 스스로 자결하였다.

매천의 사생결단도 이와 같았다.

짐승도 슬피 울고 강산도 시름
무궁화 이 세상은 가고 말았구나
가을 등불 아래 책 덮고 지난 역사 헤아려보니
글 아는 사람 구실 어렵소그려

매천이 남긴 「절명시」 가운데 한 수이다. 그는 섬진강을 서정적으로 읊기도 했다.

> 펑퍼진 맑은 강물이 삼십리
> 비단 같은 쏘가리는 지천이구나

화무는 십일홍이라 했는데 봄날은 그렇게 빠르게 지난다. 속전속결이라 하지만 걸프전은 날로 심각한 양상으로 변모해 가면서 장기화 될 조짐이다. 국익을 위해 침략자의 편에 서는 것이 과연 온당한 것인지 노무현 대통령에게 묻고 싶다.

무력을 정당화시키기 위하여 연합군이라는 묘한 뉘앙스를 풍기는 뉴스를 흘려들으며 남명과 매천의 삶 앞에서 옷깃을 바로 세워 볼 일이다.

'동도위붕同道爲朋'을 바라며

막스 베버(1864~1920)는 1918년 겨울 뮌헨 자유학생동맹의 발기에 의한 공개강좌에서 「직업으로서의 정치」를 역설한 바 있다. 베버의 정치 이론은 그의 조국 독일을 강력한 국가로 만들면서 동시에 자유화, 근대화시키는 데 중점을 뒀다.

그는 독일의 정치적 후진성의 원인을 밝히고는 이의 극복을 요구하였으며, 독일이 국내적으로 민주화를 이루고 대외적으로 국제사회에서 강력한 국가가 될 수 있기를 희망했다. 그래서 그의 이론에는 자유주의와 민족주의가 기묘하게 조화를 이루고 있다.

그는 학생들에게 정치가가 갖춰야 할 자질을 정열, 책임감, 통찰력이라고 규정했다. 그리고 자신이 정열로 행한 '일'에 헌신하는 것도 중요하지만 그 일에 책임을 지는 것을 행동지침으로 하지 않으면 올바른 정치가가 될 수 없다고 강조했다. 이 때문에 정치가에게는 통찰력이 필요하다는 것이다.

요즘 우리네 정치판의 변화를 지켜보면서 그 변화가 '정치적 후진성'을 극복할 어떤 모티브가 되었으면 하는 바람을 가져본다. 노대통령의 표현처럼 '민주주의 발전을 저해하고 있는 왜곡된 정치구조'가 더 이상은 이어져서는 안 된다는 것이 국민들의 한결같은 바람이다.

4·19혁명으로 이승만 정권이 무너지고 내각책임제로 개헌한 뒤 들어선 민주당정부가 신구파로 갈라져 싸우다가 군사쿠데타로 무너지는 참변을 겪게 되었을 때 일각에서는 '혁명 주체가 권력을 장악했어야 되는 건데' 하는 안타까운 소리가 터져 나왔다. 구태 정치인들에게 정권을 맡겼다가 낭패를 본 탄식이었을 터이다. 주권이 군홧발에 짓밟히면서 국민의 인권과 자존도 함께 망가졌다. 계엄령, 공안정국, 긴급 조치, 포고령 등등 군사정권 시절의 쓰린 기억이 아직도 생생하게 남아 있다.

10·26 이후 엄혹했던 시절을 새삼 돌이킬 필요는 없지만 모든 일에는 역사적 배경이 있기 마련이다. 6월 항쟁의 성공은 민주정권 수립의 절호의 기회였다. 그러나 당시 야당이었던 신민당의 분열은 우리 정치사에 씻을 수 없는 오점을 남겼다. 노태우 정권의 등장은 몰지각한 정치인들의 오판이 가져온 참담한 패배의 결과였다. 오만한 정치세력의 배신으로 말미암아 국민은 또 한 차례 무서운 시련을 겪지 않으면 안 되었던 것이다.

여소야대가 하루아침에 야소여대로 뒤집혔고, 정책이나 이념과는 상관없이 보스 중심의 패거리정치가 국민의 건전한 정치의식을 마비시켜 버렸다. 3김 시대의 폐해가 바로 그것이다. 특정지역을 볼모로 하여 정치적 야욕을 채워보려는 정치꾼들이 지역감정을 교묘히 부추기면서 민심을 선동하거나 술수와 농간을 일삼는 일이 선거철이면 어김없이 등장하던 단골 메뉴였다. 공천이 곧 당선이었기 때문에 '썩은 작대기'라도 꽂아 놓으면 당선된다는 저주 섞인 비하가 무성했다.

그래서 정계개편을 통해 국민통합, 사회통합을 이루어 보겠다는 사람들의 노력이 힘을 받는지도 모른다. 그들은 기존의 정치질서에 안주하면서 무정견, 무이념의 오합지중으로 남는 불명예를 과감히 떨쳐버리고 싶었을 것이다. 애국을 파는 장사꾼들이 더 이상 살아남을 수 없는 세상이 되어야만 동서가 하나되고 남북이 하나될 수 있을 것이라고 믿는다.

새삼 지난 대선을 떠올리고 싶지는 않으나 자당의 후보를 국민경선으로 당당히 선출해 놓고도 여론조사 결과가 나쁘다고 해서 후보교체론을 들고 나와 전선을 교란시켰는가 하면, 싸워보지도 않고 백기를 들고 투항하거나 탈당 위협을 하는 등 대선 기간 내내 민주당은 극심한 적전분열상을 보였다. 그런 와중에서 대선의 승리는 한 편의 드라마처럼 극적인 반전이었다.

동양에서 정당론을 처음 폈던 구양수는 소인은 무붕無朋이요 군자라야 유붕有朋이라고 했다. 소인들은 붕당을 할 수 없고, 군자만이 붕당을 만들 수 있다는 말이다. 이유인즉 소인은 동리위붕同利爲朋하고 군자는 동도위붕同道爲朋하기 때문이라고 설명했다.

오늘 정당의 분열을 이런 눈으로 보아도 결코 무리는 아닐 것이다. 정책이나 이념을 기반으로 한 참된 당파가 되었을 때만이 국민적 지지도 얻고 간교奸狡한 정상배들이나 군사쿠데타의 잔당들도 자연 도태될 수 있을 것이다. 그래야만 지역 간 민족 간의 화해를 거부하는 자들이 더 이상 정치에 발을 붙이지 못하게 될 것이며, 명망가 출신이 아니어도 백성을 아끼는 양심 있는 일꾼들이 국민의 눈에 들게 될 것이다.

천고의 비루함을 한 번 씻어내고자

    1969년 중앙의 한 일간지가 발표한 그해 신춘문예 소설부문 당선작의 제목은 「개를 기르는 장군」이었다. 군사문화의 폐해를 고발하려는 작가의 의지를 바닥에 깔고 병촌 안의 현상을 시니컬하게 파헤쳐 놓았다.
    주인공인 장군과 나 사이에 장군이 기르던 개 '쫑'이 연결되는 관계를 풍자적인 문체로 갈겼는데, 남편을 승진시키기 위하여 온갖 수모를 감내했던 아내와 계급장이 삐까번쩍 빛나는 참모들 사이에서 주눅 들어 지내는 장군이 개를 기를 수밖에 없는 내면 세계를 예리하게 파고든 것이다. 작가 김동선은 유럽의 개는 애정의 대용물이 되어 인간을 고독으로부터 방어한다는 점을 일찍이 간파한 것 같다.
    우리의 속담에 '복날 개 맞듯'이라는 말이 있다. 한여름 들일에 찌든 농부들이 기력을 회복하기 위해 개장국을 해먹던 풍습에서 유래했을 것이다. 88올림픽 때 우리의 개장국 문화를 놓고 시빗거리가 된 적도 있었지만, 동서의 문화 차이를 모르고 한 소리에 지나지 않는다.
    가축이란 인류가 처음부터 잡아먹기 위해 사육해 왔다. 소나 말은 농경이나 교통수단으로도 이용하나 그 육질만은 타의 추종을 불허한다. 여타 집짐승은 우리에 가둬 기르는데 반해 개는 놓아먹이다 보니 사람의 입살에 자주 오른다는 점만 다르다. 상추밭에 똥 싸고, 노상방뇨에다 시도 때도 없이 시끄럽게 짖어대는가 하면 '흉년에 죽 쑤어 개 좋은 일' 하는 건 다반사였다.

요즘에야 '개밥 행여 상할세라 개집 속에 냉장고 넣는다지만' 어쨌거나 사람답지 않으면 개만도 못하다고 말 하고, 남의 앞잡이 노릇하는 사람을 보고는 주구走狗라고도 한다.

예컨대 일제의 주구, 해방공간에서 미군정에 빌붙고 단독정부 주장하던 양키의 앞잡이, 군사정권 아래에서 워커짝 빨던 개 등등 헤아릴 수 없이 많다. 그렇다고 개를 마냥 비하하는 눈으로 보아온 것만은 아니다. 더러는 '견공犬公의 윤리'를 예찬하는 분도 있고, 또 어떤 문필가는 봄볕이 간지러운 묏기슭이나 흰 눈이 듬뿍 쌓인 벌판에서 개들이 엎치락뒤치락하여 어우러져 노는 양을 구경하고 섰노라면, 그것은 정히 생의 환희라고 극찬한 바 있다.

요사이 노무현 정부, 정·관가에서 오가는 소리(말)를 듣고 있노라면 분통이 터질 지경이다. 아무렇게나 되는대로 지껄이는 당치 않은 말을 뭐라고 하던가. 인격이 모자라선지 아니면 아직도 군사문화의 타성을 벗지 못한 탓인지는 모르겠으나 고관대작이라는 분들이 난마와 같이 얽힌 국정을 풀답시고 '총대를 메겠다', '악역을 맡겠다'고 하니 명색이 정치지도자라고 자처하는 자들이 내뱉는 언행치고는 저질스럽기 짝이 없다. 그러니 우리 아이들이 뭘 보고 배울 것이며 건전한 상식이 자랄 수 있을 것인가 심히 걱정스럽다. 막힌 데는 뚫고 꼬인 매듭은 풀어서 국민에게 불편이 없도록 하겠다 하면 되는 것이다. 그게 상식이 아니던가. 그런데 걸핏하면 '깽판' 운운하면서 거친 표현이 난무하다. 그러니 공당의 정책의장이라는 사람이 국가원수의 외교를 '등신외교'라고 비아냥거리고 있지 않은가. 모든 게 상대적이라는 걸 몰라서 그러는가. 그들이 '멍멍멍' 하는 꼴이 부시의 면면을 닮아가는 것 같아서 우려도 되지만, 정치란 애당초 경륜과 철학이 빈곤해 가지고는 안 되는 분야다. 말이 났으니 말이지만 참여정부라는 간판은 발상의 이론적 배경과는 달리 국민의 가슴에 와 닿지 않는 것 또한 사실이다. 국민의 여론을 올바르게 반영하려는 언론의 고유한 기능이 사실상 상업주의화 되어버린 현 상황에서 국민의 참여 의사가 정치에 반영되기란 쉽지 않다. 의회 정치가 제대로 활성화되면 좋겠지만 당리당략에 치우쳐 사사건건 대립과 반복을 일삼고 있어서 정치에 대한 불신만 키우고 있을 뿐이다. '국민참여경선'이라는 그럴듯한 간판을 내걸고 실시했던 모바일 투표가 실상은 국민의 사와는 무관하게 조직동원으로 자파 후보를 당선시키려는 계략적 발상에서 비롯되지 않았을까하는 생각이 든다.

조선 후기 '진경시대'를 열었던 정조의 국정지표는 호호부실인인화락戶戶富實人人和樂이었다. 민주주의도 좋지만 치국의 요체는 백성을 배부르고 등 따습게 하는 일인 것이다. 이제는 우리도 우리의 살길을 우리의 역사에서 찾을 때가 되었다고 본다.

일찍이 다산茶山 선생(1811년)은 강진 귤동에 유배되어 있을 때 흑산도에 귀양 살고 계시던 중형 정약전 선생과 서간으로 학문을 논하다가 문득 "짐승의 고기는 전혀 먹지 못한다."는 소식을 듣고 이렇게 써 보냈다.

이것이 어찌 생명을 연장하는 도道라고 하겠습니까? 섬 안에 산개山犬가 천 마리 백 마리 뿐이 아닐 텐데. 제가 그곳에 있었다면 5일에 한 마리씩 삶는 것을 반드시 거르지 않겠습니다. 5일마다 한 마리를 삶으면 하루 이틀쯤이야 생선찌개를 먹는다 해도 어찌 기운을 잃는 데까지 이르겠습니까. '들깨' 한 말을 인편에 부쳐 드리니 볶아서 가루로 만드십시오. 채소밭에 파가 있고 방에 식초가 있으면 이제 개를 잡을 차례입니다.

육친의 정뿐만 아니라 인생의 저력을 느끼게 한다.

이 무렵 다산은 10년에 걸쳐서 『아방강역고我邦彊域考』 10권을 펴내고 기력이 쇄진한 상태에 놓였으나 마음공부로는 저술보다 나은 게 없다는 신념으로 학문에 전념하였다.

'천고千古의 비루鄙陋함을 한 번 씻어내고자.'

위안스카이, 그리고 조선여인들의 수난

근자에 국제결혼이 성행하면서 외국인과 혼인한 한국인 2세들의 성공담이 심심찮게 언론에 보도되고 있다. 얼마 전 미식축구선수로 최고의 스타덤에 오른 하인즈 워드(Hines Word)가 내한하여 국민의 기대를 모았고 그의 출세는 같은 처지에 놓인 국내 아이들에게 큰 희망을 안겨줬다. 하인즈워드의 열풍이 가라앉는가 싶었는데 한말 주차駐箚조선총리교섭통상사의를 지낸 위안스카이袁世凱의 조선인 첩이 낳은 자녀들의 근황이 우리의 시선을 끌고 있다. 중국의 동북공정이 가뜩이나 신경을 자극한 탓인지 그들의 안부가 반갑기보다는 부끄러운 과거로 다가와 비상한 반응을 일으켰다.

원세개는 '청' 말 중국=지나支那(china) 직예총독直隸總督 이홍장이 한국에 대한 종주권을 확보하기 위하여 임명한 사람이다. '감국대신' 이라는 직책으로 마치 식민지에 군림하듯 총독행세를 하면서 내정간섭은 물론 온갖 행패를 자행하였다. 세도가인 안동김씨 처녀를 첩으로 맞이한 사실도 그의 흉포한 만행 가운데 하나로 보고자 한다.

중국 측 사료에 의하면 안동김씨 말고도 몸종으로 부리던 두 여인女人을 첩실로 들여서 7남 8녀(자녀는 모두 32명)를 두었다. 그 중 김씨 소생 위안 커원克文의 셋째아들 위안자류가 세계적인 물리학자로 이름을 남겼다는 것이다. 그렇지만 그들의 성공이 흥밋거리는 될 수 있을지언정 우리의 자랑이 될 수는 없다. 이는 다만 욕된 역사의 산물일 뿐이다. 위안스카이의 여성 편력은 보통사람의 삶을 능욕하는 것과는 다른 의미를 지니고 있다. 한 나라를 능멸한 야만적 행위였을 뿐만 아니라 중국의 마지막 황제를 꿈꿨던 자의 소행이기에 더욱 실소를 금할 수가 없다.

위의 세 여인(김, 이, 오씨 부인)과 관련이 있는지 확실치는 않지만 위안스카이는 1886년에 문을 연 조선왕실병원 제중원부속의학교에 재학 중이던 세 명의 소녀를 사간 일이 있었다. 제중원에 첫 입학한 소녀는 다섯 명이었는데, 이들은 황해, 평안 감영에서 추천한 총명한 기녀妓女들이었다. 본인의 의사와는 상관없이 강제로 끌려간 뒤 회향에 몸부림쳤다는 후일담이 기록으로 전한다. 이들 기녀 3인과 첩실이 동일한 사건인지는 확실치 않다. 만약 같은 사건이 아니라면 이들의 뒷이야기도 어딘가에 사장되어 있을 법하다.

제중원은 1885년에 개설한 서양식 근대병원인데 선교사 알렌(H.N.Allen)이 주관하였다. 알렌은 미 북장로교회 의료선교사로 중국에 파견되었으나 광활한 대륙에서 지나인들의 동조를 얻는 데 실패하고 난징에서 상선을 타고 재물포로 잠입, 주한미공사관부 무급의사로 신분을 감추고 암약해오다가 갑신년 김옥균 일당의 칼을 맞고 중태에 빠진 민영익을 치료한 것이 계기가 되어 왕실의 신임을 얻었다. 그 후 10여 년간 한국에서 일하게 되었는데, 주한미공사관서기관, 임시대리공사, 전권공사로 근대 초기 한국의 외교에 막강한 영향력을 행사하였다. 그는 대한제국이 망하자 본국으로 돌아갔는데 조선에서 챙겨간 재물이 얼마인지는 정확히 알 수 없으나 부동산 갑부가 되었다.

어쨌든 한말 중국의 한반도 경략은 서구 열강을 능가할 만큼 잔혹하였다. 한미수교 이후 주미한국공사로 부임한 박정양이 미국 대통령(Grover cleveland)에게 제정한 국서에 우리의 개국연호, '짐' 등의 용어를 사용한 사실을 트집 잡아 박공사를 부임 10개월 만에 강제 소환하는 등 그 횡포가 극심하였다. 박공사는 위안스카이가 두려워 1년 가까이 일본에 체류하는 수모를 당했다. 위안스카이는 한국의 사실상의 지배자(The Real ruler)였다. 그의 한국지배는 일본으로 하여금 강력한 군국주의 국가로의 발전을 촉진시켰고 이는 청일전쟁의 원인遠因이 되었다. 알렌은 청의 조선 지배를 막기 위해 반청친일외교反淸親日外交를 폈는데 결과적으로 일본의 한반도 침략에 심각한 정신적 영향을 끼쳤다.

　우리의 강토를 전략기지화하려는 미-일간의 랑데부와 지나의 동북공정이 집요한데도 불구하고 이전투구泥田鬪狗만을 일삼는 연말정국과 맞물려 씁쓸하기 그지없다.

참스승이 그리울 때면

　나이 대여섯에 조부로부터 글을 배워본 사람이라면 기억할 것이다. 아침에 일어나면 잠자리를 정돈하고 소쇄한 다음에는 어른께 문안을 드렸으며, 문 여닫을 때나 발걸음 옮길 때나 어느 한순간도 조심하지 않을 때가 없었던 시절을 말이다. 어른께서 한 자 한 자 회초리로 짚어가며 가르쳐주실 때, 무릎 꿇고 앉아서 그것을 읽고 외우며 이치를 깨달아가던 글공부. 학습에 태만하거나 자세가 흐트러졌을 때 목침 위에 서서 종아리를 맞았던 일은 나이 든 지금에 와서도 정신이 번쩍 들게 한다.
　요즘 농촌에서는 글소리는커녕 아이들 울음소리조차 듣기 어려워졌으니 격세지감이 없지 않다. 총각들은 시골을 마다하는 우리네 아가씨들 때문에 외국에서 신부감을 수입해다가 어렵사리 노총각 신세를 면하고 있는 실정이니, 후사를 걱정하고 교육을 말한다는 것조차 공허하게 들릴지도 모르겠다.
　내 어릴 적만 해도 추수가 끝나면 서둘러 문을 연 것이 서당이다. 농사일로 찌들었던 아이들에게 문방사우文房四友를 챙기는 일은 가히 환희에 가까웠다. 겨울 학기는 시월부터 섣달까지고 봄 학기는 정월 보름 다음 날부터 춘삼월까지였다. 서당의 학생은 칠팔 세 아이부터 스무 너댓 살 이상의 청년층으로 구성되었고 학습 열기는 한결같이 도저하였다.

본래 사설 기초교육기관으로서 한자와 유학의 기본을 가르쳤던 서당은 일제 강점기까지 끈질긴 생명력을 유지하면서 버텨왔다. 훈장 자신이 집에서 생계유지나 민족 교육을 위해서 개설한 서실書室에서는 대개 '하늘 천 따지'를 익히면서 문자를 해득하고, 소학을 배우면서 사람의 도리에 눈을 떴으며, 사서삼경四書三經에 이르면 우주와 자연 그리고 인생에 대하여 심오한 철리哲理를 터득하게 되는 곳이기도 했다.

조선 전기에는 향촌의 유지나 유학자들이 직접 서당을 설립 운영하였지만 18세기 이후에는 몰락한 양반들이 주로 서당교육을 담당하였다. 몰락한 사족이기는 하나 역사적 안목을 갖춘 인격자들로 남다른 '시대고'를 앓고 있는 사람들이었다. 더러는 문리가 트이지 않은 사람도 없다고 할 수는 없겠지만, 그때나 지금이나 교육 현실은 마찬가지일지도 모른다. 특히 중인층이 직업적인 훈장으로 진출하면서 위항委巷문인들의 활동이 두드러졌고, 조선후기 시단詩壇의 큰 흐름을 형성하기도 했다. 이들은 시사를 조직하였는데 옥계, 서원시사 등은 그 대표적인 예일 것이다.

해방 후 미군정이 내건 우리의 교육 슬로건은 이른바 '새 교육'이었다. 그것은 말할 것도 없이 미국식 교육을 의미한다. 최근 미국 정부의 통계에 의하면, 미국의 동맹(하위) 국가들 중 인구 비례상 미국 유학 박사 학위가 제일 많은 나라가 한국이라고 한다. '미국인보다 더 미국에 충성적인 한국 지식인'이라니! 생각만 해도 놀라운 일이 아닐 수 없다. 그로 말미암아 우리는 해방 이후 반세기에 걸친 오랜 세월동안 미국식 가치관과 사고방식에 동화되어버렸다. 군사·정치적으로도 우리와 미국은 아직까지도 다분히 주종적인 관계임을 떨쳐버릴 수 없다.

국민의 정부가 또다시 새 교육 공동체를 들고 나와 '수준별'이니 '수행'

이니 하면서 교육개혁 운운하지만, 우리 조상들이 이미 그리해 왔던 내용에 지나지 않는다. 교육개혁은 그 목표를 교육 과정이나 평가방법에 두기보다는 21세기를 살아갈 한국인의 상을 어떻게 그릴 것인가에 두어야 한다. '자립형 사립학교'나 '자율형 공교육'이 과연 우리 교육의 문제를 풀 수 있는 바람직한 대안인가. 우리가 현행의 중등학교 평준화를 실시하면서 명문학교를 없앴던 까닭이 어디에 있었는지 묻고 싶다. 민족교육의 비전이라는 게 고작 핀란드식 혁신학교인가.

일제 강점기는 물론 십자가를 앞세운 양키즘이 이 땅에 상륙했던 시기만 해도 서당 훈장들은 고고한 자리를 지킬 수가 있었다. 의관을 정제하고 서석瑞石처럼 좌정한 채 천년이나 버텨 낸 그들의 카랑한 목소리는 가슴을 파고들었고, 깊은 겨울밤 아이들의 글 읽는 소리는 참으로 듣기 좋았다.

내 어린 시절 글을 배웠던 스승은 봉산蓬山선생과 지암芝庵선생이었다. 이분들은 모두 훌륭한 인격자들이었다. 화순 적벽의 환학정에 봉산 서실을 열고 학동을 모아 글을 가르쳤던 봉산 정일섭丁日燮은 시詩·서書·역易에 통달하였을 뿐만 아니라 세필細筆 잘 쓰기로 이름이 높았다. 일제 하에서는 광주 중심가에서 상투 틀고 갓 쓰고 '삼기당석판인쇄소'를 운영하면서 족보 찍는 일에 혼신의 노력을 다하였던 분이기도 하다. 아마도 족보를 보급하는 일은 민족을 말살하려던 일제에 항거하면서 우리의 뿌리를 지키려는 항일 구국 운동의 일환이었을 것이다.

지암 정만용丁萬容 선생은 사서나 오경을 두루 섭렵하셨고 생계를 위해 서당을 자영하기도 했다. 교재를 필사해서 나눠주는가 하면 종이가 없는 아이들을 위하여 옻칠해서 만든 송판을 준비해 뒀다. 학채라야 학기당 쌀 한 말인데 그것도 낼 수 없는 학동들은 땔감이나 찬거리로 대신하게 했다.

일찍이 공자께서 "자행속수이상 오미상무회언自行束修以上 吾未嘗無誨焉"이라고 말씀하셨다. "속수를 예물로 바친 자로부터 그 이상의 사람에게는 내가 일찍이 가르치기를 거절한 적이 없다"라는 뜻이다. 속수는 마른 고기 한 묶음을 일컫는다. 스승을 처음 만나 뵐 때 그에 대한 최소한의 예로써 바쳤으니 옛 어른들의 심경을 알 만도 하다.

'직업으로써 교육' 하는 사람은 있어도 '스승'은 없다는 오늘의 교육현실을 절감할 때마다 옻칠한 송판, 필사본을 나눠주시던 고고한 선비의 기상이 아련히 떠오를 뿐이다.

망미정望美亭 실기實記

화순 적벽에 있는 망미정은 동북 수원지 축조로 말미암아 수난을 겪어야 했다. 원래 강가의 나지막한 언덕 위에 있었는데 댐 공사가 마무리 되고 담수가 시작되던 1985년 무렵 수원지 대안 학봉 중턱으로 밀려났다. 정자를 관리하던 마을 사람들이 버려둔 채 서둘러 떠나는 바람에 정자에 걸려있던 현판과 크고 작은 편액들은 남김없이 뜯겨나갔고 건물만 휑뎅그레 서 있던 것을 후손 몇 사람이 천신만고 끝에 이축 보전할 수 있게 된 것이다. 처음에는 건물만 세워 놓았다가 차차 시간이 흐르면서 현판도 걸고 조경수도 한그루씩 옮겨다 놓았다. 현판은 소암 현중화 선생의 글씨를 그의 제자 양용운이 서각하였으며 나무는 정지준이 적벽에 터를 닦고 은거를 시작하면서 심었던 수종, 느티나무와 산벗, 매화, 대나무, 배롱나무를 심었는데 마침 새터 뒤편에 삼백 년은 족히 되었음직한 소나무들이 하늘 높이 자라고 있어서 가지치고 북돋아줬다. 북풍받이에는 방풍림으로 편백을 심었다. 그로부터 이십 사오년이 지난 지금은 풍치림이 정자를 에워싸고 있어서 옛 모습을 상당 부분 되찾으면서 안정된 느낌이다. 다만, 정자의 유래라든가 역사를 알 수 있는 편액 등을 걸지 못해 아쉬워하고 있었는데 2008년 화순군이 문화재로 지정 대대적인 보수를 하게 됨에 따라 서둘러「망미정 실기」를 쓰게 되었다.

망미정望美亭 사실事實

공公의 휘諱는 지준之雋, 자字는 자웅子雄, 호號는 적송赤松, 배위配位는 장흥마씨長興馬氏 사정司正 사성思誠의 따님이다. 압해정씨押海丁氏의 계통에서 나와 창원군昌原君 관寬의 11세손이다. 조부祖父 진사進士 암수巖壽는 호號가 청정재淸淨齋였는데 효도孝道를 잘하여 정려旌閭를 세웠으며 왜란倭亂이 일어나자 고제봉高霽峯과 함께 창의倡義 금산錦山전투에 참가하였다. 부父는 군자감軍資監 주부主簿를 역임한 유성有成으로 정유재란丁酉再亂때 의곡義穀을 모아 군량에 충당한 공로로 공조참의工曹參議에 증직되었다. 어머니는 숙부인淑夫人 이씨李氏로 정정貞靜 숙덕淑德이 있으셨다. 선조宣祖 25년 임진년壬辰年(1592) 꿈에 호랑이를 보고 공公을 낳았는데 골상이 비범하였다. 공은 6세에 문자를 알았고 사서史書를 붙들고 단정히 앉아 큰소리로 읽었다. 주부공主簿公께서 초서抄書할 때면 온종일 곁에 모시고 학업學業에 정진精進하였다. 8세에 소학小學을 배우고 약관弱冠으로부터 행의行義와 학식學識으로 울연히 사림士林들의 추앙을 받았으며 라창주羅滄洲, 하금사河錦沙 공 등 여러 분들이 스승의 모범이라고 여기었다. 특히『논어論語』를 좋아하고 예학禮學에 정통하였으며 참으로 알아서 실천하였기에 고을 선비들이 찾아와 가르침을 받았다.「우국가憂國歌」와「충효가忠孝歌」등 저작물의 대부분이 기사년(1669) 종가의 화재로 소실되어 버렸다. 공은 어려운 이웃을 구휼하였으며 번성하는 집을 부러워하거나 기우는 집을 업신여기는 법이 없었으며 천성이 정직하고 엄격하여 굳센 기풍이 있었다. 인조仁祖 병자년丙子年(1636) 호란胡亂에 남한산성이 포위되어 급박해지자 임금이 조칙詔勅을 내렸는데 공은 이를 받들어 의병義兵을 발의하고 죽기로 맹세하고 전장으로 달려갔다. 옥과현감玉果縣監 이흥발李興渤, 순창현감淳昌縣監 최온崔蘊 한림翰林 양만용梁曼容 공 등과 동지 김종지金宗智, 하윤구河潤九, 족제族弟 호민好敏 등이 뜻을 모았고, 106명의 정예가 의포義布 40필 등의 군수를 마련하여 북진한 것이다. 의병들이 두려워 겁을 먹고 있을 때 공은 소리 높여 "군부君父가 위급하면 신하는 마땅히 죽음으로 갚아야 한다."라고 했으며 글을 지어 말하기를 "살아도 구차하게 사는 것은 살지 않는 것과 같으며 마땅히 죽을 데서 죽는 것은 바로 죽지 않는 것이다. 너희들은 두려워하지 말고 굳건한 자세로 나라의 어려움을 건져서 한편으로는 국치國恥를 씻고 또 한편으로는 우리 고을에서 신민臣民으로서 부끄럽지 않게 의로운 전통을 세우도록 해야 한다."라고 하니 무리들이 감동하여 울면서 따랐다. 공은 주도면밀周到綿密하게 병력을 이동시켰으며 변란에 대응하였으나 청주에 이르러 성하지맹城下之盟이 성립되었음을 듣고 북향北向 통곡하고는 돌아와 적벽赤壁에 숨었다. 무이구곡武夷九曲의 뜻을 취해 창랑과 적벽 사이 동복현同福縣 내서면內西面 학탄鶴灘에 거처를 정한 다음 강가에 정자를 지어 망미정望美亭이라고 새긴 현판을 걸었다(1646). 소동파의 「적벽부」 "묘묘혜여회渺渺兮予懷 망미인혜천일방望美人兮天一方. 넓고 아득한 나의 마음이여 하늘 저 끝에 있는 임을 그리도다."에서 취한 것이다. 청나라에 볼모로 잡혀간 소현세자, 봉림대군 그리고 삼학사三學士에 대한 그리움이 담겨 있다. 화공畵工에 명하여 동쪽 벽에는 노중연魯仲連이 바다를 건너고, 남에는 문천상文天祥이 하늘을 쳐들며, 서에는 형가荊軻의 소매 속을 더듬고, 북에는 도정절陶靖節이 취해서 누워 있는 그림을 그리게 했다. 공은 소나무의 절개를 사랑하고 옛 신선의 이름을 따서 적송자赤松子라고 자호自號하였다. 후인들은 지준의 문학작품文學作品을 두고 시경詩經의 비풍匪風, 하천下泉편 등과 같이 깊은 의미가 있다고 평評하였으며 그의 사상과 의로운 정신은 민족정기로 계승 발전되고 있다.

망미정 현판. 소암素菴 현중화 선생의 글씨이다.

계묘년癸卯年(1663) 12월 24일 본가本家에서 고종考終하였으며, 『적송유집赤松遺集』이 전한다.

단기檀紀 4341년 여름

2008년은 적벽 그리고 망미정으로서는 뜻 깊은 한해가 될 것 같다. 우리가 평소에 존경해 마지 않는 박선홍 선생께서 역저『무등산』을 증보하여 7판을 세상에 내놓으시고 책을 우송해 주셔서 반갑고 송구스러운 마음으로 단숨에 읽었다. 선생께서 처음 출간한 때가 1976년이니 강산이 세 번 변하는 긴 시간동안 판을 거듭해오다가 다시 많은 자료를 수집 정리하시고 이를 증보하여 출간하신 것이다. 망미정이 클로즈업 되었고 범대순 시인의 「적벽동천」[*]이 높고 푸르다. 이마도 『무등산』은 광주와 함께 길이 명저로 남게 될 것이다. 책을 읽고 난 뒤 선생님을 찾아뵙고 감사의 인사도 드릴 겸 방문하였으나 부재중이라서 그냥 돌아와 며칠 후 댁으로 전화를 드렸다. 책 가운데 '적벽'과 '망미정' 부분에 두어 군데 오자가 발견되어 말씀을 드렸다.

출판사의 실수이겠지만 망미정 사진이 적벽에서 한참 비껴선 곳에 근래 지은 제각이 망미정 사진으로 게재돼 있다. 그런 건 사소한 것이고 적벽팔경은 자료의 출처를 다시 확인해 보아야 될 것 같다. 강산은 사람에 의해 명산으로 빛을 낸다. 적벽 역시 병자호란 후 이곳에 은거한 정지준에 의해 가꾸어진 곳이다. 송강의 「관동팔경關東八景」이 그러했듯이 적송의 사생 시각이 포착한 「적벽팔경」은 『동복지同福誌』에 수록된 강선명월降仙明月, 환학청풍喚鶴淸風, 금사어화金沙漁火, 한암효종寒庵曉鐘, 한산폭포寒山瀑布, 화표귀운華表歸雲, 고소락조姑蘇落照, 황니설경黃泥雪景이다.

- 강선명월 : 학여울이 강선대에 이르면 물결이 크게 소용돌이친다. 불그스레한 암벽이 하늘을 떠받쳤는데 밝고 둥근 달이 강물에 비췄으니 신선이 내려와 놀았을 법하다.
- 환학청풍 : 학탄리 안산鶴峰 남쪽 언덕에 정지준이 환학정喚鶴亭을 짓고 풍류를 즐기던 곳이다. 뒤로는 울창한 송림이 있고 적벽과 마주한 환학의 하늘바람, 청아한 옥퉁소 소리에 학이 정자를 배회하고 임자는 홀로 우주의 순결을 잡아 스스로 그러한 삶을 지향했다.
- 금사어화 : 강안의 금모래는 별빛 같은 찬란함이 물에 비춰 더욱 밝고, 붉은 여뀌 물가에 짝을 이룬 백로는 성내듯 날아옌다.
- 한암효종 : 산세가 깎여 벼랑을 이룬 한쪽에 거대한 천연동굴이 있고 동굴 앞으로 10여 평 남짓 되는 평편한 땅과 석간수가 흘러 수도승 두어 사람이 기거할 만한 좋은 도량이다. 동굴 중심에는 벽에 걸린 은하수와도 같이 높은 절벽에서 물이 떨어지는데 석양이면 옥빛 무지개로 변한다. 장백폭포나 강희안의 '고사관수도'를 연상해도 좋겠다. 여기에 암자와 폭포가 어우러져 장관을 이루었고 절집의 새벽 종소리가 어둠을 밀어내고 은은히 울려 퍼졌다. 수도승은 폭포수로 목욕재계하고

부처님께 공양을 올렸을 것이다.

화표귀운 : 강머리 화표봉에 학이 집을 지어 놓고, 금강산 상팔담에 놀던 선녀들을 기다리는 형국이다. 화표귀운은 중국 한나라 때 정령위丁令威라는 인물에 얽힌 고사 화표귀학華表歸鶴에서 얻은 발상이다. 요동땅에 살던 정령위가 신선의 도를 깨치고 고향으로 돌아 왔는데 학으로 변신해 날아와 화표주 위에 집을 짓고 살았다고 한다. 산봉우리에 오르면 닿을 것 같은 푸른 하늘은 옥부용을 깎아놓은 듯하였을 것이다.

고소낙조 : 금사천 하류에 바위섬 하나가 우뚝 솟아 그 형상이 마치 해금강 총석정을 닮았다. 해질 무렵이면 붉게 물든 표정이 시정을 자아냈다. 삿갓 쓴 늙은 어부가 낚시를 파하고 돌아가는 모습이 처연하다.

황니설경 : 황니는 원래 소동파의 적벽부에 나오는 황주 어딘가에 있는 고개다. 학여울 앞산이 학봉이다. 학봉 아래는 층암절벽이고 소는 깊어서 파랗고 바위난간에 낙낙장송이 울울하여 여울에 노닐던 두루미들이 휴식처로 삼았다. 골짜기 솔밭사이로 가르마 같은 고갯길이 나있고 고개를 넘으면 강정江亭벌이 하천을 따라 길게 펼쳐진다. 흰눈을 잔뜩 이고 힘겨워하는 소나무와 고갯길을 보면서 소동파가 걷던 황니를 떠올렸을 법하다.

이제 적벽 주인 정지준의 시를 읽을 차례다. 그는 적벽의 사계四季를 이렇게 노래하였다.

봄

깊숙한 대숲 속 홀로 앉아 있으려니　　　　　　　　　獨座幽篁裏

어느덧 처마엔 어둠이 내리네	芽簷欲二更
봄 뜨락은 언제나 적적하고 적적해	春庭恒寂寂
오직 산새들 울음뿐이네	惟有山禽鳴

여름

문 앞엔 벽옥 같은 시내 흐르고	門臨碧玉流
맑은 모래어귀에 나의 집 있네	家在淸沙頭
5월인데 불꽃더위 느낄 수 없고	五月無炎熱
서늘한 기운 상쾌함이 가을인 듯하네	微凉爽似秋

가을

들리는가 그대 선객의 발자국소리	聞有仙蹤客
경개³⁾히 그윽한 곳 들어갔다오	耿介入幽庄
맑은 언덕에서 사슴과 벗하니	淸區友麋鹿
좁다란 골짜기에 춘흥은 길리라	斗谷春興長

겨울

산골마을 사립문 찾는 이 없고	巷僻門無客
깊은 밤 달만이 나를 비추네	夜深月近人
설화 소나무 구릉에 잔뜩 쌓이니	雪花滿松塋
눈부신 경치 삼춘보다 낫구나	淸景勝三春

---

3) 경개(耿介) : 절조를 굳게 지켜 세속과 구차스럽게 화합하지 않았다.

정지준은 정자와 가까운 여울 가 언덕 위에 집을 짓고 살았다. 이곳이 학탄鶴灘 곧 학여울이다. 당호를 '수락당壽樂堂'이라고 하였다. 아마도 수락당에서 객을 맞고 망미정에 나가 글을 읽었을 것이다. 해질녘이면 징검다리를 건너고 동네 어귀에 들어서면 우뚝 솟은 서석산이 지척에서 반겨 맞아 주었다. 사립문을 나설 때면 서석을 등에 지고 돌아올 때는 천왕봉을 바라보면서 살 수 있는 곳이다. 학여울에서 서석산에 오르려면 하루면 족하다. 노루목재를 넘어서 장불천을 따라 오르다가 영평에서 곧장 규봉암 쪽 능선을 탄다. 규봉암에서 이른 점심을 들고 장불재를 거쳐서 입석, 서석대를 지나면 한참만에 천왕봉에 닿았다. 청명한 날이면 멀리 지리산 천왕봉이 보이고 남으로는 월출산이 시계視界에 들어온다. 하산길은 장불천 계곡을 택해야 너덜겅 밑으로 흐르는 물소리를 들을 수가 있다. 어느 해 가을엔가 적송은 "운산은 천고의 주인이고 / 놀던 나그네는 백 년 과객이라오 / 서석산은 속세를 벗어났고 / 규봉암은 한강을 향해 읍揖하는 듯 하네 / 소나무는 두루두루 옛 모습인데 / 넝쿨은 세월을 기록할 수 없구려 / 해질 무렵 단풍 숲 짙어 가는데 / 맑은 물가 나홀로 서성인다오"라고 읊기도 하였다. 지금 와서 생각해 보면 학탄에서 바라본 서석산은 고구려의 전前 중기中期 역사에서 중심지였던 환인과 즙안에 남아 있는 흘승골성紇升骨城 동쪽과 흡사하다. 고구려의 도읍이 자리 잡았던 흘승골성의 산세를 본적이 있는가. 지나支那 요령성 길림성 서부를 한 번쯤 여행해 볼 일이다.

적송은 글 읽는 틈틈이 강산을 유람하였다. 인근에 있는 모후산이나 백아산, 조계산에도 들어가 산사의 승려들과 더불어 청담淸談을 나누기도 하였다. 그런 연유로 해서 병자창의 때 유마사 승려들이 군수 지원에 나섰다. 그리고 때때로 고을 원을 초청 시회詩會를 베풀고 관덕대에 나가 활시위를 당겼다. 인조 19년(1641) 4월에 적벽강 건너편 강선대에서 동복현감 이형李逈 1603~1655을 받들어 잔치를 베풀고 3일 동안 향사례鄕射禮를 시행하여 모두 흥겹게 놀았다. 여기에 참석한 사람이 나무송羅茂松 1577~1653, 하윤구, 현감 이형의 세 아들, 정지준의 세 아들, 첨지 김선남金善男 병영비장 오영吳永 훈련봉사 양의신梁義臣 이밖에 여러 명의 악장樂匠이 함께 하였다. '강선대' 라는 이름은 이때 적송이 지었다.

병서 幷序 선대에서 화답하여 읊음 仙臺酬唱

산봉우리엔 흰 구름 새들은 나는데	白雲出岫鳥還飛
현학은 공중에서 저녁노을을 희롱하네	玄鶴盤空弄夕暉
화살 하나로 중홍하면 싸움은 끝나는데	二箭中紅爭也畢
하늘바람 불어와 성주의 옷 펄럭이네	天風來拂六銖衣[4]

차운 附次韻

우레 소리 높고 높아 별빛 현란한데	雷鼓隆隆星亂飛
흰 구름 기운 곳에 석양빛 눈부시네	白雲傾處動斜暉
봄바람 십리 길에 버들꽃 떨어지니	東風十里楊花落
4월의 강남에 눈꽃이 가득하네	四月江南雪滿衣
－ 창주 라무송	－ 滄州 羅茂松

적송은 또한 환학정 뜨락에 난초를 심고서 다음과 같이 그 소회를 읊었다.

---

4) 육수의(六銖衣) : 성주들이 입는 옷.

환학정 뜨락에 난초를 심고서 느낀 점을 읊음 喚鶴亭畔種蘭寓意作

옛날 공부자 난의 지조를 노래하였다 하였으니	夫子昔唱猗蘭操
깊은 골 나의 난은 누구를 위한 지조로 있는가	蘭在幽谷採誰贈
향기 그윽하나 멀리 뜻 두는 대로 가지 못하니	幽蘭遠播無足恃
한줄기 난 잎에 숨어사는 마음 시름이 느는구나	醉把孤莖愁不勝

이 무렵 우암尤菴은 정지준의 조부 정자인 창랑정에 들러 '청정재淸淨齋'라 휘호하고 정자 앞 강 건너편에 제벽題壁하였다. 그의 웅휘한 필치가 지금도 살아서 꿈틀거리는 것만 같다. 역사적으로 바위에 글을 새기는 것은 중국 육조시대에 종이 부족에서 시작되었다고 하는데 당나라 때에는 하나의 운치 있는 문학행위로 유행했고 송나라에 이르러서는 문학의 한 장르로 인정되었다. 적벽동천赤壁洞天 또한 퇴계나 율곡이 청량산과 오대산 소금강 암벽에 글을 남겼던 것처럼 적송도 이를 마다하지 않았다. 사실「적벽팔경」을 대하면 문득「소상팔경瀟湘八景」이 연상된다. 소상은 물 이름인데 중국호남성의 소강과 상수가 합류되어 동정호洞庭湖로 들어오는 곳을 일컫는다. 동정호는 말할 것도 없고 그 주변의 경관이 워낙 아름답고 시적인 풍경이라 일찍부터 시인과 화가의 소재가 되었다. 이것을 여덟 가지 풍경으로 나누어 팔경이란 명칭을 붙인 것은 북송 때부터다. 북송의 심괄沈括이「몽계필담夢溪筆談」에서 "송적宋迪이 평원산수平遠山水를 잘 그리는데 그중에서도 평사낙안平沙落雁, 원포귀범遠浦歸帆, 산시청람山市晴嵐, 강천모설江天暮雪, 동정추월洞庭秋月, 소상야우瀟湘夜雨, 연사만종煙寺晚鐘, 어촌낙조漁村落照의 팔경은 그의 득의작得意作이다."라고 한 것이「소상팔경」이라고 이름 붙인 최초의 기록이다. 우리나라에서도 고려 명종이 문신들에게「소상팔경」시를 짓게 하고 이광필李光弼에게 팔경을 그리도록 했다는 기록이 전한다. 이를

문인들이 시제로 읊은 것은 세종 24년 (1442년)에 만들어진 「비해당소상팔경시첩匪懈堂瀟湘八景詩帖」에 실린 진화陳澕, 이인로李仁老 그리고 이제현의 문집에서 찾을 수 있다. 세종의 셋째아들인 안평대군 이용李瑢(1418~1453)은 호가 비해당인데 시서화詩書畵에 능할 뿐만 아니라 음악 기예까지 통하지 않는 것이 없을 만큼 천부의 재질을 가진 분이었다. 그는 백악 기슭에다 무계정사武溪精舍를 지어 놓고 문인 학자 화가 안견安堅 등과 노닐었는데 안평대군이 문인들과 창화한 「비해당匪懈堂12경」, 「비해당匪懈堂48영」 등 많은 제영들이 당시 사람들의 문집에 남아 있어 세종시대의 화려했던 문예의 단면을 살필 수가 있다. 안평은 25세이던 6월 세종으로부터 비해匪懈라는 당호

우암尤菴 송시열이 쓴 '청정재淸淨齋'.
정자 앞 바위에 새겨져 있다.

를 받게 되는데 이를 기념하여 「비해당호시축匪懈堂號詩軸」을 만들었으며 두 달 후인 8월에 집현전 학사를 비롯하여 당대의 문인들에게 소상팔경시를 짓게 하고 이를 그림으로 그려 「비해당소상팔경시첩匪懈堂瀟湘八景詩帖」을 만든 것이다. 시첩에 실린 시 몇 편을 읽으면서 조선시대 시문학에 얼마나 심대한 영향을 끼쳤는가를 일별하는 기회로 삼겠다.

이인로李仁老의 칠언절구七言絕句[5]

산시청람山市晴嵐

새벽 비 걷히니 벽동碧洞이 차가워 　　　　　曉雨初收碧洞[6]寒
청람[7]은 끊임없이 피어 흰 비단에 퍼져 있네　晴嵐陳陳曳[8]輕紈
수풀 사이 보일락 말락 몇 집이나 되는지 　　林間出沒幾多屋
하늘 밖 있는 듯 없는 듯 어디메 산이런가　　天外[9]有無何處山

연사만종煙寺晚鐘

천 구비 돌길에 흰 구름 감돌고 　　　　　　千廻[10]石徑白雲封
바위 위 나무 푸르고 푸르러 저녁 빛이 짙구나　巖樹蒼蒼晚色濃
예부터 연방蓮坊[11]은 푸른 산속에 있는 줄 알거니와　知有蓮坊藏翠壁
바람 불어 떨어지니 한 줄기 종소리로다 　　好風吹落一聲鍾

---

5) 『동문선(東文選)』 권20에 「송적팔경도(宋迪八景圖)」라는 제목으로 실려 있는데 시구(詩句)에 다소 차이가 난다. 편의상 『동문선』에 실린 제목을 붙여 두고, 『동문선』 내용과 차이가 나는 것은 밝혀 두는데 고판본(古版本)을 구하지 못해 국역본 뒤에 요즈음 활자(活字)로 실려 있는 것과 대조하였다. 번역도 국역(國譯) 『동문선』 2책 397쪽에 수록되어 있다.
　　서거정(徐居正)의 동인시화(東人詩話)에 이규보·진화의 소상팔경시에 대한 논평이 있다. "대간(大諫) 이인로(李仁老)의 소상팔경 절구(絕句)는 시상(詩想)이 맑고 어휘가 풍부하여 모사(模寫)에 뛰어났다. 우간(右諫) 진화(陳澕)의 칠언장구(七言長句)는 웅장하고 힘이 넘쳐 기이함을 얻었다. 모두 옛사람의 뛰어난 작품으로서 후대 시인들이 우열을 다투기가 쉽지 않다. 李大諫仁老瀟湘八景絕句 淸新富麗 工於模寫 陳右諫澕七言長句 豪健峭壯 得之詭奇 皆古人絕唱 後之作者 未易伯仲"고 하였다.
6) 효일초수벽동(曉日初收碧洞) : 『동문선』 조일휘승첩장(朝日徽昇疊嶂).
7) 청람(晴嵐) : 청천지산기(晴天之山氣) 파란 하늘에 피어오르는 산기운.
8) 청람진진예(晴嵐陳陳曳) : 『동문선』 부람세세인(浮嵐細細引).
9) 外 : 『동문선』 제(際).
10) 外 : 『동문선』 제(際).
11) 연방(蓮坊) : 절寺를 말함.

어촌낙조漁村落照

버들가지 늘어진 언덕 반쯤 기운 초가집들	草屋半依垂柳岸
나무다리는 백빈白蘋의 못가에 끊어져 있네	板橋橫斷白蘋汀
해 저물면 강산의 아름다움 더욱 살아나	日斜愈覺江山勝
일만 붉은 이랑 중 두어 점이 푸르도다	萬頃紅濃[12]數點靑

원포귀범遠浦歸帆

나루터 안개 속 나무 푸르고 울창한데	渡頭烟樹碧童童[13]
포蒲[14] 엮어 만든 열 폭 돛 위로 만 리의 바람이 부네	十幅編蒲萬里風
농어회와 순채국은 가을에 참으로 맛있나니	玉膾銀蓴[15]秋正美
짐짓 집으로 가는 흥에 끌리어 강동에 도달하네	故牽歸興到[16]江東

---

12) 농(濃):『동문선』부(浮).
13) 동동(童童): 나무가 울창하고 무성한 모양.
14) 포(蒲): 수초(水草), 길이 4·5尺이고 잎은 가늘고 길어서 돗자리나 배돛으로 쓰인다. 이것을 가지고 만든 배돛을 포범(蒲帆)이라 하는데 큰 것은 수십폭이 된다.
15) 옥회은순(玉膾銀蓴): 순채국과 농어회. 진(晉)나라 장한(張翰)이 고향의 명산인 순채국과 농어회를 먹으려고 관직을 그만두고 고향에 돌아갔다. 고향을 잊지 못하고 생각하는 정을 말함.『晉書』권92 張翰傳 "齊王爲大司馬東曹操 因秋風起 思吳中蔬菜蓴羹 魚膾曰 人生貴得適意 何爲羈宦數千理 以要名爵乎? 遂命駕歸" 이후 순갱로회(蓴羹鱸膾)라는 말이 생겨났다. 장한(張翰)은 오군인(吳郡人)으로 자(字)는 계응(季鷹) 당시 사람들이 강동보병(江東步兵)이라 불렀다.
16) 회(到):『동문선』향(向).

소상야우 瀟湘夜雨

한줄기 푸른 물결 양쪽 언덕은 가을이구나	一帶滄波兩岸秋
바람에 가랑비 날려 돌아가는 배에 흩뿌리네	風吹細雨灑歸舟
밤 이슥하여 강변 대숲에 배를 대니	夜深泊向[17]江邊竹
잎새마다 찬 소리 들어 모두가 시름이로다	萬葉寒聲箇箇愁[18]

평사낙안 平沙落雁

물 멀고 평평한 산으로 해 기우니	水遠山平[19]日脚斜
서리 맞으며 가는 기러기 물가 모래에 앉는구나	冒霜[20]征雁落[21]汀沙
무리지어 가면서 푸른 가을 하늘 점점이 깨트리고	行行點破秋空碧
누런 갈대 낮게 스쳐 눈꽃을 뒤흔드네	低拂黃蘆動雪花

동정추월 洞庭秋月[22]

| 구름 사이 넘실거리는 황금의 달 | 雲間灩灩[23]黃金餅 |
| 서리 내린 후 출렁거리는 벽옥의 물결 | 霜後溶溶碧玉[24]濤 |

---

17) 향(向) : 『동문선』 근(近).
18) 개개(箇箇) : 『동문선』 총시(摠是).
19) 산평(山平) : 『동문선』 천장(天長).
20) 모상(冒霜) : 『동문선』 수양(隨陽).
21) 락(落) : 『동문선』 하(下).
22) 이 시 동정추월(洞庭秋月)에 대해서는 서거정이 『동인시화』에서 송대(宋代) 시인 소순흠(蘇舜欽)의 시를 점화(點化)(옛사람 시문의 격식을 취하여 더 새로운 방법으로 짓는 일)한 것인데 점화수법이 뛰어났다고 칭찬하였으며 그리고 조맹부(趙孟頫)도 이 시를 매우 사랑하여 후반 두 구절을 고쳤다고 하였다.
23) 간염염(間灩灩) : 『동문선』 단염염(端灩灩).

밤 깊어 바람과 이슬이 세찬지 알고자 하니　　　　　　欲識夜深風露重

배에 기댄 어부의 한쪽 어깨가 높기만 하구나　　　　　倚船漁父一肩高

강천모설江天暮雪

장난기 가득한 눈이 땅에 더디 떨어지고　　　　　　　　雪意嬌多到地[25]遲

원근의 숲에는 봄의 모습 한창이다　　　　　　　　　　千林遠近放春姿[26]

어옹이 취하여 춤을 추니 해가 저물어　　　　　　　　　漁翁醉舞[27]天將暮

봄바람에 버들가지 날릴 때라고 잘못 말하더라　　　　　誤道春[28]風柳絮時

신숙주申叔舟 오언고시五言古詩[29]

시는 소리 있는 그림이요　　　　　　　　　　　　　　　詩爲有聲畫

그림은 소리 없는 시다　　　　　　　　　　　　　　　　畫是無聲詩

세상에 오직 시와 그림만이　　　　　　　　　　　　　　世間唯詩畫

사물을 묘사함에 아름다움과 추함을 마음껏 표현한다　　狀物窮姸媸

그림을 펼쳐서 그 모습 보고　　　　　　　　　　　　　　披圖玩其象

한 구절 한 구절 따져서 그 문장을 연구하니　　　　　　逐句研其辭

---

24) 벽옥(碧玉) : 청천(靑天)·청류(靑流)의 비유로 쓰임.
25) 도지(到地) : 『동문선』 착수(着水).
26) 근방춘자(近放春姿) : 『동문선』 영이리리(影已離離).
27) 어옹취무(漁翁醉舞) : 『동문선』 사옹미식(簑翁未識).
28) 춘(春) : 『동문선』 동(東).
29) 『보한제집(保閑齊集)』 권10의 1쪽에 "제비해당팔경도시권"이란 제목으로 실려 있다. 그리고 다음과 같은 글이 덧붙여 있다. "소상팔경을 그리고 송 영종이 직접 쓴 팔경시를 모방하고 고인의 팔경시를 기록하여 축으로 만들고 문사들에게 글을 구하였다. 畵瀟相八景 摸末寧宗手畵八景詩 仍錄古人八景詩以爲軸 求題咏于文士" 고인은 이인로(李仁老)·진화(陳澕)를, 문사(文士)는 당시 소상팔경도에 시를 쓴 사람을 말한다.

비로소 천지 사이에	始覺天地中
이 같은 여덟의 기이한 경치 있음을 알았다	有此八般奇
귀신같은 솜씨로 참된 모습을 빼앗아 오니	神機各奪眞
눈 아래에는 그윽한 생각이 일도다	眼底生幽思
동평왕[30]의 선행을 즐기려는 뜻	東平樂善意
왜물과 접촉이 끝이 없구나	觸物無窮時
천년 후에라도	可使千載下
아름다운 규율을 흠앙케 하리라	好向欽芳規[31]

- 集賢殿修撰 高陽 申叔舟

최항崔恒 칠언율시七言律詩

비온 후 산 모습은 더욱 우뚝해	雨餘山態轉崢嶸
가느랗게 뜬 남기嵐氣 저녁에 개인다	細細浮嵐護晚晴
안개는 들을 감싸면서 이었다 끊어지고	輕鎖埜塵連又斷
연기에 싸인 초가집은 어두웠다 밝아진다	淡籠茆舍晦還明
숲 끝에서 흔들리는 것이 주막 깃발인 줄 알겠고	林端乍認搖帘影[32]
성곽 밖에서 때때로 약 파는 소리 듣는다	郭外時聞賣藥聲
이 속에서 큰 은자가 사는 것을 아니	知向此間棲大隱
좁은 세상에서 종소리 좇아감이 스스로 가련하다	自憐蝸角[33]趁鍾鳴

---

30) 동평왕(東平王) : 후한 광무제(後漢 光武帝)의 여덟째 아들로 이름은 창(蒼). 외모가 뛰어나고 학문을 좋아하였다. 명제(明帝)가 무엇이 제일 즐거운가 물어보자 선(善)을 행하는 것이 가장 즐겁다고 대답하였다.
31) 방규(芳規) : 안견(安堅)의 화법(畵法)을 의미한 것 같음.
32) 렴영(帘影) : 옛날에는 술집에 기를 꽂아 주막임을 표시하였다. 주막이라는 표시인 깃발의 그림자를 말한다.

점점이 있는 산들 여러 봉우리 드러내고	點點峰巒露數稜
저녁 놀 파랗게 갈리어서 산을 휘감는다	暝烟分碧單山層
아련히 나는 듯이 얽혀져 있는 숲 속의 절	依稀飛橫樹間寺
아득히 새어나는 빛은 감실 아래 등불이로다	杳靄孤光龕下燈
골짜기 나오니 종소리 다시 은은해	出谷鯨音[34]吟更殷
이어 구름 속의 새 다니는 길로 소리 울려 퍼진다	連雲鳥道響遙凌
오왕 단청처 쉽지가 않아[35]	吳王未易丹靑處
화공과 시를 보내어 섬등지에 그리리라	要遣工詩掃剡藤[36]

먼 언덕 성긴 숲으로 돌아가는 저녁 까마귀	遠岸踈林歸暮鴉
가시나무 울타리에서 그물 말리니 누구의 집이런가?	荊籬椴曬[37]網是誰
지는 노을 서너 점은 달에 비단을 수놓은 듯	殘霞數點錦飛鏡[38]
낙조는 반쯤 진 하늘에서 붉게 갈대를 물들인다	落照半邊紅曳葭
물결 속에 비친 햇무리 낚싯배를 밝히고	暈射波間明釣檻
들에서 나누어진 빛은 수레를 비친다	光分野外映巾車
어느 누가 한가히 낚싯대 잡고 서 있는가	何人閒把漁竿立
삿갓에 바람 안고 지는 노을 속에 외로이 있다	篛笠帶風孤影斜

아득한 푸른 물결 속에 모래섬은 보이지 않고	渺渺蒼波不見洲

33) 와각(蝸角) : 달팽이 뿔. 아주 미세한 것을 말함. 『장자(莊子)』 칙양(則陽)편에 보인다. 有國於蝸之左角者 曰觸氏 有國於蝸之右角者 曰蠻氏 時相與爭地而戰.
34) 경음(鯨音) : 종소리.
35) 의미 미상.
36) 섬등(剡藤) : 섬계(剡溪)에서 생산되는 종이. 질이 좋기로 예로부터 유명하다.
37) 쇄 : 曬(햇빛쬘 쇄).
38) 비경(飛鏡) : 달을 말함. 이백(李白)의 「파주문월(把酒問月)」에 "皎如飛鏡臨丹闕 綠煙滅盡淸輝發"이라는 시구가 있다.

한 조각 돛단배 물결 아래로 내려온다	征帆一片下中流
까마귀 나는 포구에서 언뜻 노 젓는 소리 듣고	烏飛浦口纔聞櫓
하늘 가로 새가 종적을 감추니 하마 배를 잃었다	鷺沒天涯已失舟
천 리 길 순채 농어로 기분이 즐거워	千里蓴鱸乘逸興
백 년의 종정을 미구로 보낸다	百年鍾鼎寄微漚
가고 가서 초산 아래로 지나가건만	行行過盡楚山下
저녁나절 들리는 잔나비 소리에 어느 곳에서 머무리	暮聽斷猿何處留

해질녘 구름 드리우자 바람이 먼지를 걷고	薄暮雲垂風捲埃
강가 성에 다시 뿌리니 눈꽃이 피었더라	江城旋放雪花開
이리저리 떠도는 시인은 시 읊고서 나귀 타고 가는데	亂飄騷客吟驢去
한가로운 어부는 배타고 돌아온다	閒灑漁人釣艇回
골짜기 가득 메운 은빛의 병풍 같은 계곡은 이어져 있고	夾岸銀屛新迤邐
절벽의 나무는 더욱 기괴하다	層崖瓊樹轉奇塊
참으로 유자는 흥이 많음을 알겠으니	定知遊子饒淸興
서리 맞은 옷을 벗고서 술과 바꾸네	脫却霜裘換白醅

– 集賢殿副敎理崸梁 崔恒

「비해당소상팔경시첩」에 실린 시문은 22편이다. 고려 시대의 문인 이인로와 진화의 칠언장구七言長句가 머리에 올라와 있고 심송서, 박팽년, 정인지, 승려 천봉千峯 등 당대의 문사들이다.

우리의 국토를 대상으로 하는 한국8경시는 송도8경을 비롯하여 소상8경시보다 몇 배나 더 많이 창작 되었다. 8경이라는 고정적인 숫자 관념을 벗어나 10경, 12경 등 다양한 시제로 표현되었는데 16세기에 회자된 「이호16경梨湖16景」, 「면앙정30영俛仰亭30詠」, 「식영정20영息影亭20詠」 또는 하서河西의

「소쇄원48영瀟灑園48詠」도 「비해당48영」에서 착상한 것으로 보이는데 안평대군이 백악(북악산) 기슭에 세운 무계정사武溪精舍에는 비할 바가 못 된다.

　18세기 조선 백자에 표현된 산수무늬 가운데 가장 많이 등장하는 것은 소상팔경그림이다. 호암미술관에 소장되어 있는 「백자청화소상팔경문연적白磁青畫瀟湘八景紋硯滴」이 대표적인 작품이다. 숭유崇儒를 기본이념으로 삼았던 조선시대 지식인, 그들의 지적배경이나 사유공간이 대륙에 기운 감이 없지 않다. 하여 전통이라는 것도 단순한 전승이나 반복이 아닌 끊임없는 탄생 새로운 인격의 형성을 뜻하는 것이어야 한다. 국제 교류 역시 사람의 일인 만큼 보이지 않는 힘의 작위에 의존하기보다는 인간의 정신으로 나아가야 한다는 걸 깨닫게 된다.

　끝으로 정지준의 「강촌江村」을 읊조리면서 이 글을 맺는다.

한 줄기 긴 강물 마을 돌아 흐르니	長江一帶抱村流
문 앞 꽃 핀 버들 울타리 물가에 비치네	門柳籬花綠映洲
맑은 여울 섬돌을 따라 흐르는 소리	淸瀨學聲循砌轉
잠 못 이루는 백로는 주렴 너머 서성이네	白鷗無夢近簾愁
저녁연기 스미는 먼 나무 집에 연해 있고	家連遠樹烟籠夕
빈 정자 물 건너는 곳 사람이 있네	人在虛亭水渡頭
태고시절의 유풍 남아 있으니	太古氓風留不散
고기 잡고 나무하는 일 길이 함께 하리	漁樵心事共悠悠

* 편집자 주 : 범대순 시인의 시 「적벽동천」의 전문은 다음과 같다. 시집 『산하』에 수록돼 있다.

명월이 있고 청풍이 있고 금사(金砂) 어화가 있던 적벽동천
겨울 설경 속 낙조가 늘 새벽종과 폭포를 기억하는 옛날
학을 부르면 학이 오고 구름을 부르면 구름이 돌아왔었다

무등산 모후산 가까이 동으로 옹성산 그리고 멀리 백아산
백두대간의 남악 나라가 천둥과 합류한 물 섬진강 옷머리
반공(半空) 높이 수리(數里)를 천척 단애의 적벽이 있었다

하늘이 열린 이래 일월과 푸른 구름이 지킨 사람과 자연은
지금 춘추에 가려 다만 망향의 탑으로 나그네로 서서
낙조 다음의 시간을 향하여 뜻하는 자색을 그리고 있다

김립의 가난과 시와 세월이 하늘의 뜻으로 아직 남아 있고
여기 산천은 어제를 넘어 오늘로 내일로 역사처럼 흘러가지만
적벽 팔경은 꿈같이 눈을 감으면 마음속에 더욱 크게 있구나

제3부 기행

실학기행
역사문화의 향기를 찾아서

실학기행

　2010년 여름 8월 18일~20일까지 다산연구소와 실학박물관이 주최하고, 경기도와 경기문화재단이 후원하는 '실학기행'에 참가하였다. 2박 3일간의 일정표를 보니 첫날 남양주 다산 생가, 수원 화성, 안산 성호기념관과 전북 부안 반계유적지를 살핀 뒤 목포 1박, 다음날 배를 타고 흑산도로 이동하여 손암 정약전과 면암 최익현의 배소를 들르고, 마지막 날에는 목포로 나와 강진 다산초당, 그리고 해남윤씨 고택 녹우당 순으로 짜여 있다. 이 분야에 조금이라도 관심을 갖고 있는 분이라면 그 어느 답사 여행지보다도 매력적인 코스임을 느낄 수 있을 것이다. 말복이 지났다고는 하나 연일 불볕더위로 몸살을 앓던 소시민의 생활이고 보면 '쾌속선'을 타고 갈매기처럼 바다 위를 난다는 것은 생각만 해도 기분 좋은 일이 아닐 수 없다. 그뿐인가. 조선후기 새로운 학문과 사상을 일구어낸 산실, '실학의 고장'을 전문가들과 함께 순례한다는 것은 대단히 뜻깊은 일이다. 아마도 인생에서 한 번도 그런 시간을 가져보지 못한 채 세상을 마감한 분들도 허다할 터. 학문이나 사상이 그 시대적 환경이나 당대의 삶의 조건에 의해서 좌우되듯이 이번 여행에서 다산, 성호, 반계, 손암의 족적을 따라가면서 변화와 전환의 시대에 지식인은 '무슨 고민을 해야 하고 무엇을 위해 살아가야 되는가'라고 자문하게 될지도 모르겠다.

　그들은 부귀공명 같은 건 아예 단념하거나 유배라는 극한 상황 속에서도 자기시대의 책무를 다하기 위하여 보다 철저하게 살다간 분들이다. 그래서 모진 운명에도 불구하고 역사 앞에서 떳떳하게 살고자 하였다. 역설적이게도 세상 밖으로 쫓겨난 덕분인지 가파른 삶일망정 민중과 더불어 호흡을 같이 할 수 있는 행운을 누렸고 깊은 산골에 은거하면서 보다 전진적인 방향으로의 진전을 모색한 끝에 불후의 명저를 남겼다. 정인보 선생은 『담원국학산고』에서 "조선근고의 학술사를 종계綜系하여 보면 반계가 1조一祖요, 성호가 그 2조二祖요, 다산이 3조三祖"라고 언급한 바 있다. 역사공부는 고대에서 현대로 학습하기 마련인데 이번 기행은 다산으로부터 시작하여 성호 반계로 거슬러 오르다가 해남 대둔산 자락에 있는 다산의 외가이며 고산 윤선도의 고택인 녹우당을 찾는다.

　우리 일행(43명)은 오전 9시 정각에 동서울터미널을 벗어나 남양주 다산 생가로 향했다. 다산의 고향 소내로 가는 차안에서 강진과 소내를 번갈아 머릿속에 떠올린다. 한반도 남쪽 끝 외진 바닷가에서 귀양살이를 하고 있을 즈음 한 친구에게 보낸 편지에 쓰기를 "지금 이 만민이 구렁텅이로 빠지는 판에 장차 어찌할 것이요"라고 했다. 다산의 현실 인식에 대한 단면을 보여준 글이다. 정조가 재위 24년 49세로 갑자기 승하하자 어린 나이로 등극한 순조는 대왕대비 정순왕후의 수렴청정을 받아야 했는데 정조 시대에 권력에서 소외되었던 노론 벽파들이 국정을 전횡하면서 국가 기강이 무너지고 매관매직을 일삼는 바람에 민생이 도탄에 빠졌다. 다산은 국정 전반이 성한 곳 하나 없이 구석구석 병들었다고 진단하고 "지금 즉시 개혁하지 않으면 나라가 곧 망하고야 말 것"이라고 했다. 다산은 이러한 관점에서 경국제민의 철학을 녹여 『탕론蕩論』, 『원목原牧』, 『전론田論』, 『경세유표經世遺表』, 『목민심서牧民心書』를 비롯한 오백여 권에 이르는 방대한 저서에 담았다.

우리는 40여 분 만에 남양주시 조안면 능내리에 도착하였다. 벌써 여러 차례 다녀갔음에도 소내의 공기는 늘 신선하고 맑다. 좋은 땅이라서 그런지 그윽하고 안온한 느낌이 들었다. 능내리는 소내苕川라고도 부르는데 그 유래는 다산茶山 스스로 『임청정기臨淸亭記』에 자세히 설명해 놓았다. 몇 백 년 전에는 소양강이 고랑皐狼 아래에 이르러 동쪽으로 남주藍州의 북쪽을 지나 남강南江으로 흘러갔다. 그러므로 남강은 물살이 빠르고 거세게 곧장 서쪽으로 달려 반고盤皐의 아래에서 합쳐졌다. 그리하여 홍수가 질 때마다 반고는 물에 잠기므로 사람들이 살지 않았다. 그 뒤에는 소양강이 아래로 부암鳧巖의 남쪽에 이르러 비로소 남강과 만나 남강의 거센 물살을 밀어내어 물리쳤다. 물은 귀음龜陰의 강기슭을 지나 석호石湖의 동쪽에 이르러 비로소 꺾어져 서쪽으로 향하게 되므로 이때는 반고가 우뚝 높은 위치에 있게 되어 촌락이 이루어졌다. 이것이 초천苕川이 생기게 된 역사이다. 그렇지만 새로 생겨난 땅이라 주인이 없었다. 이를 발견한 사람은 다산의 선조 정시윤丁時潤이었다. 정시윤은 병조참의를 지냈는데 숙종의 노여움을 사서 시골로 방축되었다. 한강의 물가를 따라 올라가면서 노년에 살 곳을 구하다가 소내 위쪽에 이르러 반고를 발견하였다. 반고를 셋으로 나누어 그 중 서쪽 ᄋᆞᆷ쯤 되는 곳에 정자를 짓고 임청정臨淸亭이라 하였다. 도연명의 귀거래사歸去來辭 가운데 "동고에 올라 휘파람을 불고, 맑은 물에 임하여 시를 짓는다. 登東皐以舒嘯臨淸流而賦詩"라는 구절의 뜻을 취한 것이다.

정시윤은 세 아들에게 이 땅을 나누어 주었다. 동쪽에는 큰아들, 서쪽에는 둘째가 살았다. 막내는 임청정을 받았다. 또 유산酉山 아래 조그마하게 지은 집은 측실에게서 얻은 자제가 차지하였다.

정약용은 정시윤의 장남 정도태丁道泰의 후손이지만 어떤 사연이 있었는지 임청정 일대의 땅에서 태어나 그곳에서 자랐다. 다산 선생이 사시던 여유당은 지금은 팔당 호숫가의 집이지만 당시에는 그윽한 강마을의 저택이었다고 한다. 여유당 앞에 서니 다산의 고단했던 삶이 섬광처럼 뇌리를 스쳐갔다. 영조 38년(1762)에 태어나 헌종 2년(1836)에 세상을 떴다. 39세까지 군왕의 지우知遇를 입어 빛나는 활동을 하다가 1800년 정조 임금이 승하한 후 고난이 시작되었다. 그의 방대한 저술은 주로 유배지에서 이뤄진 것이지만 해배 뒤 18년 동안 남긴 학문적 성과 또한 크다. 북한강에 배를 띄우고 협곡을 거슬러 춘천을 오가면서 다산은 여생을 일민逸民으로 지내겠다고 다짐했지만 춘천이 위정자의 잘못으로 극심하게 피폐되어 있는 현실을 목도하고는 통탄해 마지않았다.

일행은 다산연구소 박석무 이사장의 안내로 먼저 다산 선생의 묘소를 참배하고 실학기행을 고했다. 여유당 주변에 있는 다산기념관, 다산문화관과 2009년에 문을 연 실학박물관을 둘러보았다. 관장 김시업 선생이 동행하였기에 여러모로 도움이 되었다. 전 관장 안병직 교수가 경내를 돌아보면서 실학박물관에 관해서 자세한 설명을 보태 주었다. 실사구시實事求是는 사실에 기초하여 진리를 탐구하는 것을 말한다. 공리공론空理空論만 일삼는 양명학陽明學에 반동反動으로써 청나라의 고증학파가 내세운 슬로건이며 문헌학적인 학문의 태도를 말한다. 다산은 성리학으로 찌든 조선사회를 근본적으로 개혁하고자 경세치용經世致用과 이용후생利用厚生을 하나로 아울러 실학을 집대성 하였다. 변혁의 중요한 동력을 사상에서 찾고자 했을 것이다.

'18세기에 발생한 혁명의 창시자' 라는 평을 듣고 있는 볼테르의 관 위에 프랑스가 바친 헌사는 '그는 시인詩人이자 역사학자였으며 철학가였다. 그는 인류정신을 개척했고 인간의 정신은 자유로워야 한다는 사실을 사람들에게 일깨워 주었다.' 였다. 경기도가 다산의 유적지를 아름답게 가꾸고 보존해 가고 있는 이유가 무엇인지 조금은 알 것 같다. 한순간 시원한 바람이

짙게 우거진 숲을 흔들면서 나그네의 이마에 흐른 땀을 씻어 주었다.

우리 일행은 숨 돌릴 틈도 없이 수원 화성으로 발걸음을 재촉했다. 어지러이 널려 있는 대도시 인근의 풍경과 유유히 흐르는 한강이 차창 밖으로 스쳐갔다. 민중의 옷자락에 피가 마를 날이 없는 수도 서울을 말없이 지켜보면서 궁정동에서 사살된 대통령의 검붉은 시신을 건너 주기도 하였다. 강은 역사와 함께 사람의 생각도 실어 나르는가 보다. 나는 가끔씩 원시에로의 회귀를 꿈꾼다. 원시림 속에서 산짐승들이 뛰어 놀고 사냥꾼들은 야수와 조우하면서 험한 계곡을 누비는 그런 풍경이 그림처럼 떠오르기 때문이다. 잠시 눈을 감고 생각에 잠겨있는 사이 화성에 도착하였다. 그동안 차를 타고 지나면서 여러 차례 보기는 했으나 성을 밟아보기는 처음이었다. 교단에 서서 글로 읽고 사진으로 본 것만도 40여 년의 세월이 쌓였으니 겉모습이야 조금도 낯설지가 않았다. 화성과 동시대에 건설된 프랑스 파리나 고대 로마, 유럽에 널려 있는 성들을 구경하면서 그 규모의 거대함에 놀라곤 했는데, 우리의 화성을 보는 순간 '참 아름답구나. 예술품 가운데서도 걸작품이로구나' 하는 생각이 들었다. 수원의 풍수를 사방이 산으로 둘러싸인 한복판에 아름답게 핀 한 송이 꽃봉오리에 비유하기도 한다. 수려한 강산 그대로다. 이달호 수원 박물관장이 우리 일행을 반가이 맞이하여 안내하였다. 정조가 화성을 건설하게 되는 직접적인 배경은 1762년 사도세자의 죽음과, 1786년 정조의 아들 문효세자와 의빈성씨의 죽음이 원인이 되었다. 그의 죽음은 사도세자의 묫자리에 대한 불신으로 이어졌고 이에 조정에서는 구산求山을 논의한 끝에 옛 수원부의 읍치로 이장키로 한 것이다. 화성 남쪽에 있는 화산은 '이제 막 꽃망울을 터뜨리려는 한 송이 꽃이 연상될 만큼 아름다운 산' 이다. 그래서 이름도 화산花山으로 붙인 것일까. 사도세자의 원침이 양주 배봉산에서 수원의 화산으로 옮겨진 것은 1789년이다. 그리고 화산에 있던 수원 읍치는 팔달산을 배후에 두고 신도시를 건설하여 옮겼다. 나아가 1794년 1월부터 1796

년 9월까지 신도시에 행궁을 둘러싸는 성을 쌓고 도시기반시설을 완성하였다. 이러한 화성 건설의 최종목표는 1790년 순조의 탄생을 기점으로 순조가 15세가 되는 1804년에 왕위를 물려주고, 정조는 상왕으로 머물면서 사도세자의 추숭을 주도하는 왕권강화의 기지로 삼고자 하는 데 있었다. 화성은 규장각 문신 정약용이 동서양의 기술서를 참고하여 만든 『성화주략』이 지침서가 되었다. 다산이 참고한 『기기도설奇器圖說』은 서양인 선교사 요아네스 테렌츠(Joannes Terrenz,1576~1630)가 서양의 기술서적을 편집하여 저술한 것을 중국인 제자 왕징王徵 (1571~1644)이 번역한 것이다. 이 책이 『고금도서집성古今圖書集成』에 포함되어 있었는데, 1791년 정조의 명에 따라 수입하여 다산이 이를 깊게 연구 적용하였다. 공사발주자 정조, 시공총책임자 영중추부사 채제공, 현장총책 부사직 조심태의 지휘로 1794년 1월에 착공, 1796년 9월에 완공을 보았다. 33개월 만에 신도시 건설이 이루어진 것이다. 석수, 목수, 미장이 등의 기술자 총 11,820명, 돌덩이 187,600개, 벽돌 695,000개, 목재 26,200주, 철물 559,000근 등과 총공사비 973,520냥, 양곡 1,500석이 지출된 대역사였다. 이달호 박사의 설명에 따르면 농촌으로부터 이탈한 유이민들이 품팔이로 고용된 것과, 당시 무르익었던 상품화폐경제의 발달이 공기를 단축시키는 데 크게 기여했다고 한다. 공기의 단축은 비용의 절감은 물론 민폐를 줄이는 데 있어서도 예전과는 비교할 수 없을 만큼 공정이 합리적으로 이루어졌기에 가능한 일이었다. 화성 건설은 서구와 일본의 제국주의 시장 팽창 이전에 우리나라에서 자생적으로 싹트고 있던 상품화폐경제의 결정체라고 했다. 특히, 정조와 정약용의 부역이 아닌 '임금노동' 은 국책사업을 성공적으로 이끈 결정적인 요인이었다. 조선 초기의 경제외적 강제의 시대에서 시장의 논리가 지배하는 사회적 변화가 일어난 것도 한 몫을 했던 것으로 보인다. 화성 축성과 함께 부속시설물로 화성행궁, 중포사, 내포사, 사직단 등 많은 시설물을 건립하였으나 전란으로 소멸되고 현재 화성행궁의 일부는 낙남헌만 남아 있다. 한국전쟁을 겪으면서 성곽의 일부도 파손되었으나 1970년대『화성성역의궤』에 의거하여 대부분 축성 당시 모습대로 보수, 복원하여 현재에 이르고 있다. 성의 둘레는 5,744m. 면적은 130ha로 동쪽 지형은 평지를 이루고 서쪽은 팔달산에 걸쳐 있는 평산성의 형태로 성의 시설물은 문루4, 수문2, 공심돈3, 장대2, 노대2, 포주루鋪朱樓5, 포루砲樓 화포를 설치했던 시설5, 각루4, 암문5, 봉돈1, 적대4, 치성9, 은구2 등 총 48개의 시설물로 구성되어 있었으나 이 중 수해와 전란으로 7개 시설물(수문1, 공심돈1, 암문1, 적대2, 은구2)이 소멸되고 4개 시설물이 현존하고 있다. 화성은 축성시의 성곽이 거의 원형대로 보존되어 있을 뿐 아니라 북수문(화홍문)을 통해 흐르던 수원천이 현재에도 그대로 흐르고 있고, 팔달문과 장안문, 화성행궁과 창룡문을 잇는 가로망이 지금도 도시내부 가로망 구성의 주요 골격을 유지하고 있는 등 200여 년의 세월이 무색할 정도로 완벽하게 보존돼 있다. 화성은 중국이나 일본 등지에서 찾아볼 수 없는 평산성의 형태로 군사적 방어기능과 상업적 기능을 함께 갖고 있으며 시설의 기능이 가장 과학적이고 합리적이며 실용적인 구조로 되어 있는 동양 성곽의 백미라고 할 수 있다. 축성 후 1801년에 발간된『화성성역의궤』에는 축성계획, 제도, 법식뿐 아니라 동원된 인력의 인적사항, 재료의 출처 및 용도, 예산 및 임금계산, 시공기계, 재료가공법, 공사일지 등이 소상하게 기록되어 있어서 성 축성은 물론 우리 건축사의 중요한 자료이다. 문화유산으로서 역사적 가치가 크며, 2007년 7월 유네스코 세계기록유산으로 등재되었다. 또한 화성은 사적 제3호로 지정 관리되고 있으며 1997년 12월 유네스코 세계문화유산으로 등록되었다. 한편 정조 임금은 수원부 읍치邑治 조성에 공이 있는 조심태의 집안과 새로 들어선 장헌세자의 원침을 최고의 명당으로 지목한 윤선도의 자손들에게 과거시험에 대한 특혜조치를 취하였을 뿐만 아니라 해남에 살던 그의 후손들이 수원 신 읍치로 집단 이주하도록 배려하였다. 정조 임금의 아버지에 대한 지극한 효성이 눈물겹다.

화성을 돌아보고 나서 예정시간보다 늦은 점심을 먹었다. '연포갈비'가 유명하다더니 정말 맛이 좋았다. 차를 마시면서 이달호 박사의 저서인『18세기 상품화폐경제의 발달과 화성 건설』을 소개받고 아쉬운 작별을 하였다. 약 40여 분이나 달렸을까. 안산에 도착해 성호 이익 선생의 묘소를 참배하고 기념관으로 직행하여 전시물의 이모저모를 살펴보면서 메모도 하고 안내자의 설명에 귀 기울였다.

이곳은 선생이 생전에 남긴 '유물전시관', 1930년대 이후 출간된 성호학 연구논문 등을 전시한 '기획전시관', 선생의 일대기를 영상으로 구성해 상영하는 '영상관'으로 꾸며져 있었다. 영정으로 본 선생의 모습은 단아했으며 눈빛이 형연炯然하다. 다산은 성호와 같이 근기近畿지방에서 나고 자라면서 성호의 문제자질門弟子姪들과 교우하였으며 성호의 저서를 읽으면서 그를 흠앙·사숙하여 성호학의 계승자가 되었다. 그러나 다산은 성호학에 만족하지 않고 그의 한계를 극복하여 창조적이고 진보적인 입장을 취하였다. 흔히 다산을 '성호좌파'라고도 하는데 성호에 기본 입장을 두고 있으면서도 한편으로는 이용후생에도 깊은 관심을 갖고 연암 박지원, 초정 박제가와도 교류한다. 그들의 장점을 이해하고 생산기술혁신과 농구, 직기織機 병기 등 광범한 기술 개발을 강조하였다. 박제가의 북학北學에는 북벌北伐론에 반하는 시대정신이 담겨있다. 박제가의 저술인『북학의北學議』란 맹자에 소위 '북학어중국北學於中國'에서 이름 지은 것으로 영조 41년(1767년)에 입연入燕한 홍대용과 정조 2년(1778년)에 입연한 박제가, 이덕무, 정조 4년에 연경에 들어간 박지원 등이 지나支那의 경제 발전을 목도하고 조선인의 구차스럽고 고식적인 생활상을 깊이 반성하고 진보한 생산기술과 교역의 확대를 배워야 한다고 주장하였다. 우리 사회 개량추의改良芻議의 초석을 깐 이론이다. 다산이 서학에 관심을 기울인 것도 크리스트교가 아닌 서양의 과학기술문명이었다.

성호 이익은 1681년(숙종7) 대사간大司諫을 지낸 아버지 이하진李夏鎭과 권씨 부인 사이에서 태어났다. 여주이씨 집안으로 8대조 이후 판서, 좌찬성, 지평 등을 지낸 선조들이 있었고 아버지가 대사간을 지냈으나 그가 태어날 때에는 경신환국(1680)때 희생이 되어 평안도 운산에서 귀양살이를 하고 있었다. 2살 때 아버지를 여의고 편모슬하에서 자라 25세 때 과거에 응시했다가 낙방하고 다음 해 둘째 형 이잠李潛이 숙종에게 상소하여 장희빈을 옹호하다가 처형되면서 큰 충격에 빠져 벼슬을 단념하고 안산 첨성瞻星촌에 머물며 학문에 몰두하였다. 퇴계의 학설을 좋아하면서도 사변에 치우치지 않았으며 율곡의 학설에도 관심을 보였다. 학문을 함에 있어서 단순히 익히고 깨치는 것에 치중하지 않았으며 그것을 현실에 적용할 수 있는 실사구시적 입장을 취하였다. 특히 반계의 정치, 경제, 사회 개혁 등을 계승하여 전제의 개혁과 민생의 안정을 도모할 수 있는 방안을 마련하는 데 혼신의 노력을 기울였다. "가난하지만 근검절약하면 어찌 어렵게 살 것이냐. 오직 부와 귀는 언제나 부지런히 노력하는 데 있다."라고도 했다.『곽우록藿憂錄』,『성호사설星湖僿說』,『성호문집星湖文集』등을 남겼는데 '사설'이라는 표현은 '여러 가지 세세한 잡저를 분류' 한다는 뜻으로 붙인 이름이다. 그는 40여 세부터 평생을 두고 주관적인 생각으로 학문과 사물의 이치를 깨친 바가 있으며 이를 메모하고 또한 제자들과 문답한 내용을 꼼꼼히 기록하였는데 이는 이익의 학문과 사상을 그대로 집약해 놓은 것이다. 특히 이러한 성호의 학문적 입장은 제자인 안정복에 의해 계승되었고『동사강목』은 그런 맥락에서 쓰여진 책이다.『성호사설』이『반계수록』의 사상적인 계승이라고 한다면 두 분의 사상은 다산학의 연원淵源이라고 말할 수 있다. 안산에서의 깊은 인상을 뒤로 한 채 전북 부안 반계유적지로 향했다.

부안扶安 인근 우반동愚磻洞이 우리 문헌에 처음 나타난 것은 16세기 중엽

허진동許震童이 이곳에 살면서부터이다. 태인허씨로 수운판관水運判官을 지내다가 부친의 죽음에 임하여 우반동으로 물러나 우반정을 짓고 살았는데 그의 모친이 박순朴淳의 누이인 연고로 사암 박순이 『우반 10경』을 시詩로 읊으면서 우반동의 아름다운 경관이 세상에 널리 알려지게 되었다. '사랑과 혁명의 땅 우반동'이라고 표현한 분도 있는데 허균(1569~1618)이 1601년 전운판관轉運判官이 되어 호남에 있는 삼창三倉의 조운을 감독하러 오가는 길에 이곳 부안에서 며칠을 머물렀다 간 적이 있다. 그 후 공주목사(1608)를 지내다가 파직되었는데 얼마 후 허균은 우반동으로 들어갔다. 우반동은 마치 소쿠리 속 같아서 소나무 숲이 3면을 에워싸고 땅이 기름져 시량柴糧을 얻기에 알맞은 곳이다. 허균이 이곳에 정착하기까지는 당시 부안군수로 있던 심광세의 도움이 컸던 것으로 알려져 있다. 허균은 우반동에서 좋은 친구들과 만나고 때로는 이매창李梅窓과 사귀었다. 그러나 '광해군을 끌어내리고 영창대군을 세워 권력을 장악'하려 했다는 역모혐의로 제 명을 다할 수 없었다. 허균에 이은 우반동 명인은 유형원柳馨遠, 1622~1673)이다. 유형원이 33세(효종 4년, 1653)의 젊은 나이로 이곳에 들어가 52세로 생을 마감할 때까지(현종 14년, 1673) 20여 년 동안 우반동은 그의 사상의 거처였다. 반계는 바닷가 송림이 우거진 산중턱에 초가삼간을 지어 은둔처로 삼고 저술을 업으로 삼았던 것이다. 반계가 경기도 과천에서 이곳으로 옮겨 오게 된 연유는 그의 7대조 유관柳寬이 개국공신으로 책봉되어 받은 사패지가 이 일대에 있었기 때문이었다. 유형원의 조부 유성민柳成民은 이곳에 토지를 소유하고 있었으면서도 경작은 하지 않고 있다가 허균이 우반동에 살던 1612년 가을 한양에서 내려와 논밭을 일구었다고 한다. 일행은 안산에서 출발한 지 3시간여 만에 우반동 입구에 당도하여 걸어서 10여 분 만에 목적지에 도착하였다. 나지막한 남향받이 산언덕 옛터에 복원해 놓은 한옥 4칸과 반계선생이 마셨던 샘이 초라하나마 옛 모습을 간직하고 있다. 일행은 기념촬영부터 하고 나서 선생이 툇마루에 앉아 쉬면서 서해와 염전을 일구던 어부들과 가난한 농부들의 삶을 지켜보았을, 그 옛날을 회상하였다. 경세제민의 철학을 목표로 유토피아를 꿈꾸었을 것이다.

한더위에서 석양볕이 정오와 마찬가지였지만 서해에서 불어오는 바람은 상쾌했다. 시간에 쫓긴 나머지 우반동 마을까지는 들어가 보지 못해 아쉬웠다. 성호 선생이 지은 전傳에 따르면 '유형원은 우반동에 몇 칸 집을 짓고 서재에는 장서 만 권을 갖추었다. 그리고 침식을 잊고 학문에 전념' 하였다. 이 기록대로라면 우반동 어딘가에 반계의 흔적들이 남아있을 것 같다는 생각이 들었다. 반계는 2세 때 아버지를 여의었으나 비교적 유족한 환경에서 자라 4세 때부터 글을 배웠는데 스승은 외숙 이원진李元鎭과 고모부 김세렴金世濂이었다. 이원진은 이익의 당숙으로서 벼슬은 감사에 이르렀다. 6세에 서경, 8세에 역경, 9세에 제자백가의 책을 섭렵할 정도로 비상한 두뇌의 소유자였다. 18세 되던 해에 철산부사를 지낸 풍산豊山 심씨의 딸과 결혼했다. 21세 때 지금의 양평楊平 땅인 지평砥平 화곡리花谷里라는 곳으로 이사했고 이듬해 다시 여주 백양동白羊洞 으로 옮겼는데 이 남한강변은 성호, 다산 등 실학파의 오랜 연고지였던 것이다. 반계의 학문은 대단히 광범위하다. 정치, 경제, 역사, 지리, 군사, 언어, 문학 등인데 저서 가운데『동국사강목조례』,『동국문초』,『기행목록』은 서목書目만 전해지고 있을 뿐 전부 민멸泯滅되고『반계수록』만이 남아 있다. 그러나 이 '수록'은 우리나라 실학사상, 특히 경국제민사상을 담은 저서이다. 선생은 이 책의 첫머리에서 "경계境界가 똑바르면 만사가 다 된다. 전제田制가 바르지 못하면 따라서 민산民産이 떳떳하지 못할 것이요, 부역賦役이 고르지 못할 것이요, 호구戶口가 밝혀지지 않을 것이요, 군오軍伍가 정비되지 않을 것이요, 송사訟事가 끊이지 않을 것이요, 형벌이 간소하게 되지 못할 것이요, 이와 같이 되고도 정치를 행한다는 것은 있을 수 없는 일이다. 그 까닭은 무엇인가. 토지는 천하의 대본大本이기 때문"이라고 했다. 반계수록의 내용은 토지 제도에서부터 관제, 국방, 교육, 통신, 교통 등 국가체제의 전반적인 개혁 방안에 관한 것이다. 당시의 사회상을 비판한 글에 "부자의 땅은 끝없이 경계가 잇닿을 형편이고 빈자는 송곳 하나 꽂을 만한 땅도 없게 되어, 부익부 빈익빈으로 급기야는 모리하는 무리들이 이 토지를 모조리 갖게 되는 한편 양민良民은 유리걸식하다가 머슴으로 들어간다."라고 하였으며 이에 대한 처방이 균전제였다. 농민 1인에게 40마지기를 배분하여 국가에 공납을 내고 가계를 유지할 수 있는 최소한의 토지로 본 것이다.

이익은 그의 「사설」에서 우리나라가 생긴 이래로 국가나 사회의 현실 문제를 아는 이라면 이율곡과 유반계가 있을 뿐이라고 했고, 홍대용은 우리나라 사람 저서 가운데서 율곡의 『성학집요聖學輯要』와 반계의 『수록』이 경세유용지학經世有用之學이라고 했다. 사실 반계는 사상적으로 율곡의 영향을 가장 많이 받은 것으로 알려져 있다.

율곡이 만언봉사萬言封事라는 상소에서 표현했듯이 "조선 건국 이후 경세가로 조준, 정도전, 세종 때 양성지, 정인지, 서거정, 중종 때 조광조가 있었으나 무고誣告로 죽임을 당한 뒤 감히 국사國事를 말하는 이가 없어졌다."라고 했는데 이들의 뒤를 이은 율곡栗谷을 경세학經世學의 거장으로 본 것이다. 율곡의 영향을 받았으면서도 반계는 보다 근본적인 면에서 문제의 본질을 파헤쳤고, 조정의 무능과 부패를 공격하고 제도의 결함을 고치려고 했던 점에서 차이가 있다. 예나 지금이나 나라를 구하려면 무엇보다도 경제적으로 가멸해져야 한다는 건 만고의 진리가 아닐 수 없다.

우리 일행은 곰소 쉼터에서 '젓갈정식'으로 저녁식사를 하고 목포 신안비치호텔에 여장을 풀었다. 창밖으로 보이는 바다가 불빛에 반짝거렸다. 항구 도시 목포의 밤은 아름다웠다. 전 '신동아건설' 신광웅 사장의 안내로 밴댕이 횟집에 들렀다. 밴댕이 젓갈은 먹어 보았지만 회로는 처음 맛보았는데 과연 미식가들의 식도락이 될 만하였다. 무더운 날씨에 강행군을 한 탓인지 꿀맛 같은 잠에 빠져 눈을 떠보니 아침이다.

쾌속정은 7시 50분 여객선터미널을 미끄러지듯 빠져나가 도초, 비금을 지나 흑산도에 닿았다. 숲이 검도록 푸르다고 해서 붙여진 이름이라고 하더니 첫인상이 과연 그러하다. 10시부터 버스로 섬을 한 바퀴 돌았는데 길은 해안 절벽을 지나고 꼬불꼬불한 산 고개를 넘어가는데 홍도가 손에 잡힐 듯 가까이 와 있고 푸른 바다 위에는 수없이 많은 섬들이 떠서 흘렀다. 손암 정약전 선생의 배소配所는 흑산도에서도 가장 외딴 곳 사리沙里였다. 한눈에 보아도 궁벽한 오지라는 느낌이 들었는데 그는 이곳에서 일명 사촌서당沙村書堂이라 불리는 복성재復性齋를 세워 후학들을 양성하고 저술도 하였다. 걸어서 7분여 만에 옛터에 복원해 놓은 복성재를 둘러보았는데 집 앞에는 가톨릭 쪽에서 그랬는지 성당 비슷한 작은 건물이 꼴사납게 서있어 보는 이들로 하여금 눈살을 찌푸리게 하였다.

그의 주저인 『자산어보』는 155종의 수산물을 채집, 조사 연구한 것으로 바닷고기의 명칭은 물론 특성, 생태, 성어기, 분포상황 등을 자세히 밝혀 논 어족연구의 귀중한 자료다. 정약전은 다산茶山의 중형으로 1758년(영조 34) 태어나 문과 급제하여 병조좌랑을 지냈으나 1801년 (순조 1)에 일어난 신유사옥으로 화를 입어 흑산도로 유배되었고 15년 후인 1810년에 사망하였다. 루터의 종교개혁 이후 로마 교회가 새로운 포교 지역으로 라틴 아메리카와 아시아 쪽에 눈을 돌리면서 마테오 리치가 중국에 들어가 시장개척의 방도를 여러모로 탐색하고 있었는데 조선의 사대사행事大使行에 의해 크리스트교가 묻어온 것이다. 인조 때부터 들어 온 흔적이 있으나 숙종 때 널리 퍼졌다. 그후 북경으로 사행 갔던 사람들의 지식욕과 호기심의 결과로 17세기 초부터 서양서적-마테오리치(Matteo Ricci) 등 야소회 신부들에 의해 저술된 한문서적-이 들어오게 되었다. 허균이 크리스트교 서적을 가져왔고 이수광이 자기의 저술 속에 『천주실의』를 소개하면서 서학에 대한 호기심을 불러 일으켰다.

『직방외기職方外紀』(줄리오 알레니Giulio Aleni 저) 같은 세계인문지리서가 들어와 읽혀지고 성호星湖같은 이들도 서양학문과 크리스트교에 대해서 깊은 관심을 보였다. 서양학문과 크리스트교는 정치적 관심이나 종교적 신앙보다는 지식층의 학문적 관심 대상이었다. 크리스트교가 점차로 신앙으로서 불만지식층 사이에 퍼져나감에 이르러 전통적 이념 체계는 흔들렸고 조선사회에 새로운 위협으로 등장하기 시작하였다.

이리하여 이익의 제자로서 서양서를 열심히 읽어온 신후담愼後聃과 안정복安鼎福 등이 이를 정면으로 비판, 배격의 붓을 들 필요를 느끼기도 하였지만 다른 한편으로는 청년 지식인들에 의한 자발적인 연구로 크리스트교에 다가갔고 그 주축을 이룬 이들이 이벽, 이승훈, 권철신, 정약종, 이가환 등 경기 지방 남인이거나 그 후예들이다. 손암 정약전은 이러한 상황 속에서 정조 사후 권력을 장악한 노론 벽파들의 계략과 음모가 겹쳐 희생을 당한 것이다. 신유사옥으로 황사영을 비롯한 이가환, 십자가를 처음 들고 온 이승훈, 등이 처형 되었는데 이들은 모두 손암과 인척 관계에 있는 분들이었다. 강석 선생의 설명에 의하면 손암은 외딴섬에서나마 정 붙일 만한 언덕이 있었던 것 같다. 같은 죄목으로 강진에 유배된 동생과 이런저런 가사이야기, 학문적인 담론 등 편지 내왕이 잦았는데 어느 땐가 다산이 소내에 살고 있던 가족을 강진으로 데려오고자 한다는 이야기가 오간 것 같은데 이 일에 대하여 "권모와 술수, 음양陰陽이 서로 뒤바뀐 풍속이 있어 결코 자손을 기를 곳이 아닌 곳"이라며 동생을 만류했던 글이 눈에 띈다. 그러함에도 불구하고 흑산도를 비롯한 다도해의 풍광은 환상적이리만큼 아름답다. 지중해 연안과 함께 세계적인 관광지로서 조건을 갖춘 천혜의 보고라는 생각이 들었다. 우리 영해를 무슨 전략기지쯤으로 생각하는 무도한 자들의 안목이 문제이긴 하지만. 일행은 다시 '면암최선생적려유허비勉庵崔先生謫廬遺墟碑'가 서 있는 흑산도 천촌리 입구에서 내렸다. 1924년에 면암의 제자들이 지장암 아래에 이 비를 세웠다고 한다. 지장암은 산에 붙은 자연석인데 면암의 친필이 남아 있어서 이곳을 찾는 관광객들의 구경거리가 되는가 보다. '기봉강산홍무일월箕封江山洪武日月'은 이 무렵 면암이 손수 쓴 글씨라고 했다. 기봉은 기자箕子에게 봉한 땅이란 뜻이며 홍무는 명나라 태조(주원장)의 연호다. 기봉강산홍무일월을 보고 있자니 문득 송시열이 속리산 자락 화양계곡 바위에 새겨 논 '대명천지숭정일월大明天地崇禎日月'이 떠올랐다. 숭정은 명나라 마지막 황제인 의종의 연호이다. 의종은 어느 때인지는 알 수 없으나 '비례부동非禮不動'이라는 휘호를 남겼는데, 이 글은 민정중이 중국에 사신으로 갔다가 우연한 기회에 취득, 이를 화양동에 있던 우암 송시열에게 바쳤다. 우암은 그 글씨를 화양동 바위에 새겨 놓고 예로 대하였다. 송시열의 후학들 또한 스승의 뜻을 받들어 화양동을 이념의 공간으로 갖추어갔다. 황묘皇廟, 만동묘가 들어선 것이 그 대표적인 일인데 우암의 제자 권상하가 1703년에 세웠다. 실사實事를 떠나 이론에 행동을 떠나 사색思索에 치우치는 것이 조선 중기 이후 학문의 경향이었다. 서경덕, 이황, 이이, 기대승 등 많은 학자들이 나서 성리학을 한층 깊이 연구했는가 하면 우리나라 학계를 주자학朱子學의 한 빛깔로 진하게 색칠하였다. 조선의 교학敎學을 이제 와서 나무랄 수는 없지만 세종이 만든 한글이 있음에도 이로써 교육의 근본을 삼지 아니하고 지나支那 문자인 한자漢子를 빌어다 공자의 위패를 모시고 그 앞에서 유교의 경전을 외우고 석전제를 봉행하기를 수백 년 동안 해 왔으니 참으로 통탄스러운 일이 아닐 수 없다. 세종의 한글 창제는 지나에 종속되었던 우리의 문화가 비로소 주체적이면서도 독창성을 갖게 된 시발점이었다는 점에서 그 의의가 자못 크다.

최익현은 경주 최씨로 1833년(순조33) 12월 5일 포천抱川현 내북內北면

가재리에서 아버지 대로(垈老) 어머니 경주이씨의 둘째로 태어났다. 14세 때 이항로李恒老 문하에 들어가 공부하였다. 항일호국운동을 이끌었던 유인석과 유중교, 김평묵 등이 함께 공부한 문도들이다. 화서 이항로는 주자朱子, 송자宋子, 시열時烈을 정통 유종儒宗으로 받드는 분으로 학문의 주지는 문리설文理說, 이위주이기위객理爲主而氣爲客에 있었다. 면암 역시 이 범주를 벗어나지 못하였다. 면암이 대원군에게 반기를 든 이유가 무엇인지는 알 수 없으나 만동묘 훼철, 서원철폐, 호포세, 부패관리 처단 등은 특권층의 저항을 불러 일으킬 만큼 획기적인 정책이었다. 결과적으로 봉건왕조가 기울어져 가던 시기에 이를 바로 잡으려고 했던 이하응의 개혁의지를 꺾고 민비와 그 척족들이 권력을 장악, 나라의 근본이 흔들리게 되었는데 당시 민승호 등과 일맥상통한 바 있었다는 의구심을 피할 수 없게 되었다. 그가 흑산도로 쫓겨나 가시나무 울타리를 치고 사는 위리안치를 당한 죄가 강화도 조약이 추진되자 이를 반대하기 위해 도끼를 들고 궐문 앞에 엎드려 올린 '척화소'인데 '힘의 약세를 보이면서 적에서 걸화 하면 앞으로 적의 침략을 당해날 수 없을 것이며, 우리의 유한한 농업생산품으로 적의 무한한 공업생산품과 교역하게 되면 반드시 경제적 파탄을 초래하고 말 것이며, 이미 금수와 같은 양인洋人으로 변한 일인日人들과 왕래하게 되면 사교邪敎인 크리스트교가 들어와 우리의 전통질서를 무너뜨리고야 말 것'이라는 제국주의 침략에 대한 깊은 우려였다. 제국주의 열강의 우승열패, 약육강식의 속셈을 간파한 탁견이기는 하지만 대부분의 척사위정론자들이 그랬던 것처럼 면암 또한 근대지향의식이라던가 국제 정세에 대한 어둠에서 깨어나지 못하였다. 영국·프랑스 연합군이 베이징을 치고 러시아가 연해주를 차지하며 미국이 일본 해안에 대포를 쏘아 대는 등 우리를 에워싼 세계의 형세가 급변을 거듭하건만 우리는 눈을 감고 귀를 막아서 이를 보지 못하고 불행을 자초하고 만 것이다. 19세기 위정척사 혹은 척양斥洋이니 하는 서양배격사조는 오래 내려온

전통적인 태도가 아니라 당시의 정세 변동으로 새로 일어난 조류潮流에 지나지 않는다. 1905년 10월 을사조약이 맺어지자 매국 대신의 처참을 상소하는 등 투사다운 활동을 계속하다가 마지막으로 의병을 일으키기로 결심하고 김학진金鶴鎭, 이도재李道宰, 곽종석郭鍾錫, 전우田愚 등 대관大官과 석유碩儒에게 호응을 요청하였다. 그러나 한 사람의 동조자도 얻을 수 없었다. 그는 전라도 태인의 임병찬 집으로 내려가 3개월여 동안 준비 끝에 그해 4월 13일 그곳 무성 서원에서 의병봉기를 선언하고 이 사실을 왕에게 상소하는 한편 국민의 호응을 촉구하는 격문을 보내고 일본日本정부에 서한書翰으로 통보한다. 장비도 훈련도 없는 적수공권으로 일본 정규군과 맞선다는 것은 결과적으로 자살행위에 가까웠으며 한낱 시위示威에 지나지 않았다.

민중이 역사의 주체로 떠오르고 있는 현실을 외면한 채 동학도 토벌에 나섰던 사람들의 역사의식을 다시금 떠올리지 않을 수 없다.

12시가 조금 지나서야 소재지로 돌아와 점심을 먹고 2시부터 실학 강좌에 들어갔다. 각기 전문분야에 따라 단편적인 이야기들을 하고 있어서 크게 호응을 얻는 것 같지는 않았다. 그러나 워낙 석학들인지라 하시는 말씀들이 천근 무게로 다가왔다. 호남대 최병현 교수가 10여 년에 걸쳐 『목민심서』를 영역, 미국의 어느 대학에서 출판되었다는 이야기는 축하할 만한 일이다. 5시부터 1시간 30분 동안 선유가 시작되었는데 한여름 밤의 축제였다. 잔잔한 바다 위에 배를 띄우고 연안의 작은 섬들을 돌아보았는데 선장의 해설이 일품이었다. 바위섬을 보면서 박재승 변호사는 보는 방향에 따라서 형상이 다르게 보인다고 했다. 이날의 절정은 서해 낙조였다. 저녁노을이 붉게 물드는가 싶더니 수평선 너머로 빨려 들어가듯 사라지는 태양, 타오르던 불길이 한순간에 꺼져버렸다. 바다는 검게 그을린 채 항구의 불빛만 반짝거렸다. 고개를 들고 하늘을 쳐다보니 별은 빛나고 태고적 고요가 바람에 날린다. 저녁 바람 등지고서 걷어 올릴 푸른 그물조차 없는데…….

이번 여행의 절정은 흑산도의 만찬이었다. 말로만 듣던 흑산도 홍어와 갓 건져 올린 듯한 생선이 잔칫상 같아서 술잔이 흥겹게 돈다. 박변호사께서 마련한 2차가 더 푸졌는데 이걸 어찌 필설로 다 표현할 수 있겠는가.

이튿날(8월 20일) 9시 배로 목포항을 거쳐 강진 다산초당으로 향했다. 선생이 외롭게 홀로 계시면서 실학을 집대성한 곳이다. 다산초당茶山草堂은 강진군 도암면 만덕산 기슭에 자리하고 있다. 강진에서 18년간의 유배생활을 했는데 그 중 1808년부터 1818년까지 약 10년간을 이곳에서 보냈다. 귤동마을의 다산초당은 본래 윤단이 사용하던 정자인데, 다산이 여기서 거처하면서 후학을 가르치고 500여 권의 저서를 집필했다. 초당의 동쪽과 서쪽에 각각 동암東庵과 서암西庵을 짓고 학동들은 서암에, 다산은 동암에 거처했다. 다산초당은 본래 초가였다. 1936년 무너져 없어진 것을 1957년 현재의 기와집으로 복원한 것이다. 초당에서 동쪽으로 연못을 지나면 동암이 있다. 동, 서암 모두 1970년대에 강진군에서 복원해 놓은 건물이다. 다산茶山4경이라 불리는 정석丁石바위, 약천藥泉, 다조, 연지석가산蓮池石假山은 모두 다산의 유배생활과 관련이 있는 것들이다. 특히 다조는 초당마당에 있는 널찍한 반석으로 이곳에서 손수 불을 지펴 차를 끓여 마셨다. 연지석가산은 네모난 연못 가운데에 작고 둥근 섬이 있는데 다산이 탐진강 가에서 직접 돌을 주워다가 만든 것이라고 한다. 선생의 정신적 여유가 엿보인다. 천원지방天圓地方, 하늘은 둥글고 땅은 네모 모양이라는 것이 당시의 동양사상이다. 그래서 땅에 연못을 팔 때 네모로 파고 그 안에 둥근 섬을 만드는 방지원도方池圓島양식이 우리나라 연못의 정형이다. 이는 '하늘 기운을 땅그릇에 담는다'는 맥락이기도 하다.

초당에서 오솔길 따라 20분 정도 걸으면 백련사에 이른다. 839년(신라 부성왕 1) 무염선사가 창건한 절인데 당시는 '만덕사'라 했다고 한다. 고려 후기인 1211년(희종 7) 원효국사 요세가 백련결사의 터전으로 중창하면서 그 이름을 떨치게 되었다. 당시 귀족불교에 대한 서민불교운동이 한창이던 1236년 요세가 '백련결사白蓮結社'를 일으켰는데 1천여 명의 주민과 도반 300여 명이 참여하였다고 한다. 다산은 백련사 말고도 해남 대둔사 승려들과도 교류가 활발했던 것 같다. 최근 발견된 다산친필 서간첩『매옥서궤梅屋書匭』는 대둔사 중 호의縞衣[39] 시오始悟, (1778~1868)와 완호玩虎에게 보낸 편지를 합첩하여 책으로 만든 것이다. 다산의 편지가 열세 통 맏아들 학연의 편지가 두 통, 모두 열다섯 통인데 수신자는 완호 스님에게 보낸 한 통을 제외하고는 모두 호의 스님이다. 세속의 성씨가 다산과 같은 정씨丁氏여서 다산은 그를 유난히 아꼈다. 호의는 다산보다 17세 아래이며 다산은 그를 제자로 여겨 군君으로 불렀다. 초의草衣와 하의荷衣와 함께 완호의 법맥을 이은 삼의三衣의 한 사람이다. 다산은 이들과 교류하면서『대둔사지』발간을 지도, 완성하였다.

백련사 주차장에서 30여 분이면 해남 윤선도 고택 녹우당에 도착한다. 녹우당綠雨堂은 고산 윤선도 선생이 살았던 집으로 선생의 4대 조부인 어초은魚樵隱 윤효정尹孝貞(1476~1543)이 해남 연동蓮洞에 터를 정하면서 지은 15세기 중엽의 고택이다. 녹우당은 효종이 옛날의 사부였던 고산을 위해 수원에 지어주었던 집인데 훗날 해남으로 귀향하면서 길이 간직하기 위하여 수원집의 일부를 뜯어 옮겨왔다. 이것이 현 고택의 사랑채로 원래 이 사랑채의 이름은 녹우당이었다. 사랑채 현판에 걸려 있는 녹우당이라는 당호는 공재 윤두서와 절친했던 옥동玉洞 이서가 쓴 것이다. 이서는 성호 이익의 이복형이며 동국진체 글씨의 원조이다. 녹우당 뒷산에는 비자나무 숲이 있는

---

39) 호의는 화순적벽 망미정 주인 적송 정지준의 후손이다. 속명은 정계방(丁桂芳)이고 다산선생이 호의의 법호에 게송을 붙였으며 해거(海居) 홍현주(洪顯周)가스님의 모습을 찬미하는 글을 지었다. 백파(白坡) 신헌영(申獻永)이 영정을 찬미하는 글을 짓고 탑명을 썼다. 저술로 행장 1권 견문록 1권이 있다.

데, 바람이 불면 나뭇잎이 흔들리며 마치 비가 내리는 듯한 소리를 낸다고 해서 녹우당이라 이름 지었다고 한다. 집터 뒤로는 덕음산이 있고 앞에는 벼루봉과 그 오른쪽에 필봉이 자리 잡고 있으며 어초은사당, 고산사당, 추원당이 속해있다. 집 앞 터에 고산유물관이 자리 잡고 있는데 근래에 군비 20억, 도비 30억, 국비 50억을 들여 현대식 건물로 위용을 뽐냈다. 다산이 유배지에서 위대한 학문적 성과를 이룰 수 있었던 데는 외가인 해남윤씨 집안에 전해오는 서책을 손쉽게 열람하고 경제적 지원도 받을 수 있었기에 가능했다.

녹우당 앞 은행나무 그늘에 앉아서 2박 3일 동안에 지나온 길을 되돌아보았다.

옛말로 한양 천 리 길인데 반도 끝에 있는 흑산도를 거쳐 이곳 해남까지 왔다고 생각하니 교통의 편리함을 새삼 실감하지 않을 수 없었다. 주마간산 격으로 살펴보았지만 시대고를 앓으면서도 꿋꿋하게 살다간 선인들의 모습이 뿌듯한 감동으로 남는다. 산천은 의구하되 인걸은 간 듸 없고 어즈버 태평연월이 꿈이런가 하노라.

역사문화의 향기를 찾아서
- 안동기행

    지역문화교류호남재단이 연례행사로 추진해오고 있는 답사여행에 참여하여 1박 2일 동안 안동에 다녀왔다. 문 밖 출입을 자제하고 독서로 소일하다가 모처럼 나서서인지 기분은 마냥 홀가분하고 편안하였다. 여럿이 함께 이동할 땐 날씨의 부조가 큰 법인데 높고 푸른 하늘 아래 지상의 풀과 나무들이 가볍게 출렁인다. 인솔자의 말처럼 한정된 공간에서 예술품을 감상하는 것 못지않게 우리의 산하는 보는 것 자체만으로도 잔잔한 감동을 불러일으키기에 충분하다. 논밭에는 잘 익은 곡식들로 가득 차있고 멀리 지리산자락은 붉게 물들어 장관을 이뤘다. 사람이 한평생 세속과 시류에 얽매이지 않고 농투성이로 산들 무엇이 아쉽겠는가라는 생각이 문득 뇌리를 스쳤다.

    차는 4시간 반 만에 목적지에 당도하였다. 안동은 낙동강 유역에 발달한 도시다. 요즘처럼 관광지로 각광을 받기 전에는 '안동포'의 주산지로 더 알려진 곳이다. 근래 이곳은 무섭게 변모해가고 있다. 도산서원을 중심축으로 하회와 병산서원, 주변에 널려 있는 한옥 등을 아울러 유교문화의 본고장으로 가꾸어 가고 있다. 이 일을 보다 효율적으로 추진하려는 노력의 하나가 '한국국학진흥원'이다. 안동시 도산면 서부리 산33에 위치하며 규모나 내용 면에서 여느 학문연구소와 비교해도 손색이 없을 만큼 훌륭한 시설을 갖췄다. 지금 이곳에서는 고문서敎旨, 敎書, 史草, 上疏, 戶籍, 通文, 簡札, 婚書 所志, 明文, 고서經, 史, 子, 集, 나무에 새긴 지식정보-목판 등 기록문화유산을 수집 분류하는 작업이 한창이다. '기록문화유산은 하나의 문화권이 역사를 통하여 일구어낸 문화적 성취를 지식의 형태로 담아내고 있는 대표적인 유산이라는 점에서 민족문화의 전승에 핵심적 역할을 담당한다.' 그것은 과거의 삶을 복원하고 재구성하는데 필요한 1차적인 사료이기 때문이다. 이 시간에도 유교박물관 정기기획전이 열리고 있다. 전주역사박물관과 공동주체로 영호남선비들의 예술세계를 재조명하는 뜻깊은 행사다.

도산서원은 영남유학의 본령이다. 퇴계는 그가 50세 되던 1557년에 이곳에 터를 잡고 도산서당과 농운정사를 짓고 겸허함을 배움의 기본으로 삼아 아이들을 가르쳤다. 겸암 류운룡, 류성룡 형제가 퇴계의 문하생들이다. 이들은 태백의 너덜샘에서 발원하여 을숙도에서 바다로 빠지는 낙동강을 사이에 두고 강좌(퇴계)학파와 강우(남명 조식)학파로 나뉘면서 퇴계학통을 계승하게 된다. 퇴계가 인仁을 위주로 한 이학理學을 발전시켰다면, 남명은 의義를 중심으로 한 실천적 의리로 나갔다. 그는 경의敬義를 모든 행동의 근원으로 교육하였다. 퇴계와 남명의 문하를 오가며 성리학을 깨친 한강寒岡 정구鄭逑는 영남 예학禮學을 성립시켰으며 "왕도의 요체는 오로지 근독謹獨에 있다"고 주장했다. 그의 나이 42세 때 동복현감을 지냈는데 고을 사류들과 교류하면서 흥학興學에 힘썼다. 흔히 하회마을을 두고 연꽃이 물 위에 뜬 형국이라고들 하는데 산명수려하고 맑은 기운이 감도는 좋은 터임이 분명하다. 맑은 강, 솔숲 그리고 방천 너머 고래등 같은 기와집들이 즐비하다. 겸암종택 양진당과 서애종택 충효당이 대표적인 양반가옥으로서 지고한 품격과 위용을 뽐내고 있다. 자연과 문화의 어울림이 빼어난 종합적인 문화공간이기도 하다. 거기에 우리의 정신문화가 오롯이 살아 숨 쉬고 있다. 로마의 콜로세움에 비유하기에는 왜소한 느낌을 주지만 조그마한 공연장에서는 하회별신굿 탈놀이가 펼쳐진다. 한국조각예술과 연극사를 대변하는 세계적인 문화유산으로 자리매김한 지 오래다. 여기에서 강을 타고 오리쯤 거슬러 가면 병산서원이 있다. 고려 때 풍산 류씨들이 후진양성을 위해 안동부 풍산현에 세운 풍악서당을 1572년 서애가 지금의 병산리로 옮겨 가면서 병산서원으로 고쳤다. 왜란 때 소실된 것을 1614년 중건하여 오늘에 이른다. 한국고건축의 백미라는 만대루晩對樓에 오르면 서원 앞으로 그림 같은 병풍절벽이 솟아있고 강물은 그윽하고 푸른데 백사장과 어우러져 조화의 극치를 이룬다. 두보杜甫가 일찍이 병산屛山을 시재詩材로 쓴 의도를 알 것도 같다. 취병의만대翠屛宜晩對가 그것이다. 언젠가 책에서 보았던 서애의 오언절구가 머릿속에 가물가물하다.

    細雨春江上　　　　　어느 봄날 가랑비 강 위에 떨어지니
    前山淡將夕　　　　　앞산은 담담히 저녁을 맞네
    不見意中人　　　　　마음 속 간직한 사람 아직 보지 못했건만
    梅花自開落　　　　　매화는 스스로 피고 지더라

제 4부 적벽동천의 선비들

적송시 赤松詩
용암시문 蓉巖詩文
지암시 芝庵詩
봉산시문 蓬山詩文
어린이를 위한 노래 警蒙歌
창랑정서 滄浪亭序

적송시 赤松詩

해제

적송은 정지준丁之雋(1592~1663)의 호이다. 조선 인조 때 사람으로 병자호란때 동복, 옥과, 화순에서 의병을 모아 남한산성으로 진군하였으며, 이후 전라도 동복 적벽에 은거하였다. 세속에 물들지 않은 청정한 삶이 글 속에 잘 나타나 있다. 앞에 나와 있는 「망미정 실기」를 보고 나서 적송시를 읽으면 이해가 빠를 것 같다.

> 살아도 구차하게 사는 것은 살지 않는 것과 같으며 마땅히 죽을 데서 죽는 것은 바로 죽지 않는 것이다. 너희들은 두려워 하지 말고 굳건한 자세로 나라의 어려움을 건져서 한편으로는 우리 고을에서 신민臣民으로서 부끄럽지 않게 의로운 전통을 세우도록 해야 한다
>
> — 창의장으로 출진에 앞서 의병들에게 행한 연설 중에서

적벽의 사계四季[40]

봄

깊숙한 대숲 속 홀로 앉아 있으려니	獨座幽篁裏
어느덧 처마엔 어둠이 내리네	芽簷欲二更
봄 뜨락은 언제나 적적하고 적적해	春庭恒寂寂
오직 산새들 울음뿐이네	惟有山禽鳴

여름

문 앞엔 벽옥 같은 시내 흐르고	門臨碧玉流
맑은 모래 어귀에 나의 집 있네	家在淸沙頭
5월인데 불꽃 더위 느낄 수 없고	五月無炎熱
서늘한 기운 상쾌함이 가을인 듯하네	微凉爽似秋

가을

들리는가 그대 선객의 발자국소리	聞有仙蹤客
경개[41]히 그윽한 곳 들어갔다오	耿介入幽庄
맑은 언덕에서 사슴과 벗하니	淸區友麋鹿
좁다란 골짜기에 춘흥은 길리라	斗谷春興長

---

40) 적벽의 사계(四季) : 봄, 여름, 가을, 겨울을 노래한 네 수를 모아 임의로 제목을 '적벽의 사계'로 붙임.
41) 경개(耿介) : 절조를 굳게 지켜 세속과 구차스럽게 화합하지 않았다.

겨울

산골마을 사립문 찾는 이 없고	巷僻門無客
깊은 밤 달만이 나를 비추네	夜深月近人
설화 소나무 구릉에 잔뜩 쌓이니	雪花滿松壑
눈부신 경치 삼춘보다 낫구나	淸景勝三春

관어 觀魚

흙덩이처럼 앉은 하남의 집[42]	泥塑河南宅
날마다 분지의 물고기를 보네	盆池日見魚
천기의 흐름 이처럼 활발하니	天機餘活潑
나도 나의 집에 기대어 산다네	吾亦倚踈廬

---

42) 니소하남택(泥塑河南宅) : 송(宋)나라의 명도선생(明道先生)이 흙덩이처럼 앉아 있다는 뜻.

한중즉경 閑中卽景

돌길에 화초가 피어나니 　　　　　　　　　石逕開花草
말발굽에 향기가 피어난 듯 　　　　　　　　芳香起馬蹄
산새들 손님이 온 줄 알고서 　　　　　　　　山禽知客至
울음 그치고 맑은 개울 건너가네 　　　　　　啼罷渡淸溪

출처 出處

다툼을 보고도 안연[43]은 문을 닫았고 　　　見爭顔閉戶
백성을 구하려 우禹[44]임금은 갓을 썼지 　　思濟禹纓冠
현인과 성인은 그때를 알아 　　　　　　　　賢聖知時運
분수 따라 들고남으로 태평성대를 이뤘네 　　行藏隨分安

---

43) 안연(顔淵) : 이름은 연(淵). 공자의 제자로 누항(陋巷)에서 안빈낙도(安貧樂道)를 했다.
44) 우(禹) : 중국 고대의 성군. 치산치수(治山治水)를 했다.

사은 思隱

사양[45]은 해도_{海島}에 들어가고	師襄先入海
공자는 변방에 살고자 했네	夫子欲居夷
도_道를 품음에 무엇으로 미치겠는가	懷寶何須及
스스로 생각함 있어 숨었다오	迷藏自有思

영매 詠梅

처마 끝 추운 매화 꽃봉오리 터지니	簷畔寒梅綻
맑은 향기 방안으로 살랑살랑	清香入戶來
골바람은 슬쩍 그 고움을 시샘해	谷風乍嫌艷
황금 술잔 위로 불어다가 띄우고	吹泛黃金罍

---

45) 사양(師襄) : 노(魯)나라의 악사(樂師)인데 예악(禮樂)이 사라짐에 숨어 버렸다.

낙화落花

적적하기 그지없는 산, 창문 너머로	寂寂山窓下
꽃잎 지는 소리 마음에 와 닿네	飛花落有心
고요히 가라앉은 곳에서 반드시	必於閒靜地
향기 날아와 옷깃을 스치는 법	香動觸人襟

금강을 건너며 渡錦江[46]

금강에 봄 물 푸르른데	錦江春水碧
돌아가는 나 홀로 배에 올랐네	歸客上孤舟
고운 모랫길은 십 리나 되고	十里明沙路
버들 꽃 피어 수심 더하네	楊花不勝愁

---

46) 병자호란 때 의병을 일으켜 남한산성으로 가던 중 청주에서 성하지맹 소식을 듣고 돌아오던 중 금강에서 지은 시.

취음 醉吟

앞강은 저물어 안개 걷고	前江暮煙收
밝은 달은 청산에 스미네	對月靑山裏
불현듯 낚시하는 사람을 보니	忽看漁釣人
한밤 낚싯대 걸메고 물을 건너네	携竿夜過水

계언 戒言

추나라 현인[47]은 담론 좋아했으나	鄒賢稱好辯
노나라 성인[48]은 말이 없고자 했다오	魯聖欲無言
삼가하고 초연함이 몸을 지키는 보배이니	愼默惟身寶
보배로운 분들[49] 이 땅에 계신다오	金人息壤存

---

47) 추현(鄒賢) : 맹자.
48) 노성(魯聖) : 공자.
49) 금인(金人) : 금같이 보배로운 사람.

계훌戒忽

지나치게 좋으면 모든 일을 상하니	欲快皆傷事
겸손한 몸가짐으로 스스로를 높이리라	守謙自保身
털끝만한 차이가 천리나 어긋나게 되니	毫差千里繆
군자들은 이 말을 가슴에 새긴다오	君子可書紳

제주자절요후題朱子節要後

주자50)가 평생 쏟은 학문이라면	朱子平生學
존엄한 한 질帙의 주자대전51)이라네	尊嚴一大全
절요는 깊은 뜻만 편찬한 것이니	節要編奧旨
도산의 퇴계 늙은이52)가 골라 전한 것이네	陶叟折衷傳

---

50) 주자(朱子) : 송(宋)나라의 학자 주희(朱熹).
51) 대전(大全) : 주자대전(朱子大全).
52) 도수(陶叟) : 퇴계 이황의 또 다른 호(号).

독심경 讀心經

촛불을 켜고 심경을 읽으니	秉燭心經讀
가슴 속이 저절로 맑고 밝아지네	胸中自瀯明
성리설은 본래 그런 것인데	天然性理說
성현의 말씀 따르는 걸 시비하다니	依與聖賢爭

신축10월초 길영봉사연석여제익상화일절
辛丑十月初吉靈鳳寺宴席與諸益相和一絶[53]

해 저물 무렵 영봉사[54]를 찾아드니	暮投蕭寺裏
서릿바람 부는 10월이로세	霜風十月時
벗들과 함께 동이 술 마시니	故人共樽酒
이 밤 또한 즐겁기 그지없네	今夜亦何其

---

53) 신축10월 초 좋은 날에 영봉사의 연석에서 여러 벗들과 더불어 서로 읊음.
54) 영봉사는 전남 화순 남면 장전리에 있던 사찰로 인조 14년(1636) 병자호란이 일어나자 적송 등이 의병을 일으키고 이절에 투구 13개, 삼신 50결레, 칡신 120결레 등을 부과하여 거두었다.

부차운 附次韻

영봉사에 등불 밝히고　　　　　　　　　　蕭寺燃燈夕
술 마시고 춤을 추네　　　　　　　　　　　清樽起舞時
취하니 노래 절로 나와　　　　　　　　　　長歌醉後發
밤 깊은 줄도 모르네　　　　　　　　　　　窓外夜何其
　　　　　　- 이숙거　　　　　　　　　　　　　- 李叔擧

온산에 서리는 내리는데　　　　　　　　　霜落千山裏
산사의 밤은 고요하기만 하네　　　　　　　禪宮夜靜時
벗들과 술자리 끝나는 내일 아침이면　　　明朝朋酒罷
이별의 서글픈 정 더욱 더하리　　　　　　離恨倍凄其
　　　　　　- 김성기　　　　　　　　　　　　　- 金聲曁

거문고 노랫소리 한 자리에　　　　　　　　一堂琴歌會
취하고서 함께 즐기네　　　　　　　　　　　取醉共樂時
석별의 길 멀리 생각하며　　　　　　　　　遙思脩別路
이별을 읊자니 슬픔 배나 더하네　　　　　論別倍凄其
　　　　　　- 김리중　　　　　　　　　　　　　- 金履重

영봉사에서 크게 취하니 　　　　　　　大醉金沙界
밤은 깊고 달은 기우는도다 　　　　　夜深月落時
내일 아침 먼 길 떠나려하니 　　　　　明朝歸路遠
이별의 정 처량하기만 하구나 　　　　留別轉凄其
　　　　　　　　- 김리구 　　　　　　　　　- 金履龜

창 밖에 서릿바람 차가운데 　　　　　窓外霜風緊
가야금 소리 술을 권하네 　　　　　　鳴琴勸酒時
청아한 놀음 또한 끝이 있어 　　　　　淸遊亦有數
이별 온다고 서러워 말게 　　　　　　臨別莫凄其
　　　　　　　　- 정시태 　　　　　　　　　- 丁始泰

취함에 노래 저절로 나오니 　　　　　醉後長歌發
아름다운 모임 또 어느 때일는지 　　　佳會又何時
돌길 서로 이별한 곳에 　　　　　　　石路相別處
돌아갈 생각하니 설움 더하네 　　　　歸思倍凄其
　　　　　　　　- 김상겸 　　　　　　　　　- 金尙謙

추차병소서追次並小序
- 정 림丁琳[55)]

10월의 옛적 모임	昔會重光月
겨울 되어 이제 왔네	今來玄戰時
세상사 바쁘게도 변하니	遽然人事變
남은 자취 쓸쓸함만 더할 뿐이네	遺響助凄其
겨울밤 달빛은 예와 같고	雪月依前歲
서릿바람 또한 여전하네	霜風又此時
그때의 즐거움 간데없으니	當年行樂盡
뒤늦게 스민 감회 또한 어떠하리	追感復奚其

아버지께서 여러 친구들과 더불어 영봉사에서 술을 마시고 놀았으나 나는 시렴(時染 : 당시에 유행한 전염병)에 걸리어 모시고 가지 못했다. 그 뒤에 와 보니 1년이 지나 옛 자취만이 남았을 뿐이다. 옛 감회가 일어나 이 시를 따라짓고 그 끝에 부치노라.

家親與諸益漣飮于此余經時染不得倍後到今一紀已成古蹟感而續次以足其末

---

55) 정 림(丁 琳) : 적송공의 큰아들.

객중우음 客中偶吟

간밤에 서릿바람 불고 불어　　　　　　　　昨夜霜風動
속세 떠난 나그네 슬프기만 해　　　　　　　悠悠客子悲
주머니엔 한 푼도 없으니　　　　　　　　　　囊中無一物
어찌 거나하게 취해볼거나　　　　　　　　　那得醉淋漓[56]

단풍을 보며 題丹葉

어지러운 세상 백발의 나그네　　　　　　　白髮塵間客
마을에서 단풍을 보노라　　　　　　　　　　丹葉洞中春
내년에도 단풍은 또 올 것이니　　　　　　　明年楓亦至
차라리 돌아가지 않는 사람이 되려네　　　寧作未歸人

---

56) 임리(淋漓) : 진하게라는 뜻.

증회중贈晦仲[57]

병들어 누웠으니 무엇을 하겠는가　　　　　　　臥病嗟何及
문 앞에 아무도 찾는 이 없네　　　　　　　　　門前更無人
세상인심 본래 이와 같으리니　　　　　　　　　世情本如此
어찌 인친인들 탓할 수 있으랴　　　　　　　　　那必問姻親

낭음朗吟

사람들은 부귀를 지나치게 부러워해　　　　　　富貴人爭艶
어지러운 세상 물결처럼 달려가네　　　　　　　紅塵走似波
숲 속의 즐거움 어찌 그와 같을까　　　　　　　如何林下樂
모두 한 편의 시로 부칠 수 있네　　　　　　　　都付一吟哦

---

57) 회중(晦仲) : 알려지지 않는 사람.

미타전갑승에게 즙贈彌陀殿甲僧

한 스님 뜻밖에 만나고보니	邂逅一衲子
나와 동갑일세	乃是同庚人
서로의 만남이 왜 이리 늦었나	如何相見晚
악수하며 평생 친하기로 했네	摻手平生親

수계[58]에게 2수를 줌 贈壽溪韻二首

1

깊은 소나무 숲에 집을 지으니	搆木深松裏
푸르고 푸르러 늙지를 않네	靑靑不老春
산중에 세월 가는 줄 모르니	山中無甲子
아마도 갈천민[59]의 백성인가 하네	疑是葛天民

2

저녁에는 맑은 계곡 달빛과 눕고	夕臥淸溪月
아침에는 봄빛 푸른 들판으로 나가네	朝隨綠野春
몸소 밭 갈고 격양가 부르니	躬耕歌擊壤
임금의 힘 어떤 백성에게서 나오겠는가	帝力有何民

---

58) 수계(壽溪) : 김성기(金聲瞽)의 마을.
59) 갈천민(葛天民) : 중국 상고시대의 임금.

재석에 은자 불러 원경과 화답함 除夕呼銀字和遠卿

오늘밤은 바로 어떠한 밤인가	今夕是何夕
내일 아침 또 봄을 볼걸세	明朝又見春
늙음 언제 오는 줄 몰랐는데	不知老將至
머리털은 벌써 은빛이 되었네	頭髮已成銀

한중작 閑中作

닫힌 사립문은 고요한데	寂寂柴門掩
비치는 석양은 창창하구나	蒼蒼對夕暉
학은 구름길 가고자 하나	鶴思雲路擧
필문에는 사람 발길 뜸하도다	人訪蓽門稀
푸른 대는 새 분을 발랐고	翠竹含新粉
연꽃은 옛 옷을 벗었네	靑蓮落故衣
운암에 저문 종 울리니	雲菴暮鍾起
달밤에 노닐던 님 돌아가네	遊客月中歸

환학정에서 씀 喚鶴亭題詠

늦은 가을바람 학을 부르니　　　　　　　喚鶴秋風晚
적벽강 언덕 위 정자만 드높네　　　　　　亭高赤壁隈
아득히 삼산[60]에 닿았고　　　　　　　　迥臨三岫近
저 멀리 구고[61]에 뛰어나네　　　　　　　遙出九皐嵬
화표의 신선[62]도 내려오고　　　　　　　華表仙翁下
청계의 도사[63]도 돌아오는구나　　　　　清溪道士回
홀연히 하늘로 날아가니　　　　　　　　　忽飛無上訴
속된 사람들 볼까 두려워서였네　　　　　 恐見俗人來

---

60) 삼산(三山) : 영주(瀛州), 방장(方丈), 봉래(蓬萊).
61) 구고(九皐) : 대지(大地).
62) 화표선옹(華表仙翁) : 정영위(丁令威)가 죽어서 학(鶴)을 타고 신선이 되었다 함.
63) 청계도사(淸溪道士) : 조선중기의 무신.

사자암구호 獅子菴口呼

청계의 구비마다 절이 있고	寺典淸溪曲
흩어진 돌 틈 사이로 샘물은 흐르네	泉淙亂石間
아침연기 여울 가에 피어오르고	朝烟尋澗戶
저녁노을, 쪽진 산봉우리 어두워가네	暮靄暗峯鬟
달 가장자리로 계수나무 그림자 기울면	桂影月邊倒
하늘 멀리 퍼져가는 둥근 종소리	鐘聲天外圜
스님들은 저마다 세월을 잊고	居僧忘歲月
흰 구름처럼 다들 한가롭기만 하네	身與白雲閒

눈 내리는 밤에 우연히 읊음 雪夕無聊偶吟

검푸른 바람 삽삽히 불더니	玄風吹颯颯
하얀 눈 소록소록 내리는구나	白雪暗霏霏
돌밭길 사람의 자취 끊어지고	石逕斷人蹤
눈 쌓인 산엔 새마저 날지 않네	雪山絕鳥飛
날은 이미 저물어가고	夕陽已隱地
어둠은 방으로 스미는구나	暝色乍侵幃
어느 누가 나의 외로움 위로할지	何人慰幽獨
쓸쓸히 대사립문을 닫는다네	悄然掩竹扉

창랑정유감 滄浪亭有感

봄가을에 강하고 토론한 것은	春秋講討義
우리 조부 항소문 내용일세	我祖尺疏修
임금님 너그러운 은혜에 감사하며	蒙宥天恩謝
좋은 곳 찾아 쉴 계획 하였지	營休地勝求
가업[64]은 시서예악에 있었고	靑氈詩禮在
충성심은 태양과 별빛 같았네	赤悃日星留
갓끈 씻은 강가 반석 위에	濯纓洲畔石
하나의 유적을 남기셨구려	永作一菟裘[65]

64) 청전(靑氈) : 선비의 집에 대대로 전해온 자리.
65) 토구(菟裘) : 대대로 살아 온 가대.

서석산에서 부름 瑞石口呼

운산은 천고의 주인이고　　　　　　　雲山千古主
노는 나그네는 백 년의 과객이라오　　遊客百年賓
서석산은 속세를 벗어났고　　　　　　瑞石超塵世
규봉암은 한강을 향해 읍하는 듯하네　圭巖揖漢津
소나무는 두루두루 옛 모습인데　　　　松檜偏依舊
덩굴은 세월을 기록할 수 없구려　　　藤蘿不紀春
해질 무렵 단풍 숲 짙어 가는데　　　　日暮楓林晚
맑은 물가 나 홀로 서성인다오　　　　盤桓淸澗濱

적송자부인을 만사함 輓赤松慈夫人 - 二首

- 금사 하윤구 錦沙 河潤九

1

일찍이 임강첩⁶⁶⁾을 배워	早學臨江帖
적벽 물가에 살았다오	承筐赤壁湄
맹모⁶⁷⁾처럼 베를 자르고	斷機思孟母
담자⁶⁸⁾처럼 머리카락을 베었다오	截髮效湛慈
오래도록 어른들의 기쁨 받았고	久得尊章喜
모두 다 열사의 사모님이라 했지	咸稱烈士師
정란⁶⁹⁾에 경사가 있을 것이니	庭蘭餘慶在
승화⁷⁰⁾해도 슬퍼하지 않으리	觀化不應悲

2

기억하네, 옛적 자친의 말씀	記昔慈親語
깊이 효경을 다 알고 있었다 하셨지	深知孝敬全
경복은 후손들에 길이 이어지고	慶宜綿後嗣
덕행으로 오래 살리라 여겼네	德合享高年
비록 딩에 올라 인사하시 못했지만	縱乏升堂拜

---

66) 임강첩(臨江帖) : 송(宋)나라 태종 순화 3년(992) 서예작품의 총첩 중 하나.
67) 맹모(孟母) : 맹자의 어머니, 아들을 가르치기 위해 짜던 베를 잘랐다함.
68) 담자(湛慈) : 진(晉)나라 도간(陶侃)의 어머니가 집안이 가난하여 자식과 함께 온 손님을 대접할 수 없자 자신의 머리카락을 베어 대접하였다는 절발역주(截髮易酒)의 고사를 가리킴.
69) 정란(庭蘭) : 뜨락의 난초, 아들을 비유함.
70) 관화(觀化) : 사람의 죽음.

일찍부터 아들 잘 가르치는 일 흠모했지	夙欽敎子賢
평생토록 감동했던 오래된 눈물	平生感舊淚
오늘 밤 더더욱 흐느껴지네	今夕倍潛然

협선루에서 권순상과 화답함 挾仙樓和權巡相韻
- 권순상權巡相

공중에 떠서 나는 듯 홀로 선 누각	獨立浮空縹緲樓
버들 꽃 부연 들녘, 봄 시름에 젖네	烟郊花柳繰春愁
소선[71]의 높은 자취 공이 이으니	蘇仙高躅公能繼
풍월강산은 옛날처럼 완연하구나	風月江山宛舊秋

---

71) 소선(蘇仙) : 소동파(蘇東坡). 송(宋)나라 문장가로 적벽부(赤壁賦)를 지었다.

원운 附元韻
- 권순상 태일이 지은 시에 부침

여기 오신 해 상서로운 곳에 이 누각을 지으시니	靈境當年起此樓
오르고 오르면 천고의 수심 씻긴다오	登臨滌蕩千古愁
노닐던 신선들은 가고 자취마저 없으니	遊仙已去渺無跡
황학과 백운은 몇 년이나 지났는지	黃鶴白雲經幾秋

소서 小序

친척되는 설월장雪月丈(김부윤金富倫)이 이 고을의 성주로 부임했다가 체임遞任되어 간 지 이미 40년이었다. 이 누각樓閣도 설월雪月이 지었는데 병화兵火를 당하지 아니하고 있었다. 옛일을 회상하니 감개하여 이 시를 정자웅丁子雄에게 주다.(하편에 4운도 있음)

姻家雪月丈宰是邑遞去已四十年茲樓亦雪月所搆獨免兵火感舊愴然題贈丁子雄(兼四韻見下)

청주에서 돌아오는 길에 지음 淸州歸路作 - 二首

1

온 누리에 예의 없어 부끄럽고	海內愧無周日月[72]
흉중에 진춘추 간직하였네	胸中記得晋春秋[73]
고달픈 망아지 홀로 강 언덕 거니니	疲馬獨尋江上路
대명[74] 천지에 외로운 배 홀로 가네	大明天地一孤舟

2

우리의 동쪽 바다 밟을 이 그 누구인가	朝東海上誰高蹈[75]
공북루 앞을 나 홀로 거니네	拱北樓前我獨行
어떻게 형가의 소매 속을 알아내랴	安得荊卿[76]把袖手
우리의 국치 씻기 위해 종횡하려네	渳吾國恥任縱橫

---

72) 주일월(周日月) : 주나라 이래 전해온 예의법도.
73) 진춘추(晋春秋) : 도연명(陶淵明)의 은거(隱居).
74) 대명(大明) : 명(明)나라.
75) 해상고도(海上高蹈) : 노중연(魯仲連)이 한(漢)나라가 망하므로 동해(東海)에 빠져 죽었다는 뜻.
76) 형경(荊卿) : 연(燕)나라의 장군. 진왕(秦王)을 죽이기 위해 진왕의 옷자락을 잡고 찌르려고 했음.

원석[77]
正月十五日：戊寅

고국강산에 새해가 왔는데	故國江南新歲至
왕손은 언제쯤 봄과 함께 오려는지	王孫何日伴春回
눈발 내리던 하늘가에 풀은 또 푸르러	亂雪天涯草又綠
이 술잔 가슴 아파 차마 못드네	不堪盃酒向人開

제비를 예뻐하다 愛鷰戊寅三月

지난해 처마 끝에 쌍쌍이 날던 제비	舊時堂上雙雙鷰
혼자서 강남의 봄소식 가져온다네	獨帶江南一片春
지나支那의 삼짇날 기억하고 있음을	天朝[78]社日從渠記[79]
이제야 알고 다정히 좋은 이웃 삼았네	始識多情好作隣

---

77) 병자호란 3년에 세자와 동궁이 모두 심양에 잡혀 가 있었다.
78) 천조(天朝) : 명(明)나라.
79) 종거기(從渠記) : 제비의 오고 가는 날.

임사가와 더불어 물염정에서 놀고 옛 일을 회상함
與林士駕同遊勿染感舊

강가 절벽 위 시원한 옛 누각	古閣凄凉水石邊
시인이 말을 멈추고 자연을 노래하네	騷人駐馬詠風烟
거문고와 비파 옛 음향 전하니	錦琴瑤瑟傳遺響
선생은 땅 위의 신선이라 말하고 싶네	爭道先生地上仙

병서並序 선대에서 화답하여 읊음仙臺酬唱

산봉우리엔 흰 구름 새들은 나는데 　　　　白雲出岫鳥還飛
현학은 공중에서 저녁노을을 희롱하네 　　　玄鶴盤空弄夕暉
화살 하나로 중홍하면 싸움은 끝나는데 　　　二箭中紅爭也畢
하늘바람 불어와 성주의 옷 펄럭이네 　　　天風來拂六銖衣[80]

신사辛巳, 청화淸和에 성주城主 이후李侯 형형迥을 뫼시고 강선대降仙臺에 연회를 베풀고 3일 동안 활을 쏘았다. 여러 명의 악장樂匠이 모두 모이고 함께 취하여 기쁨을 다하였다. 이어 절구絶句를 지었다. 이때에 참석한 사람들은 라무송羅茂松, 이성주李城主의 세 아들 익휘益輝, 맹위孟輝, 중휘重輝, 주인主人 ─ 적송赤松의 세 아들 임琳, 호琥, 영영瑛 그리고 첨지僉知 김선남金善男, 병영장兵營將 오영吳泳, 훈련봉사訓練奉事 양의신梁義臣, 중인사원中人射員 김종립金宗立, 김지립金智立, 하성인河成仁, 김효생金孝生 등이다. 강선대란 이름을 이때에 지었다. 주인은 정적송丁赤松이다.

歲辛巳淸和奉城主李侯迥設宴于降仙臺三日射帿衆樂咸至同醉盡歡仍作絶句是時參席羅正郎(茂松)李侯三胤(益輝孟輝重輝)主人三子(琳琥瑛)及僉知金善男兵營裨將吳泳訓練奉事梁義臣中人射員金宗立金智立河成仁金孝生也臺之命名亦出此時主人卽丁赤松也

---

80) 육수의(六銖衣) : 성주들이 입는 옷.

차운附次韻

버들개지 바람 따라 눈처럼 어지럽고 　　　柳絮因風亂雪飛
재잘거리는 새소리 봄볕을 희롱하네 　　　嚶嚶谷鳥弄春暉
사람의 욕망은 끝이 없으니 　　　　　　　人生行樂終無極
저녁 이슬 옷깃 적심을 뉘라서 탓하리 　　夕露何嫌濕我衣
　　　　　　　　　- 낭객　　　　　　　- 浪客, 李侯 城主의 號

우레 소리 높고 높아 별빛 현란한데 　　　雷鼓隆隆星亂飛
흰 구름 기운 곳에 석양빛 눈부시네 　　　白雲傾處動斜暉
봄바람 십 리 길에 버들 꽃 떨어지니 　　　東風十里楊花落
4월의 강남에 눈꽃이 가득하네 　　　　　四月江南雪滿衣
　　　　　　　　- 창주 라무송　　　　　- 滄州 羅茂松

4월이라 강남에 버들개지 나니 　　　　　陽月[81]江南柳絮飛
긴 언덕 실가지 봄빛에 늘어졌네 　　　　長堤嫩絲抽春暉
피리 소리에 맞춰 활시위를 당기니 　　　管歌交奏爭觀德
제비가 꽃잎 물어다가 무의에 떨어뜨리네 鷰蹴山花落舞衣
　　　　　　　　- 큰아들 임　　　　　　- 長子 琳

물새와 산새들 사람 등지며 날고　　　　　　　　渚禽谷鳥背人飛
한 자락 피리 소리 황혼을 물들이네　　　　　　一席管絃動夕暉
관덕대 앞은 한없이 흥겨우니　　　　　　　　　觀德臺前無盡興
저 작은 배에 녹색 도롱이 실어 보내려네　　　　付他小艇綠蓑衣
　　　　　　　　　- 둘째 아들 호　　　　　　　　　　- 琥, 次子琥

십 리 길 꽃다운 물가에 화살처럼 날아왔나　　　十里芳洲箭箭飛
학 타고 온 신선 석양빛에 취했구려　　　　　　鶴駿鳧鳥醉余暉
청화절 초삼일 신선대 위에　　　　　　　　　　淸和三日仙臺上
버들개지 다정하게 옷자락에 살짝 붙네　　　　　柳絮多情細點衣
　　　　　　　　　- 셋째 아들 영　　　　　　　　　　- 瑛, 次子瑛

---

81) 양월(陽月) : 4월.

남간이 차운하다 次南澗見訪韻[82]

흰 모래 맑은 물가 학은 절로 도니	沙白渚淸鶴自回
기화요초는 그 누가 심었을까	琪花瑤草是誰栽
소동파 떠난 지 천 년 소식 없는데	蘇仙千載無消息
오직 석인[83]만이 시냇물 따라 오누나	惟見碩人澗軸來

원운에 부침, 사율은 하편에 있음 附元韻四律見下
― 홍판서 洪判書

흰 자갈 맑은 시내 정자 밑을 도니	白石淸川亭下回
또다시 만 그루 대나무를 심었네	更將脩竹萬竿栽
시단은 적막해져 풍류는 다하였고	騷壇寂寞風流盡
문 밖에 글 물어오는 사람 없다네	門外無人問字來

---

82) 남간(南澗) : 홍판서 처량(處亮)의 호. 당시 광주목사가 찾아옴을 읊음(洪判書處亮號時爲光州牧).
83) 석인(碩人) : 위대한 사람.

차운을 붙임 附次韻

적벽강 참모습 찾아 옛길 따라 돌아오니　　　　赤壁尋眞前路回
많고도 많은 송죽 누구 위해 심었나　　　　　　萬松千竹爲誰栽
깨끗한 물빛이 이렇듯 고우니　　　　　　　　　淸區物色看如許
후일에 말 타고 다시 오리라　　　　　　　　　他日遊鞍期再來

　　　　　　　　　　　　－ 용지 정광연　　　　　　　　－ 龍池 鄭光演

강 가운데 돌 우뚝 서고 사방에 푸른 산 둘렀으니　石老江心翠嶂回
저절로 생겨난 경관일 뿐 억지로 만든 것 아니라네　天成形勝不穿栽
비탈에 둥지 만든 학은 긴 잠을 싫어해서　　　　巢崖水鶴嫌長睡
시선의 발길을 저절로 유혹하네　　　　　　　　喚做詩仙此去來

　　　　　　　　　　　　－ 김시혁　　　　　　　　　　－ 金時爀

한 줄기 맑은 강 정자 아래 흐르고　　　　　　　淸江一帶亭前回
높고도 푸른 나무 절벽 위로 솟았네　　　　　　碧樹千尋石上栽
임술년 풍광 길이 변치 않으니　　　　　　　　　壬戌風光長不改
얼마나 많은 선객을 이곳에 유혹했을까　　　　幾招仙客此中來

　　　　　　　　　　　　－ 금사 이익진　　　　　　　－ 錦沙 李杙瑱

옥 같은 층층절벽 물길은 돌고 돌아
푸른 대 시퍼런 솔 그 누가 심었을까
이렇게 달 밝고 피리 부는 밤 좋아
외로운 학은 동쪽에서 날아오나 보다

– 서주 조항

層涯玉立水縈回
翠竹蒼松誰所栽
好是月明橫笛夜
怳然孤鶴自東來

– 西州 曺杭

이지현[84]을 모시고 적벽에서 놀면서 읊음
奉李知縣遊赤壁呼韻

높고 높은 붉은 비탈 푸른 물에 비치고   萬丈丹崖倒碧波
한 줄기 맑은 강은 푸른 비단 같구나   淸江一帶似靑蘿
아이를 시켜 즉석에서 어부를 부르니   使君側席招漁父
오늘 아침 춘흥이 많고도 많구나.   斗覺今朝春意多

김문곡과 더불어 적벽강에서 서로 화답함
與金文谷壽恒[85]相酬於赤壁

태평스런 오늘날 성군의 시절에   太平今代聖年秋
그대는 어찌하여 동복까지 왔느뇨   公馬胡爲到福州
세상살이 돛대처럼 흔들려도 한 되지 않으니   世路風檣非所恨
소동파도 이곳에서 배를 타고 올랐다네   蘇仙猶上此江舟

---

84) 이지현(李知縣) : 본현의 성주, 이름은 시맹(時孟).
85) 수항(壽恒) : 김문곡의 이름.

차운을 붙임 附次韻
– 문곡 김수항 文谷 金壽恒

산 높고 물 맑은 적벽의 가을　　　　　　　水落山高赤壁秋
동복 고을 어찌하여 옛 황주와 같은지　　　福川何似舊黃州
시객들 강 건너는 학을 따르지 못하는데　　騷人不及橫江鶴
학은 날아 시월 배타고 저 언덕에 이르네　　飛渡臨皐十月舟

객중에서 읊다 客中偶吟

구성에서 멀리 온 객	龜城遠客駐吟鞭
고향 생각에 마음 타는 듯하네.	回首鄕關心欲煎
누가 알리 객사의 고충을	誰知旅館多辛苦
긴 부지깽이 눈물 젖게 하지 말지니	莫使口流長鋏涎

환학정 뜨락에 난초를 심고서 느낀 점을 읊음
喚鶴亭畔種蘭寓意作

옛날 공부자 난의 지조를 노래하였다 하였으니	夫子昔唱猗蘭操
깊은 골 나의 난은 누구를 위한 지조로 있는가	蘭在幽谷探誰贈
향기 그윽하나 멀리 뜻 두는 대로 가지 못하니	幽蘭遠播無足恃
한줄기 난 잎에 숨어사는 마음 시름이 느는구나	醉把孤莖愁不勝

선대에서 자지가를 부르는데 나아가지 못함을 탄식함 仙臺唱紫芝歌歎不就

은사여~ 자지곡을 부르지 마소　　　　　　隱士休唱紫芝歌[86]
자지는 황황히 세 가지나 나왔네　　　　　紫芝煌煌見三秀
서창의 한 꿈 운당篔簹에 들었는데　　　　一夢書窓入篔簹
내 어찌 나아가지 못함을 원망하리　　　　我獨如何怨未就

휘양양감에게 희롱하여 줌 戲贈輝陽量監

처음에 일을 따라 좋은 자리 앉으니　　　　初承事目坐華茵
많은 진미 날마다 새로웠네　　　　　　　　珍味滿盤日日新
규제와 전형이 이제 끝나니　　　　　　　　圭梯田形[87]今始罷
사람은 가고 빈 술잔뿐이네　　　　　　　　冷煮殘盃無一人

---

86) 자지가(紫芝歌) : 은사들이 부르는 노래.
87) 규제전형(圭梯田形) : 조선시대 토지를 구획하는 형태와 일.

정군필의 수석에서 김원경의 시를 따라 지음
丁君弼壽席次金遠卿韻

노인성 훤당에 비추니	老人星彩照萱堂
헌수하는 자리 술잔을 권하네	獻壽筵前勸酒觴
어린 손자들 다채롭게 춤을 추어대니	眼底兒孫爭綵舞
손님들 어진 자손들이라 칭찬하네	滿庭賓客歎賢郞

생일날 김원경과 화답하여 주는 시
初度日[88]和金遠卿贈韻

산이 좋아 물이 좋아 청산에 사노라	樂山樂水棲靑山
아무런 일 없어 한가로울 뿐이네	無事無營意自閒
칠십이 되어 다시 생일을 맞이하니	七十重逢初度日
머리에 백발이 오는 줄 미처 몰랐네	鏡中不覺鬢毛斑

---

88) 초도일(初度日) : 태어난 날.

원운을 붙임 附元韻

적벽산은 낭포산⁸⁹⁾과 닿았으니   赤壁山連閬圃山
신선의 집 한가한 세월이네   仙家日月住長閒
북해의 술동이에 별이 빛나니   北海淸罇星不晦
수계가⁹⁰⁾에 춤사위 아롱거리네   水鷄歌發舞衣斑

차운을 붙임 附次韻

남극성이 적벽산을 비추니   南極星臨赤壁山
고반[91]의 깊은 곳 길이 한가롭네   考槃深處任長閒
뜰에 가득한 난옥 헌수 드리니   蘭玉滿庭歌式燕
노래자[92]여 색동옷 말하지 말게   老萊休說綵衣斑
      - 김원이   - 金遠而

---

89) 랑포산(閬圃山) : 신선이 사는 곳.
90) 수계가(水鷄歌) : 헌수를 위해 부르는 노래.
91) 고반(考槃) : 선비의 한가히 노는 모양. 『시경』에서 나옴.
92) 노래자(老萊子) : 노래 잘하는 사람인데 자기 부모의 헌수석에서 춤을 추었다.

우음偶吟
- 壬寅 12月 18日

청계를 보고 청계의 본질을 얻었으니　　剩得淸溪溪有素
구산처럼 의연하게 움직이지 않았네　　偃然[93]不動似邱山
누항에서 단표[94]로 지내는 것 나의 원이라　簞瓢陋巷眞吾願
봉창에 누웠으니 모든 일 한가하네　　高臥蓬牕事事閒

춘추春秋

공자께선 노나라 역사 만들고자　　夫子曾因魯史修
준엄한 사필 춘추를 지었네　　彤毫把得作春秋
존양 징주의 뜻 근엄하니　　謹嚴尊攘[95]懲誅[96]義
만고의 간신적자들 무서워하였네　　萬古奸臣賊子悲

---

93) 언연(偃然) : 드러누워 움직이지 않는 모양.
94) 단표(簞瓢) : 일단식일표음(一簞食一瓢飮)의 약어.
95) 존양(尊攘) : 옳은 일을 높이고 옳지 않은 일을 배격한다는 뜻.
96) 징주(懲誅) : 죄 지은 사람은 벌을 주고 간신, 적자는 베인다는 뜻.

여행길에 旅中作

대문 닫히니 이별의 정 누구에게 말할까　　間關離抱爲誰說
흰 눈발 휘몰아쳐 눈앞이 아득하네　　　　六出花飛襯眼霞
원님 나그네 초대하여 옆자리에 모시니　　使君[97]側席招行客
오늘 아침 손에 대한 예의 극진하구나　　始覺今朝賓禮多

취한 가운데 읊음 醉裏狂吟
- 癸卯 仲春 上浣

산 아래 집에는 푸르름이 더하고　　　　園績半山翠簾家
문은 적벽에 닿았으니 붉은 빛 어리네.　門臨彩壁紫迷紗
강 위에 퉁소 소리 끊어지니　　　　　　洞蕭聲斷淸江裏
달 아래 외로운 배 언덕에 닿았겠지.　　明月孤舟近岸沙

---

97) 사군(使君) : 원님.

낙화 落花

이른 새벽 문 닫고 꽃나무 아래 앉으니 　　　花下淸晨坐掩門
필 때는 아름답더니 질 때는 흉하구나 　　　開時見樣落時痕
동풍이 떨어뜨린 일 한하여 무엇하리 　　　東風一掃何須恨
후일에도 피고 또 피어날 것을 　　　　　　宜復生生待後繁

가난을 쫓고자 笑逐貧

양자[98]는 가난을 쫓는 시를 지어 　　　　揚子逐貧自有賦
가난을 쫓고자 했으나 어찌 쫓았으랴 　　　貧雖欲逐奈何貧
우습도다 백발 되어 현경을 지은 일 　　　玄經白首知堪笑
가난한 선비 정신만 소비할 뿐이었네 　　　任汝窮儒一費神

---

98) 양자(揚子) : 이름은 웅(雄), 축빈부(逐貧賦), 현경(玄經) 등을 지었으며 한(漢)의 대학자.

유거직사 幽居卽事

비갠 뒤 산천은 맑고 시원해	雨後溪山霽色明
가을 연못 하늘처럼 깨끗하구나	小塘秋水與天晴
한가한 취미는 도연명과 같아	一般閒趣隣三逕
노란 국화 푸른 솔도 도도하도다	黃菊靑松傲世情

정자웅에게 줌 贈丁子雄
― 금사 하윤구 錦沙 何潤九

강호에 가을 깊어 서리 오는데	江湖秋氣夜來霜
물고기들 살찌고 벼는 익어가네	郭索[99]初肥晚稻香
그대 따라 나도 배불리 먹고	我欲從君欣一飽
아울러 술잔 가득 마시려 하네	兼須沽取酒盈觴

---

99) 곽색(郭索) : 물고기의 이름.

유거 幽居

속세를 떠나 시냇가에 석축 쌓고　　　　　　綠溪築石別塵寰
구름처럼 새처럼 오락가락하네　　　　　　　雲鳥心身自往還
노을 지는 솔밭길 봄은 고요하고　　　　　　烟沒松廊春更靜
낮 동안 닫힌 사립 바람이 열어 놓았네　　　風移竹戶晝常關
처량한 처마엔 달빛이 먼저 스미는데　　　　可憐簷頭先迎月
다행히도 낮은 담장은 산을 가리지 않네　　　何幸墻低不掩山
다시 금서[100]가 있어 서로 등지지 않으니　　復有琴書不相負
재주를 기르는 데 애오라지 백 년을 보내리라　百年聊以養疎頑

---

100) 금서(琴書) : 가야금을 들으며 글을 읽음을 뜻함(도연명의 귀거래사에 나옴).

정균필의 수석에서 김원경과 더불어 서로 이야기
함丁君弼壽席與金遠卿相話

푸른 벽엔 산 나무 빼곡히 자라고	山木森森攢翠壁
맑은 물엔 소나무들 늘어져 드리웠네	巖松落落傘淸流
창랑정은 원조굴에 솟았고	滄浪亭峙黿鼉窟
태수대는 구로주에 닿았네	太守臺臨鷗鷺洲
춤추는 자리에서 헌수를 하는데	斑衣席上獻親壽
흥겨운 노랫소리 객의 시름 덜어주네	歌管聲中遣客愁
닭 울음 그쳤다고 5경이 지났다 마오	休言鷄盡五更唱
삼락[101]을 가진 자리 즐거움 가득하다오	三樂樽前開勝遊

---

101) 삼락(三樂) : 맹자에서 나옴(부모 계시고 형제 무고하고 영재를 키운다는 뜻).

다시 원경의 벽상시에 부쳐 又贈遠卿壁上韻

초가의 쑥 가지들 물가에 비치니	茅屋蕭條倒水潯
불현듯 소나무 숲에 학이 나는 듯	怳如仙鶴峙松林
살아서 사업은 천 권의 글을 읽는 것	生乎事業書千軸
반평생 한가한 정으로 술잔도 기울였네	半世閒情酒數斟
아끼는 책상엔 오히려 오악기[102] 있고	玉笈猶存五嶽記
새끼 평상엔 다만 거문고 있을 뿐	繩床祇有一張琴
두메산골에 사는 건 나의 본성이니	逍遙邱壑[103]眞天性
산중에서 늙고 늙어도 마음 변하지 않으리	終老溪山不易心

---

102) 오악기(五嶽記) : 상평(尙平), 금경(禽慶) 두사람이 인간의 일을 마치고 놀았다는 산 이름.
103) 구학(邱壑) : 두메산골.

두견 杜鵑

촉왕이 나라 연 건 아주 오래 전　　　　　　蜀王開國已茫然
그의 혼이 두견새로 변했다 들었노라　　　　聞道殘魂化杜鵑
하늘에 사무치는 원통함으로 봄은 더디고　　天爲至冤春苦晚
가엾은 달 깊은 한으로 밤은 둥글지 못하네　月憐深痛夜難圓
청산에 울어대는 피, 꽃이 무슨 죄인가　　　 靑山血汗花何罪
이 소리 들은 나그네 잠 못 이루네　　　　　旅館聲侵客不眠
아득히 두보의 시를 생각하나니　　　　　　 遙憶堂前杜甫拜
사람들로 하여금 해마다 눈물짓게 하네　　　令人落淚又年年

강촌江村

한 줄기 긴 강물 마을 돌아 흐르니	長江一帶抱村流
문 앞 꽃 핀 버들 울타리 물가에 비치네	門柳籬花綠映洲
맑은 여울 섬돌을 따라 흐르는 소리	淸瀨學聲循砌轉
잠 못 이루는 백로는 주렴 너머 서성이네	白鷗無夢近簾愁
저녁연기 스미는 먼 나무 집에 연해 있고	家連遠樹烟籠夕
빈 정자 물 건너는 곳 사람이 있네	人在虛亭水渡頭
태고시절의 유풍 남아 있으니	太古氓風留不散
고기 잡고 나무하는 일, 길이 함께 하리	漁樵心事共悠悠

현학정[104] 玄鶴亭

석양에 막대 짚고 낚시터 나가니	晚日扶筇出釣磯
강가의 물색은 여전하구나	江頭物色正依俙
뭇 꽃들은 반가워 어쩔 줄 모르는데	林花有約欣吾訪
물새는 무정히도 멀리 날아가네	沙鳥無情任汝飛
나아가고 물러나는 일 무릇 내 하려는 바	舒卷直須人所欲
뜨겁고 차가운 세상 반목을 어찌 탓하랴	炎涼何恨世相違
비취빛 남산을 유연히 바라보니	南山滴翠悠然對
정자 앞 내리는 비 어느새 옷깃 적셨네	不覺亭前雨濕衣

---

104) 현학정(玄鶴亭) : 적벽 하류에 있음(在赤壁下流).

어옹 漁翁

서암의 밤 어옹은
약립 사의 걸치고 배 다시 메네
달빛 아래 붉은 절벽 바다에 살고
백구는 포화의 신세로구나

창랑의 물 맑거나 탁하거나
이 한 몸 강호에서 쉬네

漁翁夜傍西巖頭
篛笠蓑衣更泊舟
水國生涯紅蓼月
泡花身世白鷗秋

浮雲三子缺輕棹
寒雪五子缺
淸濁任渠滄浪趣
江湖滿地一身休

김원경에게 희롱하여 줌 戲贈金遠卿

아름다운 자태 마땅히 선녀처럼 고운데　　　　嬌姿綽約當仙娥
어찌 벼슬아치의 그것에 견주겠는가　　　　　艶態何如拜帶花
대궐에서 취했을 때 마땅히 패를 벗고　　　　月殿醉時宜解珮
추파를 외면하고 돌아온 곳 괜찮았지　　　　秋波回處不妨梭
새로 맺은 인연 돌보다 단단하고　　　　　　新緣在語堅如石
옛날의 맺은 정 한낱 실처럼 엷구나　　　　舊寵多情薄似紗
밤마다 노랫소리 물을 건너 나부끼니　　　　夜夜歌聲飄渡水
물 서쪽 버드나무는 빈집을 가리웠네　　　　水西楊柳掩空家

적벽의 제영을 붙임 附赤壁題詠

선원 김상용金尙容이 와서 시를 주다 仙源金來遊題贈

십 년동안 허둥대다 또 남으로 왔는데	十年擾擾又南之
강산에서 술 마시고 병든 후에야 알겠네	杯酒江山病後知
가을비 여울 소리에 한 꿈을 깨고 나니	秋雨灘聲驚一夢
신선은 말이 없고 학은 기약도 없구나	仙靈不語鶴無期

소재疎齋 이이명李頤命이 와서 시를 주다 李白江來遊題贈

붉은 절벽 가파르고 물은 출렁이고	丹崖如削水如油
임술년 가을에 일찍이 좋은 놀음 하였다오	勝事曾經壬戌秋
소동파의 풍류 오히려 끊이지 않으니	蘇子風流猶未沫
지금도 옛날처럼 신선들과 노니네	至今依舊挾仙遊

운암 이흥발李興浡이 와서 시를 주다 李雲庵來訪韻

가파른 절벽 강에 닿고 강은 누각에 연했는데	削壁臨江江續樓
백 년 동안 누웠으니 세상 근심 적겠네	百年高臥小塵愁
사철 아름다운 경치 능히 다함 없으니	四時佳供能無盡
어찌 홀로 파옹처럼 칠월의 가을에만 놀거나	奚獨坡翁七月秋

창계 임영林泳이 모춘에 와 놀다 林滄溪暮春來遊

복사꽃 흩날리고 봄물 흐르는 낚시터	桃花春水沒漁磯
곳곳에 온갖 풀 돋고 제비는 날아가네	芳草萋萋燕子飛
주인은 손님을 며칠이나 묵게 하려고	看取主人留客意
광주리에 고사리 새순을 가득 꺾어오네	折來新蕨滿筐肥

단암 민진원閔鎭遠이 나와 함께 놀고서 시를 짓다
閔丹巖同遊題詩

적벽으로 돌아온 나그네 생각이 깊어　　　　赤壁歸來客有思
절벽의 꽃 비단 같고 버들은 실낱같네　　　　巖花如錦柳如絲
소동파는 봄 찾는 즐거움 풀지 못하고　　　　蘇仙不解探春樂
산 높고 달 기우는 때에 찾아오네　　　　　　祗用山高月小時

도사 김우형金宇亨이 와서 시를 두고 가다
金都事來有詩

맑은 강 적벽에 후세의 소선이 왔으니　　　　清江赤壁後蘇仙
무술년보다 임술년이 어떠한가　　　　　　　壬戌何如戊戌年
동리의 복사꽃 물 따라 가니　　　　　　　　洞裏桃花隨水去
고기잡이배가 찾아오지나 않을지　　　　　　却疑漁子棹回船

손하 이유후李有後가 우연히 이 시를 지어 내게 바치다捐下李偶吟奉呈

공청에 가을 깊어 날씨는 좋은데	秋晚公庭天氣新
문 앞 백의인을 보지 못했네	門前不見白衣人
은근히 그 누가 이 술을 보냈는가	慇懃誰送盃中物
부끄러워 올해에는 국화 철을 저버렸네	辜負今年泛菊辰

추운을 붙임附追韻

수락당105)에 삼가 바침敬呈壽樂堂

칠월 맑은 한 철에 적벽에서 노니　　　　　赤壁淸遊七月天
천 년 된 화표 다시 나는 듯하네　　　　　　千年華表更翩翩
소선이 가버린 후 다시 내가 왔으니　　　　蘇仙去後吾儂到
달 밝은 밤 꿈만이 의연하네　　　　　　　　月白中宵夢依然
　　　　　　　　— 만오 정흡, 자는 순지　　　　— 晩悟 鄭滄, 字 順之

어느 해 학이 되어 이 정자에 왔는가　　　　化鶴何年棲此亭
바로 앞의 적벽도 단청을 둘렀네　　　　　　前臨赤壁亦丹靑
산봉우리 화표106)처럼 되었으니　　　　　　有峯華表看相似
알진대 주인의 성 정씨라오　　　　　　　　知是主人身姓丁
동산에는 송죽, 강에는 단풍　　　　　　　　一園松竹一江楓
가을 산 단장하여 비단처럼 붉네　　　　　　粧點秋山錦繡紅
끊어진 다리 저 멀리 돌아가다가　　　　　　歸去斷橋堪盡處
나귀 발길 돌려 석양 하늘 돌아보네　　　　倒騎行色夕陽中
　　　　　　　　— 기와 조망경　　　　　　　— 寄窩 趙望景

조기와는 본 고을 현령인데 와서 놀음趙寄窩知縣來遊.

216 역사 앞에서

창랑정 위에 머물러 취했다가	留醉滄浪亭上酒
아침 되어 적벽 주인 사는 곳 찾았네	朝尋赤壁主人居
강에 닿아 파옹의 적벽부 읊으니	臨江浪詠坡翁賦
천고의 신선 가버리고 자취뿐이네	千古仙蹤一去餘
- 퇴어자 김진상이 와서 읊음	- 退漁子 金鎭商 來吟

길다란 대나무 빼곡히 높은 누각 둘렀는데	森森脩竹挾高樓
홀로 올라 거닐다 보니 객의 시름 일어나네	獨上逍遙惹客愁
적벽강은 쉬지 않고 흐르고	赤壁淸波流不盡
소선의 남은 자취 더욱 더 생각나네	蘇仙遺躅倍思秋
- 삼산 이태중이 운암의 시를 따라 지음	- 三山 李台重 次雲庵韻

---

105) 수락당(壽樂堂) : 적송공의 당호, 정사 칠월 십육일(赤松公堂額丁巳七月旣望).
106) 화표(華表) : 정녕위(丁令威)가 죽어서 학을 타고 신선이 되었다는 고사.

다시 바치는 노래 又呈一絶

선루에 노는 일 겨우 몇 해인데　　　　　　　同樂仙樓纔半世
이제 벌써 이별하였네　　　　　　　　　　　遽然離別在今辰
다시 노는 날 기약할 수 없으니　　　　　　　重歡有數難爲必
옥량屋樑에 걸린 달 보며 꿈에 자주 생각하리　樑月應知夢想頻

칠언 율시를 부침 附七言律詩

강남을 지나 복천 건너니	行盡江南渡福川
호남의 풍경 아직도 의연하구나	湖南風景尙依然
고향은 아득히 삼천리	鄕關渺渺三千里
지난 일 유유히 사십 년 되었네	往事悠悠四十年
서산에 지는 해는 나무에 걸려	西日已沈芳樹裏
물새들 누각 앞을 나르는구나	水禽飛過畵樓前
외로운 호롱불 객은 잠 못 이루는데	孤燈客睡何贈着
창밖엔 배꽃 피고 두견이는 울어	窓外梨花又杜鵑
－ 권순상 태일 지음	－權巡相 泰一

소서小序는 이미 절구편 있는 곳에 기재했기 때문에 다시 기록지 않았다. 이 시는 고향 생각을 많이 하였기에 아울러 기록한다. 權巡相泰一小序已載絶句篇故姑未疊錄而詩思多出鄕思故兼呈

주묵에 고생하여 이미 백발 되었는데	朱墨勞勞髮已皤
누가 나를 이끌어 이 사바세계에 오게 했나	孰吾牽輓此婆娑
오래된 창랑정에 공명심 끊어지고	滄浪亭古機心盡
텅 빈 환벽당에 감회의 눈물 흐르네	環碧堂空感涕多
풍월은 시인들 시 짓는 제재인데	風月自供騷客詠
강산은 얼마나 많은 사람들 지남을 보았는가	江山曾閱幾人過
가고 가매 완연히 도원에 드는 듯하니	行行宛入桃源路
비의[107]를 벽라로 바꾸고자 하네	欲把緋衣換碧蘿
— 홍남간[108]	—洪南澗

떠나고자 하는데 이별의 정 일어나	欲發歸鞭便別思驚
떠나는 자리 술잔을 억지로 드네	祖筵開處強隨觥
맥맥한 시름의 정에 자꾸 뒤돌아보고	愁情脉脉頻回首
염천에 길 떠나기 두렵네	署氣炎炎怯上程
가을 풀 아득히 천 리의 눈을 가리고	秋草遙封千里眼
흰 구름엔 오히려 만 겹의 정 맺혀 있네	白雲尙結萬重情
세간의 떠남과 만남이야 끝이 없으니	世間離合元無數
다시 시 짓는 붓 잡고 불평을 쓰노라	更把詩毫寫不平
— 이치의 시[109]	—李蓘

---

107) 비의(緋衣) : 벼슬하는 사람들의 옷.
108) 남간 : 졸옹(拙翁)의 증손인데 세의(世誼)로 환벽당, 창랑정 등을 찾아보고 적벽에 이틀 밤을 잤었다. 절구는 위에 나타나 있음. 洪南澗(南澗卽拙翁曾孫以世誼環碧滄浪信宿赤壁絕句見上).
109) 이치 : 구본에 적송자를 이별함이라 쓰여 있음. 李蓘(舊本云奉別赤松子).

적벽 창랑 제일 좋은 곳에
끝없는 연월 예나 지금이나 머물러 있네
비단을 수놓은 듯 봉우리마다 새롭고
하늘처럼 파란 물 거울처럼 흐르네
애석하도다 천 년 뒤에도 풍광이 있는데
파선은 몇 날이나 놀았는가
다정스레 당신에게 묻노니
무술이 임술의 가을보다 어떠한가

        - 설산 송문징

赤壁滄浪第一區
無邊烟月古今留
丹岑織錦開新色
碧水含空拖鏡流
可惜風光千載後
坡仙幾日得淸遊
多情爲問吾夫子
戊戌何如壬戌秋

      - 宋雪山 文徵

백로는 강을 건너고 물은 하늘에 닿아
배 위에 노는 사람 그림 속 신선일세
비단 같은 물은 붉은 적벽을 이루었고
깎아지른 연꽃은 맑은 강에 잠겼네
돌 위 등나무 덩굴에 밝은 달은 걸리고
불그레한 연기는 언덕 가 어부의 집에 스몄네
깊은 밤 강가 집에 퉁소소리 끊이니
외로운 학 꿈속에서 훌쩍 날아오르네

白露橫江水接天
舟中人是畵中仙
粧來錦繡成丹壁
削出芙蓉蘸晴川
石上藤蘿掛明月
岸邊漁戶幕紫烟
夜深江閣吹蕭盡
孤鶴飛來夢裏翩

술잔 놓고 머리 들어 하늘에 물어보니
승지에서 노는 건 바로 신선이 아니런가
우뚝 솟은 절벽은 제 모습을 드러내고
구곡을 돌아온 물 수평을 이루었네
여울 소리 땅을 흔드니 갠 날 다시 비오고

亭盃搔首問靑天
勝地遨遊便是仙
壁立千尋露眞面
溪窮九曲見平川
灘聲殷地晴還雨

안개 낀 산 밤 되니 연기 되려네 　　　　　山氣蒸嵐夜欲烟
날이 저물도록 누가 나처럼 한가한지 　　　盡日誰能閒似我
모든 것 잊어버린 백구만이 나네 　　　　　忘機惟有白鷗翩

　　　　　　　　　- 금사 하윤구의 시 　　　　　- 河錦沙 潤九

한 떨기 부용처럼 하늘에 오르니 　　　　　一朶芙蓉勢入天
이름난 곳 사는 게 바로 신선이라네 　　　　名區棲息是眞仙
아름다운 노을, 나는 폭포 태악[110]인 듯 　彩霞飛瀑疑台嶽
흰 돌, 흰 모래는 망천[111]과 같구나 　　　白石明沙認輞川
시내에 봄은 와 붉은 꽃은 이슬 머금었고 　春入溪花紅浥露
날 저물어 어부의 집엔 희뿌연 연기 일어나네 　日沈漁屋紫生烟
신선이 사는 복지를 내 찾을 양이니 　　　　神仙福祉吾將訪
그날엔 선인들과 함께 놀아볼까 하노라 　　何日相携羽客翩

　　　　　　　　　　　- 승지 김원 　　　　　- 金承旨瑗

---

110) 태악(台嶽) : 천태산(天台山)의 약어.
111) 망천(輞川) : 당(唐)나라의 왕유(王維)가 살던 별장.

항아리 속 같은 강산에 별경이 있으니 　　　　壺裏江山別有天
그 안에 있는 사람 땅 위의 신선일세 　　　　箇中人是地行仙
산은 깊어 한낮의 구름 층층하고 　　　　　　山深白晝雲生榻
눈 녹아 봄물은 냇가에 가득하네 　　　　　　雪盡殘春水滿川
이 시절 좋은 놀이 멀리 상상하여 　　　　　　遙想此時供趣味
기나긴 밤 몇 번이나 꿈꿨던가 　　　　　　　幾回長夜夢風烟
다른 해에 내 또한 티끌 속을 벗어나 　　　　他年我亦超塵累
모래밭 물가에 구로들과 놀리라 　　　　　　爲訪沙洲鷗鷺翾

　　　　　　　　　　　　 － 유죽옹 지음　　　　　　　　　　　　　－ 柳竹翁述

층만에 앉으니 하늘이 가까워 　　　　　　　坐對層巒尺五天
황정[112]을 신선들과 더불어 읽었네. 　　　　黃庭講與羽衣仙
버들잎 비단 삼아 장막 만들고 　　　　　　　春開柳眼羅爲帳
꽃 그림자 담은 물 비단천을 이루네 　　　　花映波心錦作川
소쇄한 길 송국이 삼분이나 되고 　　　　　　松菊三分瀟灑逕
뽕나무와 삼밭 일대는 태평스런 안개 　　　　桑麻一帶太平烟
원컨대 화산[113]을 절반쯤 빌려 　　　　　　聞來願借華山半
혼몽이나마 미리 돌아가 달 아래 놀려네 　　魂夢先歸月下翾

　　　　　　　　　　　 － 이정의 시, 자는 공제　　　　　　　　　－ 李艇 字 公濟

112) 황정(黃庭) : 황정경의 약어, 신선이 되는 경문.
113) 화산(華山) : 신선이 사는 산이름.

농암 김창협과 놀고서 시를 지음 金農巖昌協來遊題詩

이어진 봉우리 수없이 하늘로 오르고	連峯無數上靑天
그 아래 창랑천 한줄기 흐르네	下有滄浪一道川
깎아낸 층층의 바위 신의 솜씨려니	削出層巖類神鬼
맺어진 푸른 빛 구름 안개 같네	結爲空翠似雲烟
소나무와 삼나무 모두 못 속 향해 드리우니	松杉盡向潭中瀉
해와 달도 아마 바위 위에 걸리리라	日月疑從石上懸
그늘진 비탈에는 학의 둥지 있다는데	見說陰崖有巢鶴
깊은 밤 꿈속에서 깃을 타고 신선되리	夜深應夢羽衣仙[114]

---

114) 우의선(羽衣仙) : 신선.

삼연 김창흡이 중씨의 시를 따라 지음
金三淵昌翕次仲氏韻

말 위에서 보고 보니 벽이 하늘에 닿은 듯	馬上看看壁到天
몇 길이나 되는지 시냇가에 눕고자 하네	幾尋長欲臥淸川
층층이 걸머진 모양 푸른 나무 괴어 놓은 듯	層層負勢排蒼木
은은하게 걸쳐진 무늬 붉은 연기 일어나네	隱隱橫紋起紫烟
다리 위에서 바라보니 천태처럼 황홀하고	怳惚天台橋上望
장중에 걸려 있어 무협인 듯하네	依俙巫峽障中懸
구름 밑 암반엔 술잔 가득 담긴 듯	雲根側畔尊罍滿
구루 남창115) 여러 신선 앉은 듯하네	句漏南昌坐列仙

---

115) **구루남창(句漏南昌)** : 구루는 신선이 산다는 마을 이름. 남창은 한나라 매복이라는 사람이 신선이 되어 하늘로 올라갔다고 하는데, 일찍이 그가 남창 현위를 지낸 데서 온 말.

용암시문蓉巖詩文

해제

　용암 정혁 선생은 순조 4년(1824)에 태어나, 고종 9년(1883)에 세상을 뜬 전라도 동복 고을의 처사이다.
　동복현 내서면 학여울 출신으로 학행과 덕망으로 고을의 촉망을 받았으나 끝내 출사하지 못한 채 한평생 초야에 묻혀 후생 교육과 학문에 정진하였다. 세도정치로 말미암아 매관매직이 극도로 성행했던 시대적 상황을 고려해 본다면 이름없는 시골 서생이 과거에 급제하기란 좀처럼 쉽지 않았을 것이다. 개나리봇짐을 등에 메고 여덟차례나 과거길에 올랐다고 한다. 자字는 명숙明叔, 호號는 용암蓉巖이며, 『용암시부선蓉巖詩賦選』, 『용암유복蓉巖遺馥』이 전한다.

즉경음卽景吟
- 정 혁丁 爀

이제야 비 개이고 바람 부니	而初晴除又風行
곳곳마다 봄기운 완연하구나	處處春心故故生
두어 송이 매화 피고 버들강아지 움트니	梅欲數花柳欲絮
은거한 뜻 다시 새롭게 맑아지누나	幽居意味更新淸

선생[116]께서 손자를 안게 되어 삼가 하례 드리며 시를 읊다謹奉賀函丈抱孫吟

석씨와 인아[117]한 날 태어나니	釋氏麟兒始是年
덕 있는 가문 이제 복전[118] 받게 되었네	德門自此福田傳
마침내 적선가에 경사 충만하니	終知積善餘休發
인간만사 저 하늘의 뜻에 있구나	萬事人間信彼天

---

116) 선생은 송정옥, 호는 용탄이며 진사(宋廷玉, 號 龍灘, 進士).
117) 인아(麟兒) : 남의 집 아들을 존칭하여 하는 말.
118) 복전(福田) : 부처에게 공양하면 복을 받게되으로 이를 복전이라 한다.

정혁이 십칠세에 승보시험에 합격했다는 소식을 듣고 기뻐 지어 주는 시 聞(丁爀十七歲)陞補[119]入格喜贈

– 용탄 송진사 龍灘 宋進士

금성의 백주 몇 잔 기울이고 나서	錦城白酒幾杯斟
붓 뽑아 드니 예봉에 의기 새롭네	筆抽銳鋒意氣吟
초장부터 백일장에 장원하니	始自一場勝白戰
응당 장차 세 발의 화살 정곡을 쏘리라	應將三箭射紅心
재능이 뛰어나도 호공[120]의 절의에는 미치지 못하니	循才終乏胡公節
맑은 정신으로 추성을 흠모하며 읊게나	不寐猶欽鄒聖吟
부지런히 힘써 일찍 공명 세우고	勉爾功名須及早
귀밑머리 희끗희끗해지길랑 기다리지 말게	莫敎霜雪鬢邊侵

---

119) 승보(陞補) : 조선시대 때의 과거 시험의 한 가지.
120) 호공(胡公) : 미상.

사부곡思婦曲
- 정 혁丁爀

지아비 정혁丁爀은 아내 이씨李氏의 영전에 아뢰노라.

아, 그대는 나를, 나는 그대를 의지하였는데, 이제 나를 두고 죽다니, 정말로 믿어지지 않네. 슬픔이 지나치다 보니 미쳐버리겠네.

나의 어머니 살아 계시고, 나의 누이동생 시집가지 않았고, 장질長姪은 아직 어려서 오로지 그대의 보살핌을 믿고 있으며, 나 또한 그대와 좋은 정이 다른 부부와 다르니, 그대와 나는 늙은 어머니를 받들고, 누이동생 시집보내고 어린 조카를 키워 며느리를 얻은 다음, 한 백 년 비둘기처럼 다정히 살다가 죽어서는 한 무덤에 묻히려고 하였는데, 여보, 이를 버리고 어디로 간단 말인가.

여기를 버리고 저곳으로 가니, 여기의 인연이 저곳보다 못하다는 말인가. 아니면 다정한 정이 여기보다 더한 곳이 있다는 것인가. 어째서 평일의 사랑과 깊은 정리를 흙덩이처럼, 풀잎처럼 버리고 가는가.

우리 어머니, 그대의 얼굴 어루만지다 기절하고, 우리 형수씨, 그대의 몸 어루만지며 슬피 울고, 우리 누이동생, 그대의 손을 붙들고 비통히 울고, 조카는 발을 구르며 흐느껴 울고, 그대의 동생 진국鎭國, 진필鎭弼은 불이 나게 달려와 울부짖으며 우는데, 그대는 이에 듣지도 않고 뻣뻣이 누워 일어나지 않으니 어째서 갑자기 이토록 무정한가.

아, 꿈인들 이럴 수 있는가. 어제 낮 누이동생과 웃으며 지껄이고, 어젯밤은 병세를 의논하였는데 오늘 저녁 쿵하고 쓰러진 뒤 찜질을 하여도 뜨거운 줄 모르고, 침을 놔도 아픔을 모르며, 잠깐 사이 일어나 나의 몸에 기대며 숨을 헐떡이고 눈물 흘리며 말하기를,

"세상의 일 모두 잊고 떠납니다. 당신과 다정히 살며 자식 없음을 서로 위로하였는데, 이제 내 먼저 떠납니다. 당신은 누구와 사실는지요. 잊지 못하고 떠나는 것은, 오직 당신뿐입니다. 그리고 한스럽게 어떤 약도 써보지 못하고 또 죽어서 입을 옷마저 정밀하게 만들지 못하여 나로 하여금 끝없는 한을 품은 채 떠납니다" 하였다.

하늘이여, 나에게는 자식이 없도록 하였는가 하면, 또 아내마저 없도록 하고, 그대에게는 출산할 수 없도록 하였는가 하면, 또 사는 세월마저 짧게 하였으니, 도대체 무엇 때문에 나에게는 죄벌이, 그대에게는 미움이 이토록 지독하단 말인가. 하루살이 이 세상 누구인들 죽음이 없으리요만 그대는 삶이 짧고 나는 아내가 없으니 인생으로서 외로움이 이보다 더할 수 있겠는가.

아, 그대여, 나의 슬픔을 아는가 모르는가. 그러나 삶과 죽음이 달라 이승과 저승이 서로 막혔으니, 나는 그대의 죽음을 알지만 그대는 나의 삶을 모르리라 생각되네.

아, 슬프도다. 죽은 뒤 정령이 없다면 까마득하게, 필시 예전의 정리와 오늘날의 일들을 모르겠지만, 생각건대 그대의 평소 나를 섬기는 마음은 항상 부족하게 여기었으며, 그리고 정신기운도 밝았으니 죽어서도 반드시 나의 슬픔 알고 있으리라. 그렇다면 어찌 나와의 정리를 정답게 풀어보지 않겠는가.

그대의 나이는 나보다 한 살 위였네. 천성이 깨끗하고 고요하였으며, 신중한 입은 과묵하여 물어야 대답하였네. 경자년, 처음 부부가 되어 효도로 시어버이를 섬기고, 무슨 일이든지 자의대로 하지 않고 문의를 드린 뒤 시행하였네. 지성으로 제사를 받들어 모든 제물을 반드시 손수 익혀 올렸네. 나 또한 그대에게 배워 어버이를 섬기는 법과 제사 받드는 도리를 이처럼 해야한다고 알았네. 그대의 성품은 본디 글을 좋아하여 항상 나의 늦잠을 깨웠으며, 또 부지런히 과정科程(과거준비)를 하도록 권하였네.

아무리 어려운 일을 당하더라도 공부에 지장이 될까 염려하여 조금도 민망한 빛을 보이지 않았네. 수고로운 일, 고통스런 일로부터 의복에 이르기까지 떨어진 치마 입는 것을 부끄러워하지 않고 좋은 천을 골라 옷을 만들어 나는 입히었네. 어떤 음식을 보든지 그대는 먹지 않고, 설령 맛이 변할 때까지라도 기어코 내가 맛보도록 하였네.

혹 술에 취해 밖에 누워 있으면 의관을 벗긴 다음 곁에서 지키다가 술이 깸을 기다려 반드시 죽을 끓여 주었네. 그리고 과거 보러 가는 날에는 깨끗이 목욕하고 밤에 정화수를 떠놓고 지성으로 북두칠성에 빌었으며, 떨어져서 돌아올 때는 따뜻하고 부드러운 말로 더욱 정진하도록 격려하였네.

무릇 이처럼 20년을 그러하였으니, 어찌 그대와 나는 처음 태어날 때부터 말없이 맺어진 천연天緣이 아니겠는가. 이를 미루어 다른 부부를 보건대, 더러는 10년을 채 지나지도 않아 죽기도 하고 이별도 하였으니, 우리의 부부생활을 그야말로 야박하다고만 할 수 없는데, 이제는 그만 끝이 나 버렸네.

그대는 평소 자식 없는 것을 한탄하여 설날이면 이웃 아이들의 아롱진 옷들을 보고 외롭게 되어가는 신세를 탄식하며 낮이면 시름으로 날을 보내고 밤이면 눈물로 베개를 적시었네. 산에 올라 사당에 빌었으나 끝내는 허사였으니, 슬프다. 우리 부부여. 전생에 무슨 잘못이 있었기에 이 세상에서 벌을 받는 것인가. 그대의 자식 없는 것이 나로 인한 것인지, 나의 자식 없는 것이 그대로 인한 것인지, 누구로 인해 일어난 것인지 알 수 없으니 그대여, 한탄하지 말게나. 장질이 있어 우리가 낳은 것과 다름이 없으니, 금이야 옥이야 하고 정을 쏟았으니.

요행히 이 뒤 설령 아들을 낳는다고 하더라도 반드시 조카를 그대의 뒤로 세울 것이니, 또 어찌 향불이 전해지지 않는다 한탄하랴. 그러나 그대의 성명性命은 자식이 없다는 것으로 남몰래 녹고 있는데 그런 쓰라림 속에서도 나에게 다른 아내를 맞이하라 권하였네.

하늘이여, 신인이여. 나의 아내가 무슨 죄를 지었기에 이처럼 지독한 벌을 주십니까. 회복할 수 없는 증세로 저녁녘에 갑자기 쓰러져 날이 새자마자 끝내는 세 마디의 고복皐復(죽은 사람의 혼을 부름)을 하고 말았으니.

하늘이여, 신인이여. 나의 아내가 무엇을 신인에게 저버렸기에 이처럼 지독하게 하십니까. 보잘 것 없는 아낙네들이 오래 살며 아들도 많고 보면 물욕도 없는 나의 아내는 두터운 복록을 받아야 할 것인데, 도리어 아들이 없는 한을 가진 채 38세로 죽어버려 나로 하여금 젊은 시절 남녀의 사랑을 가지지 못하도록 하였으니, 이는 아마, 우리 부부의 극진한 정리를 시기하여 의원에게 병명조차 모르게 하여 약을 써도 효험이 없도록 하는 것이 아니겠는가.

숨이 끊어진 몇 날 동안 그래도 회생하리라 바랐는데 이제는 시체를 한 관 속에 넣어버려 내가 소리쳐 불러도 그대는 듣지 못하게 되었으니, 이 세상에서는 영원히 그대를 볼 수 없게 되었으며 다른 날 또 어디서 그대와 만날 것인지도 모르겠으니 야속한 우주를 한탄할 뿐이네.

아, 슬프도다. 간간이 흉년을 만나 굶주림을 면치 못하다가, 요즘 수년에 집안의 형편이 조금 풀려 함께 살림살이를 하려고 마음 가졌는데 그대가 갑자기 떠나버리고, 지난해 중간에는 내가 공부하기 위해 함께 살지 못하였으며, 또 돌아다니며 아이들을 가르치기 위해 재미있게 지내지 못하였으니 말이 부부지 실은 손님과 같았네. 백년해로하자고 말만 하였을 뿐 하루도 다정히 정리를 가지지 못했는데, 어찌 오늘 죽은 그대를 부르며 울 줄 알았겠는가.

일찍 이럴 줄 알았더라면 아랫목에 앉아서 그대와 이야기하고 웃고 지낼 것인데 어찌 글방에나 떠돌며 희로애락, 질병과 고통을 서로 알지 못하고 지내려고만 했을까.

내 며칠 사이 미친 사람처럼 물끄러미 사립문을 대하면 그대가 물동이를 이고 들어오는 것처럼 보이고, 서글피 자리에 누우면 치마를 꿰매고 앉아 있는 것처럼 보이며, 눈을 감으면 그대의 생전 모습이 보이고, 귀를 기울이면 그대의 전날 밤 웃음소리가 들리는 듯하네. 또한 그대의 혼령을 꿈속에서 때로는 하루걸러, 때로는 밤마다 나타나 기뻐하며 성내고, 번뇌하며 시름함이 한결같이 평상시 집안에서 살던 모습 그대로였네. 그러나 얼굴은 평상시와 달리 어여뻐졌고 의복은 생시보다 아름답고 단정하였네.

　내 듣건대, 죽은 뒤 이와 같은 사람은 좋은 자리에 들어갔기 때문이라고 하는데, 내 꼭 그러한지 모르겠으니, 그대여 다시 나의 꿈에 나타나 알려주고 우리 어머니의 꿈에도 나타나 애통해 하시지 말도록 하게나. 나의 늙은 어머니는 오랜 병고에 시달리면서도 그대의 지극한 정성에 의지하여 삶을 지탱해 왔고, 그대가 차린 음식으로 대접받았는데, 어찌 오늘 나의 어머니가 도리어 제물을 마련하여 그대의 혼백을 부르게 될 줄 알았겠는가.

　그대의 평일 시어머니를 섬기는 성의에 대하여는 이웃 마을들이 모두 감탄하였는데 먼저 천리를 거스르고 떠나버리니, 그대의 시어머니 섬기는 성의는 오늘 손상이 있을는지 염려되네. 그리고 나의 아버지는 그대가 효성으로 받든지 얼마 안 되어 지난해丙午年 돌아가시니, 우리 모두 망극의 한을 가졌었네. 죽어서도 이치가 다르지 않다면 우리 아버지를 받들어 효성을 끝까지 다해야 그대의 불효의 오점을 씻을 것이네.

　맨 처음 그대의 무덤에 새 자리를 마련하여 뒷날 나와 함께 묻히려 하였는데, 사람들 모두가 말하기를 종부의 뼈는 선영에 붙여야 한다 하고 나도 생각해보니 옳은 일인 것 같아 선영의 옆에 붙였네. 그러니 그대의 뼈는 필시 선조들의 사랑과 보호를 받을 것임은 물론 선조들과 서로 함께 지낼 것이네. 그대의 영혼이 있다면 선조를 뵌 뒤 나의 자식 없는 일을 아뢰어 나의 뒷일로 인해 부처에 비는 일이 없도록 하고 우리의 가세를 돌보아 주어 실업이 되지 않도록 하며 음덕이 조카를 보호하여 아들과 손자가 많도록 한다면 그대의 복록 또한 번창하지 않겠는가.

하늘이 만일 그대에게 6~7년 만이라도 더 살 수 있게 하여 함께 조카 장가가는 것을 보고 한 그릇의 밥이라도 그의 아내에게서 받아먹었더라면 나의 한이 이처럼 얽히고설키겠는가. 그대가 쓰던 의복과 가재도구는 조카의 아내에게 물려주려고 생각하니 그가 탈 없이 자란다는 것은 그대가 지하에서 도운 것으로 알겠네.

아, 슬프다. 나의 찢어진 옷 그 누가, 나의 구멍 난 버선은 누가 꿰맬 것인가. 나의 때 묻은 옷은 누가 빨며, 나의 할아버지 제사는 누구와 받들고, 나의 아버지 제사는 누구와 곡을 할 것인가. 인생살이 유한有限하지만 맺힌 생각 끝이 없어 말을 다하지 못하겠으니 비처럼 눈물만 쏟아지네. 그렇지만 산 사람은 어떻게든 잔명을 누리게 되어 있다네.

첫 제사를 지낸 다음 사당에 모심은 물론, 인간에 있는 내가 제수도 제때에 올릴 것이니, 그대는 걱정하지 말게나. 인생은 길어야 백 년, 그 나머지는 육, 칠십 년에 지나지 않는데, 나의 나이 37세 되었으니, 인간에서 산다고 한들 얼마나 살겠는가. 눈 깜짝할 사이에 한 평생.

뒷날 저승에서 다시 이 세상의 부부인연을 이어, 도리어 아들 낳고 손자 두고 백 년을 함께 늙는 사랑이 있을 줄을 어찌 알겠는가. 나의 슬픈 성의를 담아 그대에게 한 잔을 권하는데, 그대여 드실런가. 아, 이제는 그만일세. 너무나 슬퍼 기절할 것 같네. 어서 드시게.

亡室孺人李氏之靈嗚呼君依於我我依於君君今捨我而亡耶吾眉未
信其亡豈其衰過而狂耶吾世在堂吾妹在傍松姓尙幼專恃絹育我姓
情好於君有異他夫婦之間則君當與我供奉吾老母嫁送吾幼妹食戒
見其致婦百年鳩居死則同穴君獨去此而何歸將未此而之彼則此生之緣
抑有薄於彼耶所親亦有重於此耶何乎日親愛之心宿昔之情奔之如土芥
心吾毋氏按面慟絶嫂氏按體悲獅弟妹牽衣哀實松姪頓足獅涕君之貧
鎭國鎭彌奔到獅哭君掩不聞僅卧而不起何其條忽無情至於此極耶
呼其薄耶昨日與妹言笑跂夜與我論証一自之夕矣聲顏臥矢不知其甦不
知其痛比至倉頃起怨我體息嗚涎言曰世上事事都忘去了與君鳩居相慰
無子戒今先逝君與誰居最難忘者惟君而已且恨其不曾用藥又反其歟

衣精縫使我抱無涯之慟天曷弄我旣使我無育而又從以無妻在我何獨偏罹如此旣使君無產而又從以短命有短命者或有無妻者人生煢獨旣加於我唱擧君乎我慟甚有知耶其無知耶猶悲生死殊路邈明相隔我知君之死而君不知我之死耶嗚呼痛哉無精靈則冥然冥然无不知前日之情今日之事而想君平日事我之心常恙未足然且精神迢邁則宛无有知我之慟旣有知也則豈不於此舒我情兮寧君之年長吾一歲天性貞靜愼口寡默有問則對於歲庚子同作夫婦事舅姑以孝意無自專無事无稟然後行之奉祭祀以誠沼頻澗藻无親

親而薦之余亦學君而稍知事親之方奉祀之道當如斯也性本好書常
以警余之晏起勸余之勤課雖當難事恐損做業一不示憫自庸勞苦至
於衣服不恥弊裳取精裁縫使掩我寒毎遇飮食不謀其口雖至味會
尤待吾嘗或乘醉露臥則解脫衣冠守傍待醒老進湯粥亦於科日述
浴敢瀝波井華至誠祈斗落莫而歸則婉言柔語激使勤做元如此者
二十一年于茲則非天緣嘿定於君我始生之初邪推現他今夫婦或不過十餘年
而有厄有別則我之契活可謂不淺嗚呼已矣君平日以無子爲恨毎逢新嘛見
隣兒之彩襮歐引世之無迹晝則愁以遣日夜則淚以連柢登山祈嗣終歸

君事哀我夫婦有何不善於前生而受罰於此耶也君之無嗣由我而然雖
我之無育由君而然耶未知由誰而然則君其莫恨焉松松在爾無異
已出金之玉之情旣湊當則事於日後我雖有育必以松松立君之後又
何恨乎奇火之無傳並而君之性命暗黶於無子苦痛之中猶勸其薪
憂而不已耶天乎鬼乎我之室人何所負於天而酷罰之至此也症難回陽
自夕至曙頡頏長臥復聲三嘩天乎鬼乎我之室人何所負於鬼而延禍如是
之毒也悠悠嫠婦人遞壽而多子我之室人與物無競豆度厚祿者
而反抱無子之恨又扼三十八年之浮生使我不得永棊縭之樂抑亦造物

者有情於吾夫婦極嬌之情而使醫不見著欲卽絕
穀日榴望復甦今回軆已戟于一未我哭君不聞君叩我不聞此世永與君
相溝也他日又未何卜其相從則長恨宇宙之空潤而已鳴呼痛哉問値餘
荒未免顧顧近至數年家力稍紓誓共理產邊至厭弃丑於中年奔
走翰墨不相居痂周流訓蒙不相嬌笑雖名夫婦宗同賓主但謂百
年偕老未嘗一日欵曲堂知今年今日之獅哭也早知如此拋卻文字歸于
農夫採拾薪楚溫燠房室與子言笑堂肯旅遊於翰墨之塲而喜
怒哀樂疾病若不相知也耶吾徒穀日來如狂如癡悠悵對齋如見戟

盆而人愀然臥床如見縫裳而坐闔眼則見前日之容止側耳則聞昔夜之笑語尋常視魄又與夢相接或間日或連夜如喜如怒如惱如愁一如平昔居家之狀而形貌則異於平昔而渥潤永棠則勝於生時而端潔會聞厄後如是者謂八吉地胜而吾未敢決寫則君更人我之夢而相告也莫八吾毋之夢重吾毋之痛擗也吾老毋病閒尋與君相依常賴世吉之善供堂知今日世反設祭以招君魂耶苐念君之平日事姑之誠陰里咸歎令先遵理而玄堊君事姑之誠得無損於今日耶且念我之皇考君其孝奉未久於歲丙午共抱周楚之恨尤有相從之理則奉吾先君

之杖屨廢晨昏之不廢君之不孝之疏其可免也耶君之遠宅初欲占得新山以爲合窆之謀人皆謂宗婦之骨宜附先塋故吾思之亦有理焉於先塋之間附君之骨及蒙先祖之愛護又得與先祖相近也君其有知得謁先祖告以我之無子使我後事俾不供佛願我家勢俾不失業陰護松兒使之多子多孫則君之後禄豈不昌歟嗚呼天若假君六七年之命共見松兒之取婦雖一盂飯得食於松婦之手則我之恨豈如是窃料耶君之所用服餙器物以遺松婦爲料而松兒無病而長則知君之撫恤於寅寅之中矣嗚呼裳䘳我之弊常其誰補之我之弊襪其誰縫之

縗垤衣其誰辦之奉吾祖靈與奉之哭吾考靈誰與哭之浮生有限懷抱無涯言之不得淎淚如雨苐初忌將祔于廟且我在人間頎設時苐君其無憂也嗚呼今生上壽者百年其餘不過六七十年吾年今三十七其在人間又幾何春秋如黃粱未熟一世悠悠安知後日更續此世上夫婦反見有子有孫其享偕老之樂如舍我哀誠勸君一爵君其享之否嗚呼已矣長慟欲絶尚 饗

지암시芝庵詩

해제

　정만용丁萬鎔(1881. 8. 14 ~ 1952. 9. 11) 선생의 자字는 종서宗瑞요, 호가 지암芝庵인데 저자가 소싯적 글을 배웠던 스승이시다. 첫 닭이 울면 자리에서 일어나 좌정하신 채로 글을 암송하시곤 했는데 어린 나이에도 그 낭랑한 음성이 어찌나 좋았던지. 지금도 가끔 귓전에서 맴돌 때가 있다. 이제와서야 안 일이지만『대학大學』을 매우 좋아하셨던 것 같다. 일어나거라! 하실 때까지 기다렸다가 정신을 가다듬고 글을 읽곤 하였다. 선생께서는 인물이 출중하신데다 천품 또한 비범하셔서 아무나 쉽게 범접하지 못하였다. 초야에 묻혀 한평생 학처럼 고운 삶을 사신 분이다. '적벽시사赤壁詩社'의 좌장이셨다.

지신제 드리는 날 田神祭日[121]

지신제 드리는 날 맞이하여　　　　　　　田神祭日正當頭
여러 농가 함께 모여 여가를 즐긴다네　　共得農家作暇遊
석 잔 술 올리고 밝게 축문 읽어 고하니　酒進三盃昭告祝
바라옵건대 풍년들어 나라에 근심 없게 하소서　願言大有國無愁

다시 읊음 又

잠자리 떼 석양에 날고　　　　　　　　　蜻蜓成陣弄西陽
불볕더위 강산에 절로 서늘한 바람 이네　流火江山自起凉
복숭아 자두 꽃 피고 봄바람 불던 때 어제 같은데　桃李春風如昨日
연못에 가랑비 내리고 국화 싹이 자랐네　蓮塘細雨鞠苗長

---

121) 지신제 드리는 날 : 시제는 필자가 임의로 붙임.

적벽음사 시고

적벽 십 리 길 신선 내려오니　　　　　赤壁十里降仙東
손잡고 옷깃 나란히 시모임 함께하네　　携手連衿社事同
황국 단풍 제때 만났건만　　　　　　　黃菊丹楓今歲月
창백한 얼굴에 백발이 성성하네　　　　蒼顔白髮老年風
저 멀리 안개 자욱한 너머로 강가 모래밭 아득하고　蒼茫烟渚千重外
흰 구름 피어올라 산은 겹겹이 펼쳐 있네　　高下雲山萬疊重
이윽고 석양빛 반사되어 정자 앞에 이르니　　已而返照亭前在
백일홍 물 위에 거꾸로 비치는구나　　百日紅花倒水紅

또 읊기를

녹죽 한 칸에 소나무 한 칸	一間綠竹一間松
길이 봄빛 띠며 석양에 푸른 자태 뽐내네	長帶春光晚翠容
나 오직 벗 생각하며 오늘 찾아왔건만	我惟懷友來今日
객은 또 나를 따라 몇 봉우리 지나왔던가	客亦從余過幾峰
해는 삼추에 이르러 오동잎 지는데	歲聿三秋梧葉落
온 들녘에 비 적시며 벼 꽃 무르익네	雨霑四野稻花濃
남아 평생 뜻 얻지 못하였으니	平生不得男兒志
모름지기 두메산골에 묻혀 씨 뿌리고 가꾸리라	寧入深山務稼農

지암 원운 芝庵原韻

궁벽한 지세 산 깊어 빼꼼히 보이는 하늘　　　　地僻山深闢洞天
사립문 앞 지초 우거지고 백운 연해 있네　　　　紫芝門巷白雲連
강선대 붉은 벽 다래 넝쿨 사이로 달빛 스며들고　　降仙坮上淸蘿月
환학정 녹음방초 푸르고 푸르네　　　　　　　　喚鶴亭前綠草煙
사업은 언제나 근검 따라 얻어지나니　　　　　　事業常從勤儉得
오직 부질없이 헛된 이름 전해질까 두려울 뿐　　　姓名惟恐浪虛傳
일생 뜻한 바 이루지 못하고　　　　　　　　　一生未遂如心事
헛되이 육십하고 또 아홉 해를 늙어가네　　　　　虛老六旬有九年

다시 읊음 又

온화하고 선량한 천성 다시 어디서 구하랴　　溫良天性更何求
말년 초가집 지으니 주변이 그윽하네　　　　晚結茅廬境域幽
처마 끝엔 맑은 기운 청산은 빼어나　　　　　簷端淑氣靑山秀
난간 밖 맑은 경치 푸른 물 따라 흐르네　　　楹外淸光碧水流
항상 시비 두려워하며 말조심하고　　　　　　常恐是非能守口
신중히 근검하며 헛되이 놀지 않네　　　　　謹從謹儉不虛遊
이 같은 풍진 세상 가슴속 환히 열려 있으니　如此風塵胸海闊
넓은 파도 위에 빈 배 띄운들 무엇이 방해되랴　洪濤何妨泛虛舟

다시 읊음 又

누각 끝에 한 줄기 맑은 시냇물 흐르니	一帶淸川高閣軒
어질게 터 닦고 덕문을 삼았네	仁爲基址德爲門
떳떳한 마음으로 처세하며 산처럼 묵연하고	恒心處世山猶默
학업은 연못에 물 차오르듯 논하는구나	學業盈科水如論
고요한 밤 달빛은 매화나무에 그윽하고	夜色月來梅老屋
빗소리 바람에 실려 대밭에서 높아지네	雨聲風送竹多園
멀리 떨어져 있어 정담 나눌 기회 적었으니	地隔疎籬談話少
아득히 밀려오는 그리움 가슴에 사무치는구나	悠悠相思滿心存

다시 읊음 又

취암의 말년 사람들과 청화 좋아하더니	醉菴晩趣使人歌
맑은 물 청산 속에 그 자미 어떠한가	白水靑山滋味何
잠시 술사발 들고 꽃나무 곁에 서며	俄傾白酒傍花立
다시 버드나무길 따라 시를 짓네	更賦新詩隨柳過
늦가을 정취에 그윽한데 길가에 국화 피고	幽情種菊三秋逕
맑은 흥 돋으며 십 리 물결 위에 배를 띄우네	淸興縱舟十里波
속세의 영예와 욕된 일 생각하니	言念世間榮辱事
그대 가문의 청복 말년에 많아졌네	君家淸福晩來多

다시 읊음 又

숲길 걷고 걸어 학정으로 돌아오니	步步穿林回鶴亭
물가 소나무, 그윽한 대숲 앞뜰을 감쌌네	澗松幽竹護門庭
부용봉엔 아직 구름 떠 있고	芙蓉岩上雲猶宿
적벽강 위 뜬 달은 정자를 비추는구나	赤壁江頭月有亭
뜬세상 일일랑 가슴에만 두고	去來世事處心在
인심 덧없음을 얼마간 깨달았지	多少人心一夢醒
풍진세상일랑 생각 밖의 일	海內風塵念外事
안개 속에서도 방초는 눈앞에 푸르구나	烟連芳草眼前靑

다시 읊음又

강선대 위 구름은 얼마나 많이 거쳐 갔던가 　　　　降仙帶上幾多雲
흰 돌과 맑은 여울, 지세를 나누었네 　　　　　　白石淸灘地勢分
버들가지 늘어진 물가엔 갈매기 날고 　　　　　　冪羅柳汀鷗穩夢
굽이굽이 모래언덕엔 기러기 무리 이루네 　　　　濃淡沙岸鴈成群
알고 보니 바른 인품 물 위에 비친 달이요 　　　　聊識雅標今水月
전해 받은 유업은 옛 시문이라네 　　　　　　　　傳來遺業古詩文
시 한 수, 술 한 잔, 이제 낙이 되니 　　　　　　一詠一觴今寓樂
어찌 해외에 세상 분분함을 걱정하랴 　　　　　　何憂海外世紛紛

봉산원운

산 남쪽에 집 있고 물은 동으로 흐르는데	山南家在水東流
안개 노을 아롱진 곳 세상 걱정 날려버리네	割據煙霞遣世愁
밤이 오니 푸른 다래 넝쿨 사이로 달빛 밝고	夜來郎郎碧蘿月
궁벽한 마을 담백한 계곡에 가을 이슬 내리네	洞僻溪淡玉露秋
전원에 돌아와 마음 둘 곳 생각하며 새 정사 지어	歸園留志新精舍
끝없는 학문의 바다에 작은 배 매어 두었네	學海無涯係小舟
속세 밖 봉래산과 영주 멀지 않음 알기에	方外蓬瀛知不遠
표연히 원대한 생각으로 높은 누에 오르네	飄然遐想上高樓

성담원운

뜻 세워 수신하며 굳게 성 지키니 　　　　志立身修固守誠
시원한 당우에 사방 이웃도 깨끗하네 　　浩然堂宇四隣淸
시 이루니 천축의 수레가 능히 뜻을 전하는 듯 　詩成千軸能言志
석 잔 술에 이르니 안온하게 정이 퍼지네 　酒到三盃穩敍情
부모는 사랑하고 자식 효도함은 큰 인륜이요 　父慈子孝彝倫大
형 우애하고 아우 공손함은 밝은 의리라네 　兄友弟恭義理明
인간의 복 구함은 어려운 일 아니니 　　　人間求福非難事
천심 바꾸지 않는다면 저절로 태평하다네 　不改天心自太平

다시 읊음 又

그대 마음 돌처럼 단단하고 굳거늘	介石君心固且堅
어느 날 여와[122]씨 천성의 성품 부여하였던가	女媧何日補天先
농아처럼 세상일 잊고	如啞如聾忘世界
은금 보화 멀리하고 자연과 어울려 지내네	非金非玉傍林泉
맑고 밝은 정신 물에 씻은 듯하고	白白精神磨雨後
암암하게 높은 기상 깎아지른 산을 대한 듯하네	岩岩氣像截山前
일생 늙지 않고 예전 그대로	一生不老依舊在
여러 해 닦은 맑은 취미 물처럼 묘연했으면	淸趣多年水渺然

---

[122] 여와(女媧) : 중국 상고시대의 신인.

중춘에 느낀 소감 仲春有感

남은 추위 다가지 않았건만 또 중춘 맞이하니   不盡餘寒又仲春
천연의 조화 온 누리에 펼쳐 있네   天然造化敷鄕隣
봄바람은 단비 불러오니   東風吹雨如膏澤
만물은 대지에서 싹을 머금고 서로 어울리네   物物含處每相親

재종숙 지암이 지은 시에 삼가 차운하다
謹次芝庵再從叔韻
- 봉산 정일섭

영지 무성한 별천지에	燁燁靈芝別有天
초가집 새로 지으니 객의 지팡이 이어지네	茅廬新建客筇連
연못에 입감 던지니 고기는 빗소리로 듣고	連塘投餌魚聽雨
돌 다기에 차 끓이니 학은 연기를 피해가네	石竈煎茶鶴避烟
책상 위엔 금서琴書 가득 즐겁고	案上琴書堪可樂
혜란 마주하며 함께 나누네	檻前蘭蕙其相傳
석인[123]이 편액 걸고 학업 닦던 곳에 가	碩人扁額藏修地
맑고 깨끗한 기품 길이 이어지리	淸標芬芳不記年

봉산서실 주인 정일섭이 환학에 둥지를 튼 1939년 부터 1961년 사이에 적벽시사赤壁詩社를 창설하였는데 회원들은 모두 18명이었다. 봉산은 강학하는 틈틈이 글 좋아하는 분들을 초청하여 한시漢詩 공부도 하고 돌아가면서 운을 부르며 짓기도 했는데 나이 순서로 순번을 정하였다. 지암 정만용丁萬容, 수암 정병석丁炳錫, 입헌 정태중丁泰重, 봉산 정일섭丁日燮, 죽계 송태봉宋泰鳳, 죽헌 송태구宋泰龜 등 한문학에 조예가 있는 분들이었다.

---

123) 석인(碩人) : 높고 큰 덕이 있는 사람.

봉산시문蓬山詩文

해제

정일섭丁日燮(1898. 5. 29 ~ 1970. 8. 1)은 저자의 삼종숙三從叔이시다. 전라도 동복현 학탄에서 태어나 가학家學으로 경전經傳을 두루 섭렵하였으며 나라가 망하자 글 공부를 작파하고 광주로 나와 지금의 계림동에 삼기당석판인쇄소三奇堂石版印刷所를 차렸다. 조선옷 입고 갓 쓰고 출판업을 시작한 것은 이분이 최초라고 알려져 있다. 당시 석판 인쇄는 붓글씨를 쓰지 못하면 할 수 없는 일이었는데 봉산의 글씨는 강의방정剛毅方正한 서풍書風으로 이미 널리 소문이 나 있었다. 그래서 명문가들이 족보나 문집을 들고 와 문전성시를 이뤘는데 다른 한편으로는 민족말살과 창씨개명을 획책한 일제의 매서운 눈초리와 끊임없이 마주쳐야 했다. 출판에 종사하는 틈틈이 『호남청금세보湖南靑襟世譜』 간행을 위해 동지들을 모아 '강의계講誼契'를 결성, 활동하기도 하였다. 문집이나 족보를 간행하는 일은 단순한 돈벌이 차원이 아닌 민족문화를 수호하려는 굳센 의지의 표현으로 보아야 할 것이다.

1939년 일제가 마지막 발악을 하면서 전 세계가 전쟁의 소용돌이에 휩싸이자 '삼기당'도 문을 닫지 않을 수 없어 봉산은 짐을 싸들고 부득이 고향으로 피난을 하였다. 적벽 옛 환학정 터에 집을 짓고 '봉산서실'이라 편액하였다. 이후의 사실은 「봉산서실기」와 「봉산자자전」에 그 내용이 기록되어 있다. 그러나 또다시 6·25 난리를 겪고는 담양 창평으로 거처를 옮겨 그곳에서 생을 마감한다. 봉산蓬山시문의 대부분은 '봉산서실' 시기와 창평에서 쓴 작품들이다.

서석산 유람 瑞石遊覽

사방을 둘러보아도 보이는 건 하늘뿐　　　　縱目徘徊但見天
다시 명년에 유람하고자 약속하였네　　　　重遊約束又明年
서걱거리는 억새 높이 떠 흐르는 구름　　　　芝歌暗聽浮雲外
짚신 신고 서석대 언저리로 기어올랐네　　　草屨路攀瑞石邊
기꺼이 잔 잡고 서로 마시기를 권하며　　　　好把羽觴爭勸飮
행여 노루라도 만날까 두리번거리네　　　　相尋鹿友更留連
더덕더덕 이끼 낀 바위엔 푸른 달팽이들　　　苔紋積置靑螺殼
마치 금강경 설법을 듣는 듯하구나　　　　聞說金剛似或然

　나는 일찍이 광주에서 삼기당 석판 인쇄소를 경영했었다. 그리고 능주 오음리 최성현崔珹玹이 『호남청금세보』를 인출할 생각을 갖고 여러 번 방문했었다. 그리고 호남 각 군의 유사들과 더불어 강의계講誼契를 설립하니 계원은 27명이었다. 처음 계명을 삼구계三九契라 한 까닭은 3월 9일 날 계를 치르려 함이었다. 신사년 계원들과 기타 여럿이 모어 서석산에 올라 즐거운 하루를 보냈다.
　餘在光州時曾營三奇堂石版印刷所而凌州午陰里崔珹玹以湖南靑襟世譜刊行之意累度相訪而與湖南各郡有司設講誼契契員二十七人而名三九契以三月九日修　之意也而歲辛巳與契員其他諸　益卜日登臨以娛一日因記其事

섣달 그믐날 除夕

해 바뀌어 또 한 해 오니 머리엔 백설이 성성　　　歲去年來雪滿頭
깊은 충정 옥황상제께 호소하고 싶구나　　　　　　衷情欲訴玉京樓
만약 이 밤을 머물게 할 수 있다면　　　　　　　　若合此夜旋留得
어찌 인간이 백발의 센머리를 걱정하랴　　　　　　豈有人間白髮愁

계미년에 시끄러운 세상을 피해 고향 산중으로 돌아왔다. 수년간 머무르고 있던 차에 하루는 제자들이 나와 함께 제석除夕운자로 시 짓기를 청함으로 애써 한 수를 지어 이날의 밤을 즐겼다.

歲癸未避世擾而因還故山而逕邊數年一日諸訪益偕余問爲除戊子戲故强吟一首以歡是日之夕

설날 아침 元旦 (1949년)

새해 아침 서로 만나 덕담 건네니	納新消息始今朝
경영하는 일 이루는 것 머지않으리	營事謀成計不遙
애오라지 연중의 재앙과 복 생각하며	聊識年中災與福
마을길 거니는데 아이들 노랫소리 들려오네	徘徊街路聞童謠

대보름날 밤 元宵

한 가닥 석경 소리 달빛은 누리를 비추고	一聲石磬月千村
폭죽과 연등 행렬 옛 자취를 전하네	爆竹燃燈傳古痕
어찌하면 사람의 귀먹게 하는 술을 얻어	安得人間聾世酒
시대의 근심 산문[124]에 이르지 못하게 할꼬	莫將時擾到山門

---

124) 산문(山門) : 산의 어귀.

이른 봄에 느낀 소감 初春有感

봄비 내려 산빛은 티끌 하나 없고　　　　　經雨山光淨不塵
강가 매화, 언덕 위 실버들 눈이 새롭네　　江梅岸柳眼前新
적벽의 시인들 무리 이뤄 노래하니　　　　詩盟赤壁吟成社
향산의 아홉 늙은이보다 뛰어나네　　　　猶勝香山九老人

중춘 仲春

화창한 날 봄은 저절로 와　　　　　風和日暖自春春
문우들 함께 어울리네　　　　　　　酒友詩豪共接隣
새들도 흥겨운 뜻을 아는지　　　　　禽鳥亦知遊興意
숲 속 깊은 데서 재잘거리네　　　　　林園深處每相親

춘우 春雨

이월 동풍 불고 만산에 봄비 내려 　　　　　東風二月雨千山
촉촉이 젖은 뭇 생명들 반짝 햇살에도 가볍네 　浴惠群生偷日閒
안개와 구름 걷혀 꽃 피고 새들 노래하는데 　　霧霽雲收花鳥樂
이내 심사는 부질없기만 하구나 　　　　　　　空然心思此人間

저물어가는 봄 暮春

산새는 다정히 나를 향해 날고 　　谷鳥多情向我飛
복사꽃 그림자 춘광을 감추네 　　桃花影裏弆春暉
봄 맞은 만물이 이와 같건만 　　方春萬物皆如此
포의 신세, 가소롭기만 하구나 　　可笑人間一布衣

봄을 전송하며 餞春

동군[125]은 이제 떠나면 언제 다시 오려나   東君今去復何時
춘풍 버들가지에 매달아 두고 싶네   欲繫春風細柳枝
등불 잡고 꽃잎 주우며 석별 아쉬워   秉燭拾紅猶惜別
일부러 술잔 들고 더디 보내려 하네   故將盞酒送遲遲

꽃그늘 芳陰

회화나무 실버들 좋은 그늘 이루고   軟槐暖柳好成陰
비 온 뒤 맑은 경치 흥취 새로워   雨後淸光興味新
적벽 기슭 한 편 꽃나무 속에서   赤岸別區芳樹裏
둘러앉아 길고 짧게 시를 읊네   頭頭團坐短長吟

---

125) 동군(東君) : 봄의 신.

방초芳草

꽃은 피고 지고 방초는 푸르러   花事奄過草文芳
연한 새싹 점점 파릇파릇 자라나네   軟芽纖細漸首長
십 리 길 긴 둑에 초록빛은 아득해   長場十里如烟綠
멀리 왕손[126] 생각하다 석양에 이르렀네   遙憶王孫到夕陽

꾀꼬리 소리를 듣고 聞鶯

재치 있게 우는 소리 속세를 벗어나고   巧滑囀聲逈出塵
신선의 피리 소리인가 마음 새뜻하네   如聞仙笛意淸新
은근히 나를 녹음으로 불러들이는데   殷勤要我綠陰裏
말술 들고 그 소리 따라가는 자 몇이던고   斗酒聽從幾許人

---

126) 왕손(王孫) : 귀공자.

유두 流頭

농부는 유두 닥친지도 모르고   農夫忙未及流頭
강물에 발 씻으며 해가 지도록 즐긴다네   洗足滄江盡日遊
이맘때면 농신에 제상 차려 액을 물리치니   禳享農神由此節
마땅히 풍년 들 것인데 무얼 걱정하는가   應知歲熟那關愁

피서 避暑

늦더위 기승부리는 가을 문턱에   老炎猶酷立秋天
강가에서 더위 식히고 돌샘에서 씻는다네   滌暑江于又石泉
동이 술로 노는 건 취하려 함이 아니라네   樽酒娛遊非取醉
몸 가득 서늘한 기운 느끼려 함이지   滿身淸爽覺飄然

이른 가을 早秋

서늘한 기운 단풍 숲에 가득하니	崢嶸秋氣滿楓林
병든 몸 깨어난 듯 흥이 깊구나	病骨如蘇興轉深
쓸쓸한 베짱이는 바람결에 쓰륵쓰륵	促織虫聲風颼颼
무정한 백발은 내 마음을 흔드네	無情白髮動吾心

기축년 섣달 그믐날 己丑除夕

쉰두 해 보내고 또 봄을 맞이하니	五二光陰又一春
백발 쓸쓸이 거울 속에 새롭네	蕭蕭白髮鏡中新
해가 오고 가는 것 어찌 꼼꼼히 따지랴	年來年去何須問
설 술 서로 권하며 세월을 잊네	椒酒忘年勸勸人

기축년 1949년 7월에 적벽시사를 창립하고 문사들 초대하여 지은 시吟社小酌(己丑七月創赤壁吟社置酒招韻)

해동에서 늦게나마 우리들 문원 노닐게 되었으니	文苑吾遊晩海東
속세 잊고 뜻과 생각 한가지로 모아보네	忘塵取趣意思同
술잔엔 달이 가득, 모두 취해 흥에 겹고	興來共醉盈樽月
한가로운 자리엔 실바람 불어와 더욱 정겹네	開坐甘醒吹面風
안개 자욱한 저편에 창안백발 모이니	蒼顔白髮雲烟外
녹수綠水와 단애[127]가 비단처럼 수놓은 곳이라오	綠水丹崖錦繡中
그 가운데 속절없이 늙은이 하는 일 무엇인고	空老此間何所事
석양 붉게 물들 때 은근히 시를 쓴다네	殷勤題句多陽紅

---

127) 단애(丹崖) : 붉은 절벽.

이어서 읊은 시 續吟

대장부 기개는 푸른 솔과 같아	丈夫氣節似蒼松
곧은 마음 지키며 옛 모습 보전하네	固守貞心保舊容
하계의 비린 바람 골짜기마다 불어와도	下界腥羶風萬壑
높이 뜬 맑은 달은 일천 봉우리 비추네	上方皎潔月千峯
담론의 예봉 얽혔는데 어찌 시 짓기를 재촉하랴	談鋒繞發詩何促
거문고 소리 답하기 전 술 또한 진해지네	琴調未酬酒又濃
전원에 가을 들면 쓸쓸한 느낌 가득해도	秋入田園多感愴
평생 도道를 근심할 뿐 농사 걱정은 하지 않았네	平生憂道不憂農

추석달 仲秋月

이슬 내리고 하늘 개니 온 누리엔 가을빛	露淡天晴萬里秋
달빛도 물과 함께 저절로 흐르네	月萃如水自同流
산하는 마치 은하수를 이룬 것 같고	山河彷佛成銀界
촌락은 아롱져서 옥루의 환영인 듯	村落依俙幻玉樓
향기로운 술동이에 달빛 비치니 마음껏 드시게	光照芳樽須縱酒
걸상에 앉아 그림자와 시 읊으면 마음도 고요해	影生吟榻坐無愁
연중에 맑은 경치 이 밤 따라 좋구나	一年淸景今宵多
잠귀신일랑 베갯머리에 오지 말거라	莫使睡魔到枕頭

수암守菴의 원운에 차운하다 次守庵韻

암자에 수守자로 편액하였으니 또 무엇을 구하랴 扁菴以守更何求
티끌 없이 맑은 경치 깊고도 고요하구나 淸景無塵且閒幽
백장 단애는 구름 위에 꽂혀 있고 百丈丹崖雲外揷
천 굽이 쪽빛 물은 난간 앞을 흐르네 千回碧水檻前流
아버지는 밭 갈고 아들은 글 읽으며 가업 전하고 父耕兒讀傳家業
주인은 노래하고 손님은 답하며 함께 노니네 主唱賓酬供社遊
단아한 의표는 속세를 벗어났으니 端雅儀表俱超俗
표연히 달빛 싣고 한 척의 배를 띄우네 飄然載月一孤舟

죽포의 원운에 차운하다 次竹圃韻

산 좋고 물 맑은 곳에 포전 가꾼 지 몇 해던고　　名區浴圃問何年
대나무 심어 그늘 이루니 섬돌에 가득하구려　　種竹成陰滿砌前
봄바람에 죽순 돋아나니 세월이 한가롭고　　筍拂春風閒日月
가랑비에 나무 심으니 산천이 의연하네　　根栽徊雨古山川
곧은 마음은 추운 겨울 지키는 삼우[128]와 같고　　貞心守歲松三逕
높은 지조는 서리 이기는 국화와 같네　　高節凌霜菊一邊
현자처럼 텅 빈 마음으로 세상을 바라보니　　應用虛心賢者似
짙푸른 수풀 한층 무성하게 느껴지네　　蒼蒼叢色尙蔚然

---

128) 삼우(三友) : 세한삼우(歲寒三友)로 추운 겨울의 세 벗이라는 뜻으로 매화, 대나무, 소나무를 말함.

취죽의 원운에 차운하다 次醉竹韻

영웅호걸 편책[129]으로 휘두르는 대나무　　揚鞭便竹竹雄豪
오월 십삼일에 언덕배기에 심었네　　五月旬三醉倚皐
돌 자리에 찬 기운 일어나 그림자는 거꾸로 트여　　石榻凉生踈影倒
차가운 밤바람 이니 서걱대는 소리 높네　　寒宵風動葉聲高
시의 정감 문득 떠올라 아름다운 달 읊으니　　詩情便發吟羅月
세상의 시름 홀연 사라져 국화주를 마시네　　世慮頓忘飮菊醪
좋은 땅에 옮겨 심는다면 마침내 현달함 있으리니　　移植光山終有遠
창창한 벗들 그리는 마음 꿈에서도 애쓴다네　　蒼蒼雲樹夢思勞

---

129) 편책 : 말채찍. 말을 모는 데에 쓰는 나무 회초리.

취암醉菴의 원운에 차운하다 次醉庵韻

기꺼이 잔 기울이며 긴 노래로	欣傾大白發長歌
짐짓 미친 듯 묻나니 그대 지금 어떠한가	借問伴狂近若何
말술 아껴 잔술 마시며	斗酒猶悔盃酒歠
노년에 몇 번이나 소년처럼 보냈던가	老年幾笑少年遇
황국과 푸른 솔 섬돌에 따로 심고	黃菊蒼松栽別砌
쪽배에 작은 노 저어 창파에서 낚시한다네	片舟短棹釣滄波
취자로 문미에 편액 걸었으니 모름지기 취함에 이르거든	醉以扁楣須盡醉
수많은 속세의 시름일랑 다시 잊어버리게나	渾然便忘世塵多

학정의 원운에 차운하다 次鶴汀韻

적벽의 서쪽 벽수정	赤岸之西碧水亭
학 길러 정원에서 길들이네	仙人養鶴擾園庭
한가한 낮이면 섬돌 위에서 이끼 쪼며	晝閒石砌苔邊啄
고요한 밤이면 숲 속 언덕 달빛 아래 정자에 머문다네	夜靜林皐月下停
호쾌한 기상 소동파처럼 취하고	豪氣曾同蘇子醉
초췌한 모습 굴원처럼 깨어 있네	悴容幾似屈原醒
학정이란 두 글자로 편액 하니 청백하구나	扁楣二字猶淸白
어여쁜 겨울 소나무 홀로 푸르름과 같네	可愛寒松獨保靑

탄운의 원운에 차운하다 次灘雲韻

예년에 벗을 사귀었으니 바로 탄운이라	昔年交友是灘雲
기상과 취미 원래 함께 펼쳤네	氣味元來不可分
귓가에 찰랑대는 물소리 세속을 멀리하였고	聒耳奔流遙俗態
무심히 산봉우리에선 뭇 신선과 어울렸네	無心出岫伴仙群
술동이 두고 즐기면 도연명, 유종원이 함께 취한 듯	樽前歌舞陶劉醉
좌상에서 강론하면 당송의 문장이었네	座上講論唐宋文
심신이 정결하여 두 가지 아름다움 이루었으니	身潔心閒成二美
세상일에 분분하게 매이지 마시라	莫將世事付紛紛

농은의 원운에 차운하다 次農隱韻

일찍이 경륜 안고 농사에 힘쓰며　　　　　　　早抱經綸務本農
끝까지 마음 바꾸지 않고 옛 모습 지키네　　　終然不改舊時容
새벽이면 삽 메고 서쪽 논이랑에 나가고　　　侵晨荷鋪行西壟
비 오면 청려장 짚고 낮은 산봉우리 오르네　　帶雨携黎度小峰
뜬구름 같은 세상 공명을 멀리하고　　　　　　浮世功名雲外視
고향 사는 재미에 흠뻑 젖네　　　　　　　　　恬鄕夢想醉中濃
해질 무렵 소죽솥에 불을 지피고　　　　　　　飼牛燧突黃昏近
어스름 창 높은 자리에 누우니 겨울 두렵지 않아　高臥幽窓不怕冬

봉산의 원운에 차운하다 蓬山原韻

학문과 무예 이루지 못하고 세월만 가니	書劍蹉跎歲月流
신선 찾아 내 근심 벗으려 하네	枉尋仙侶遣吾愁
꿈속에 방장산 백운산 신선계를 노닐고	夢遊方丈白雲界
나뭇잎 붉게 물든 가을 금강산을 오른다네	足踏金剛紅葉秋
노년 잊고 호미로 약초를 심고	忘老荷鋤栽藥草
한가한 틈 타 낚시하러 쪽배에 오르네	乘閒理釣上魚舟
황정경 다 읽어도 찾아오는 이 없으니	黃庭讀罷無人會
서풍 쏘이며 홀로 환학루[130]에 오르네	獨倚西風喚鶴樓

---

130) 환학루(喚鶴樓) : 진주 월아산에 있는 누각.

성당의 원운에 차운하다 次誠堂韻

한평생 몸 닦고 바르게 함은 성誠에서 말미암고
더욱 독실하게 할 일 선조 받들며 청결에 힘쓰네
천륜 밝히는 화수회의 즐거움 편안히 펴며
대대로 전해 온 덕과 고금의 정리 돌이켜 본다네
시서詩書로 자녀 가르치니 본보기 이어지고
언제나 공손함과 검소함 지녀 의리를 밝힌다네
이 일념을 오로지 함에 다함 없나니
인간 만사 즐거운 태평성대로다

一生修正摠由誠
愈篤奉先務潔淸
穩叙天倫花樹樂
回思世德古今情
詩書敎子規模在
恭儉持身義理明
在玆一念純無已
萬事人間樂太平

소석의 원운에 차운하다 次小石韻

임금을 사랑하는 의지 아직도 단단해	愛君意志尙牢堅
3대를 이어 온 선조의 일 계승하고 있네	三世傳來是述先
효성은 응당 정할 수 없는 그릇이지만	孝思應當無用器
학문의 과업은 이제부터 원천을 거슬러가리	學科自是溯源泉
사철 기이하게 서 있는 소나무와 매화 줄기	四時怪立松梅逕
억겁 세월 흐른다 해도 어찌 눈바람에 닳아지리요	百㤼何磨雨雪前
지혜로운 행동 두루 원만하여 끝내 변함없고	智行方圓終不渝
우뚝 솟은 바위기둥처럼 홀로 즐거워한다네	屹然砥柱獨欣然

죽계의 원운에 차운하다 次竹溪韻

호수 위엔 푸른 산, 초가 아랜 시내	湖上靑山屋下溪
낚싯대 둘러메고 옹성산[131] 강변으로 나서네	一竿秀出鐵甕西
길고 정정한 대나무 삼동 지나도 변함없고	脩脩貞色三冬後
바삐 가는 물결은 십 리나 흐른다네	活活流波十里堤
청려장 짚고 정처 없이 떠돌다 쉬면	浪跡藜笻能去住
무심히 나는 새는 오르락내리락	無心飛鳥自高低
주인의 맑은 취미 어찌 물을까	主人淸趣何須問
수죽 사이에 좋은 터 잡았네	水竹中間好卜棲

---

131) 옹성산 : 화순 동복에 있음.

송오의 원운에 차운하다 次松塢韻

늠름하게 구부러진 한 그루 소나무　　　　凜然盤屈一株松
맑은 정원에서 몇 번의 겨울 겪었을까　　　滿灑園庭度幾冬
때때로 바람 불어와 만학을 흔들고　　　　時送風聲鳴萬壑
석양에는 구름 그림자 천봉을 이룬다네　　暮和雲影作千峰
세 줄기 정답게 짝을 이루고 바라보며　　　愛情三逕聊同伴
사시사철 높은 절개 바꾸지 않네　　　　　高節四時不改容
훌륭한 선조의 덕 그 은택 있으니　　　　　紹述祖先餘蔭在
그대는 이 가운데 청복이 참 많구나　　　　多君淸福山中濃

야은의 원운에 차운하다 次野隱韻

진경 찾아 걷고 걸어 그대 사는 곳 찾아오니　　尋眞步步訪君居
대나무 울타리에 초가집 짓고 사네　　竹以爲籬草以廬
산에서 나무하고 돌아와 부모님 봉양하고　　山採歸來能養志
구름 아래 밭 갈다 한가하면 책 보는구려　　雲耕休暇且看書
붉은 노을 푸른 산봉우리와 항상 즐겁고　　丹霞靑嶂聊常樂
명월과 청풍은 취하여도 넉넉히 남아 있네　　明月淸風取有餘
말 빌려 묻노니 그곳에서 무슨 일 하려는가　　借問斯間何所事
푸르고 거친 들에서 마음대로 자약하고 싶구려　　荒原綠野任其如

죽헌의 원운에 차운하다 次竹軒韻

일생 안온하게 천진함을 지키려	一生安穩守天眞
특별히 그윽한 서실 지으니 분위기 새롭네	特立幽軒境且新
사시의 눈비에도 변하지 않고	雨雪四時無變色
억겁의 풍상에도 어느 때나 봄이구나	風霜百劫記長春
조양의 단혈에 살던 봉황 열매를 구하니	朝陽丹穴鳳求實
언제나 치천에서 용으로 환신하려나	何日稚川龍幻身
참으로 사랑스럽구려 그대는 끝내 속되지 않고	可愛此君終不俗
단아한 인품에 대나무처럼 곧으니	端雅也竹固貞人

송천의 원운에 차운하다 次松泉韻

높은 절개 정정하여 세한에도 지키니 亭亭高節保寒天
어루만지며 서성인 지 몇 해이던가 手撫盤植度幾年
맑은 물은 마치 근원으로 거슬러 오르는 듯 鏡水猶澄源必溯
소나무 유독 아끼며 대대로 전해 蒼髥偏愛世相傳
가지에 드리운 푸른 잎들 처마 끝에 닿아 있고 枝垂靑塵當簷外
화음 이룬 거문고 소리 베갯머리에 들려오네 韻奏和琴報枕邊
동량의 재목 됨을 어찌 족히 말하랴 棟樑生材何足道
그대의 비친 뜻과 마음 샘물처럼 깨끗하네 照人心志潔如泉

팔봉을 장난삼아 읊다 戱吟八蓬

수업 받던 당년에 봉자를 내려 주니	受業當年錫以蓬
명명함은 세간의 봉자가 아니었네	命名不是世間蓬
봉새 구만리 길 떠날 때 비웃던 뱁새의 봉이라오	鵬程自笑鷦鷯蓬
거친 파도 헤쳐 간 지 얼마 만에 서시[132] 찾던 봉래인가	鰐浪幾多徐市蓬
원숭이와 학 인연 멀지만 마음은 봉내로 가고 싶어	猿鶴緣疎心欲蓬
고기 잡고 나무하니 겉모습 흐트러져 쑥대머리 같네	漁樵跡散首如蓬
쑥대자리에서 밥 먹고 쑥대 문안에 처하니	蓬而爲飯處而蓬
눈앞의 삼산[133]이 모두 나의 봉래산이라네	眼下三山盡我蓬

---

132) 서시(徐市) : 진시황제 때 황제의 명의로 동남동녀 3천 명과 보물을 실은 배를 타고 동해의 신선이 산다는 섬에 가서 불로장생의 약초를 구해 오도록 명한 사람. 약초를 구하지 못하자 일본으로 건너갔다는 설이 있음.
133) 삼산(三山) : 신화 속에 나오는 신선이 산다는 산. 봉래 방장 영주의 세 산. 우리의 금강산, 지리산, 한라산을 신비롭게 일컫는 말이기도 하다.

김농암金農巖이 적벽을 읊은 원운에 차운하다
次金農岩詠赤壁韻

천 길 병풍바위 하늘 높이 솟았는데	千尺巖屛直上天
어느 해에 우임금은 도끼로 산천을 가른 것인가	何年禹斧定山川
붉은 절벽 신이 그린 그림 같고	染丹石壁類神畵
가득한 단풍 숲은 자줏빛 연기에 싸여 있구나	滿幅楓林鎖紫烟
등나무 붙잡고 오르기 힘든 곳 수리부엉이 깃들고	攀藤難躋鵂鶹棲
몸 기울여 내다보니 해와 별이 달려 있네	側身可見日星懸
남주에 빼어난 경치 이만한 곳 없어	南州勝景無如此
이곳에 머무니 나 또한 신선이구나	領略當時我亦仙

삼가 창랑정[134]의 원운에 차운하다 謹次滄浪亭韻

맑고 흐린 세간의 창랑에 살면서	自任淸濁滄浪上
일편단심 해를 보듯 성군을 사모했네	向日丹心慕聖君
그때 한강[135]과 함께 서로 추선하며	時與寒岡上推善
속세의 시끄러움 연한문[136]에 이르지 않게 했네	囂塵不到宴開門

삼가 적송[137] 선조께서 병자년에 의병을 일으킨 원운에 차운하다 謹次赤松先祖丙子倡義韻

뜨거운 정혼 백세로 이어져	烈烈精靈竹百世
그 당당한 의기 천추에 늠름하네	堂堂義氣凜千秋
화친 맺은 당시의 일 말하기 부끄러운데	媾成恥道當時事
망미정[138] 높이 솟아 있고 배 안엔 달빛만 가득	望美高樓月滿舟

---

134) 창랑정(滄浪亭) : 화순 창랑리 적벽에 정암수(丁巖壽)가 1592년 임진란 때 고경명과 함께 의병을 일으켰으나 금산에서 고경명이 순국하자 고향으로 돌아와 정자를 짓고 지냈다.
135) 한강(寒岡) : 조선 중종 1543~1620년 때의 사람, 퇴계의 제자였다. 당시 동복 현감을 지냈다.
136) 연한문(宴開門) : 은자가 사는 곳으로 여기서는 창랑정을 말함.
137) 적송(赤松) : 정암수의 손자로 정지준(丁之儁)이다. 1636년 병자호란 때 의병을 일으켰다.
138) 망미정(望美亭) : 적송 정지준이 지은 정자.

1962년 가을 적벽 환학정에서 창평으로 이거하여 고광태, 주낙현과 사귀면서 때로 수창하였다 이 시는 계묘년 4월에 지은 시다癸卯四月與高澹隱光兌朱慕庵洛炫各言其志壬寅秋來寓昌平共二友每日相從

서로 활 쏘듯 견주는 마음 뜨거우나	相與將箭射心紅
글 짧고 속 비었으니 어찌하랴	其奈文淺膽肚空
문장과 시는 이미 따를 수 없으니	書詞已矣無可追
무릎 위에 거문고나 올려놓고 타고 싶구나	欲彈膝上五絃桐

우연히 읊음偶吟

심신 정리하고자 하나 사정 여의치 않고	欲整身心事不通
쓸데없이 시구만 청풍에 부치네	漫將詩語付淸風
자연의 뜻에 이렇게 만족하니	林泉趣旨如斯足
어찌 반드시 학문만 고집하겠는가	何必强求學問中

다시 지음 又

월봉산 아래 수많은 봉우리   月峯山下數多峰
동량의 소나무 몇 주나 생산하였는고   産出幾株棟樑松
그 옛날 인재 이와 견줄 수 없으니   往古人材無此類
조석으로 만나 반기는 것을 어찌 말리겠는가   何妨朝暮善相逢

다시 지음 又

한 굽이 맑은 시내 마을을 감싸 도니   淸溪一曲抱村回
긴 여름 강촌에 흥취 적지 않구나   長夏江村興不衰
아침이면 묵화로 희롱하며 서신 전하고   朝弄墨花傳信去
해 저물면 한가한 틈 타 바둑을 둔다네   暮圍碁子偸開來

세상을 한탄하며 歎世吟

동방에 서방의 언어 널리 퍼지니 　　　　　東西鴂舌徹蒼天
누가 구린내 나는 이 더러움 씻어줄꼬 　　誰掃腥塵洗大川
의리와 윤리 한꺼번에 무너져 버렸으니 　　義理倫常都敗絕
오로지 유가의 도를 갈망할 뿐이네 　　　　渴望吾道復東年

우연히 읊음 偶吟

봉산으로 편액 거니 신선의 의미 크도다 　扁以蓬山仙味大
망령되이 유학 어기고 거짓 진경 찾았구나 　妄違儒學誤尋眞
장년에 생계를 다스리지 못해 　　　　　　壯年不治生產業
물러난 늙은이 느지감치 자연에 드네 　　　晚作林泉退老身

초가을에 느낀 소감 初秋有感

한여름 저녁 비 가벼운 먼지 적시더니	暑天暮雨浥輕塵
문발에 서늘한 기운 들어 한결 상쾌하구나	簾箔涼生日樂眞
백곡이 풍년이라 더욱 기쁜데	百穀登年尤可喜
누군가 격양가[139]를 부르는구나	不知誰是擊壤人

우연히 씀 偶題

나라 안 옛 의관 쓴 사람들	三千里內衣冠古
오백 년 예의범절 지켜왔다네	五百年間禮義垂
세상은 변하여 윤리는 사라졌는데	桑海一飜倫理斁
해를 붙잡아 국운 돌이키는 일 어찌 이리 더딘가	扶陽回運何太遲

---

139) 격양가(擊壤歌) : 옛날 중국 요 임금 때 늙은 농부가 땅을 치면서 천하가 태평한 것을 노래한 데서 온 말로 태평세월을 즐기는 노래를 말함.

다시 씀 又

맛있는 술 빚어 시 짓는 자리 처음인데	初逢酒爛題詩筵
어느덧 해는 지고 매미 소리 들려오네	分手蟬吟日暮時
갖가지 맑은 정취가 이와 같으니	諸般淸趣如斯是
세상 피해 숨은 일 알아주지 않는다 어찌 탓하랴	遁世何嫌不見知

근심 發憫

혹은 조용히 앉았다 문밖 나가기도 하며	或坐靜堂或出門
다만 타고난 바탕 지키며 양성에 힘쓴다네	只爲養性守天眞
한가하면 낚싯대 들고 명월을 낚고	閒來携竿釣明月
흥 무르익으면 호미 들고 구름 아래 김을 맨다네	興爛荷鋤構白雲
화려한 세상일랑 무심히 지나치고	無心華麗看無見
의롭지 않은 소리는 귀에 담지 않는다네	不義音聲聽不聞
이제 부평초 인생 되었으니 어찌 할까	今作浮萍何處是
심사 어지러워 홀로 가슴 태우네	志思難定自紛紛

용주의 교외를 조망하며 龍洲郊外眺望

명양의 형세 처음 살펴보니　　　　　　　鳴陽形勢始看檢
푸른 산 스치고 들판은 펼쳐 있구나　　　一抹靑山大野開
맑은 가을 방죽 위로 백로는 날고　　　　白鷺翔翔秋水堰
가을 매미는 숲 속에서 울어대누나　　　涼蟬喧噪綠陰隈
새로이 시 쓰려 하나 자주 붓 내던지고　欲寫新詩頻却筆
옛 벗 그리워 일부러 잔을 내려놓네　　　未逢故友故停盃
명월과 청풍은 또한 좋으니　　　　　　　又兼明月淸風好
마른 몸이라고 시원한 곳 오르기를 자재하겠는가　瘦骨爽塏不自裁

취한 뒤에 읊다 醉吟

좋은 벗과 마신 술 한껏 취하니　　　　　親朋謀酒酒醺酣
푸른 하늘 물 같고 물은 쪽빛 같네　　　碧天如水水如藍
술 깬 후 황망히 대국하니　　　　　　　醒後頓然戲一局
위엄 떨치며 북쪽을 치는 것은 남을 도모하려 함이네　眞威改北意圖南

달뜨는 밤에 벗이 찾아옴 月夜朋到

초당은 적적하여 더욱 쓸쓸한데	草堂寂寂甚蕭索
때마침 달빛 동반해 벗이 찾아왔네	際是月光伴友來
고금을 얘기하다 작별하고 나니	說話古今仍辭去
벽 틈으로 귀뚜라미 소리만 들리는구나	只聞蟋蟀壁間吟

당시의 정객들을 조롱하는 시 嘲當路

너희 정당의 정객들에게 묻노니	問爾政黨思治客
나랏일 하면서 삿된 욕심 부려서는 안 되는 것 아는가	知耶爲國不爲私
이번 선거 여느 때와 다르니	除玆選擧非常日
공명정대하고 시기 놓치지 말아야 할 것이다	正大公明莫失時

우연히 읊음 偶吟

옛 마을 삼천三川에 큰 지름길 나 있고	洞古三川大逕開
마을 모습 모두 큰 누대라네	村形盡是巨樓垊
때로 청려장 짚고 밭두둑 거닐고	時携藜杖行畦畔
한가하면 좋은 벗과 이끼 낀 바위에 앉아 담론하네	閒伴良朋坐石苔
아침 비 그치니 정신이 상쾌하고	心神清爽朝經雨
생각 근엄하여 밤에 천둥소리 듣는 듯하네	思慮謹嚴夜聞雷
이곳에 와 하는 일 모두 꿈속인 양	到此所爲都夢裏
비 온 뒤 화창한 바람, 달빛 맑아 마음 가볍네	光風霽月入懷來

다시 읊음 又

시 짓는 어려움 백 척 누대를 오름과 같아	詩難如上百尺樓
시 못 이루고 근심에 젖누나	詩不成兮使我愁
술에는 재능 있으나 시는 옹졸하니	於酒惟能吟韻拙
장부 나이 일흔 살 세월이 부끄럽구나	愧夫歲月七旬秋

다시 읊음又

대숲 깊은 곳 별천지라	竹林深處別天開
맑고 깨끗하여 속기 볼 수 없네	灑落軒牕不見埃
석양에 지는 해 내일 다시 오듯	夕照復期明日去
오늘 아침 친한 벗 올까 은근히 기다려지네	今朝欣待故人來
담박한 술에 청아한 생활은 오직 나의 바람	澹酒淸閒惟我欲
부호와 권력은 언제나 불 꺼진 재라네	富豪權力摠同灰
평생을 무슨 일로 즐기려는가	平生所樂緣何事
금동이의 술 누대의 달빛 가득함이라오	酒滿金樽月滿坮

중추仲秋

잘 여물어 고개 숙인 벼 이삭들 　　　　漸看禾穗秀垂皐
바람에 나부끼는 모습 파도와 같네 　　　風動浪如飜海濤
가을비 뿌리니 금빛 나루 넘쳐나고 　　　雨灑秋天金沇溢
먼 산굴 구름 걷히니 산머리엔 달빛 　　　雲收遠岫月峰高
언행 돌아보지 않으면 참된 선비 아니며 　行不顧言非實士
학문 이루지 못하면 이는 빈 배라오 　　　學無所就是虛舟
이 두어 마디 말을 일찍이 살피지 않으면 　惟玆數語未曾省
무슨 말로 소자들을 경계시키랴 　　　　　何以談論戒少曹

시국을 한탄하며 歎時

민생은 도탄에 빠졌는데 　　　　　　時政于今有九塗
저적금 제 앞가림하느라 분주하구나 　各傾心力自奔趨
서로 칭찬하고 비방하며 난분분 다투니 　競爲翻舌相譽訕
가소로운 가운데 벙어리 냉가슴이네 　可笑中間一啞夫

다시 읊음 又

당시의 효열부에 대해 물어보니	借問當時孝烈孃
흠앙코자 선발하여 표창하였다네	欽仰選立褒揚場
부모 봉양 극진하고 남편 예우로 대하며	養親誠極待夫禮
안팎으로 집안 다스리느라 일에 파묻혀 살았네	內外齊家百事忙

우연히 읊음 偶吟

이미 예순여섯의 세월 보냈는데	已經六十六年春
다행히 좋은 이웃과 함께 즐거움 나눴네	幸接芳隣共樂眞
그윽한 난초 골짜기에 있어도 향기 감출 수 없고	幽蘭在谷難藏馥
깨끗한 옥은 진흙 속에 던져도 때 묻지 않네	白玉沒泥不染塵
시축에서 항상 장단 구절의 시 읊고	題軸常吟長短句
흉금을 논할 때는 다만 두세 사람뿐이라네	論襟只有兩三人
유유한 맑은 취미 지팡이 짚고 가는데	悠然淸趣聯筇去
들사람 복장에 갈건 썼구나	野服裝身着葛巾

다시 읊음 又

집안 잘 다스리고 나라 태평하게 함은 늘 있는 일	家齊國泰原常理
어찌 내 자신의 안락만 바라겠는가	安望自身享太平
남북 하나 되는 것 보기 어렵고	統合難看南北線
서로에게 상처 주는 일 월나라와 진나라보다 더 심하네	毀傷尤甚越秦情
요즈음 풍토병 감당할 수 없으니	際此不堪嵐瘴毒
어느 때나 영명한 지도자 만나게 될지	何時更得聖君明
다만 조국강산 평화롭기 바랄 뿐	第待江山安定後
담대하고 참된 일꾼 어디 있을까	有誰氣岸最崢嶸

다시 읊음 又

고기는 살찌고 오곡백과 익어가는 날	魚肥稻熟栗黃日
서늘한 바람 밝은 달 호시절이네	正値風淸月白時
옛 벗 그리워 꿈에 보이는 듯	舊友戀情來枕夢
석양의 매미 소리 시흥을 돋는구나	斜陽蟬噪到吟詩
이즈음 나의 즐거움 한결 더하니	際此吾生欣快樂
어찌 송옥의 슬픈 가을 시 지으랴	如何宋玉賦秋悲
지난 일 돌이켜 보면 하나도 얻지 못했으니	追思已往俱無得
차라리 출가하여 부처님께 염불함만 못하겠구나	不若入山念大慈

다시 읊음又

나보다 서너 살 위인 고명한 친구와	高明長我四三年
앞서거니 뒤서거니 담론 펴지 못해 한스럽네	趨逐談論恨未前
맑은 시정 밝은 달에 머무르고	詩魄澄淸凝皓月
그리운 우정 간절히 가슴에 젖어드네	友情懸戀照丹田
청탁을 묻지 않고 함께 즐겼으나	無論淸濁人皆醉
공명 탐하지 않는 그대 유독 어질구려	不貪榮名子獨賢
단지 평담하고 좋은 날 기다리는데	第待平安天霽日
우리들의 바람 누가 이룰지 염려된다오	吾曹行藏有誰傳

꾀꼬리 소리를 듣고 聞鸎

만물은 철 따라 하늘의 질서 지키고	隨時萬物守天分
황조는 높이 날아 구름 속에서 노니는구나	黃鳥飛飛弄景雲
쌍쌍이 나는 꾀꼬리 보기 좋아라	兩兩投梭眞可觀
삼삼오오 술 들고 와서 서로 즐기네	三三載酒喜相雲
정오와 맑은 날 새벽이면 벗 불러	正午晴晨能喚友
푸른 숲 속에 모여 오순도순	密林綠樹好成群
맑은 시 읊는 소리 크지 않게 하오	莫使淸音多轉送
전장에 남편 보낸 여인 장탄식하나니	征婦長歎別離君

제비 鷰

지난 구월에 하직하고 소식 멀더니	秋九謝飛信息遙
삼월 삼짇날 때맞추어 돌아왔구나	暮春三月定還期
장대 위에 쉬며 곱게 몸단장하고	休身竿竹姸粧美
처마 밑에 어지러이 춤추며 축하의 말 많기도 하다	亂舞簷前賀語饒
동구 지나며 수두룩한 제비집 보건대	看過閭里許多屋
몇 번이나 강남 다리 건넜을까	幾渡江南數萬橋
쌍쌍이 나는 제비 진흙 물어 새집 짓고	舍土成巢双小鳥
새끼 먹잇감 잡으러 아침마다 허공을 누비는구나	養雛逐蝶課朝朝

두견새 杜鵑

촉나라 임금의 원통한 넋 오래 풀지 못해	蜀帝㝠魂久未陳
두견은 푸른 봄 지나감을 아쉬워하네	化爲冤鳥弔靑春
고국의 정 깊어 목메어 우는 소리 끓어오르고	情深故國聲尤咽
타향에서 애간장 태우는 한 더욱 새롭구나	腸斷他鄕恨益新
네 감당하기 어려운 고독한 그림자 가엽거늘	憐爾難堪孤隻影
어찌 나그네에게 울부짖음 보내오느냐	胡爲啼送旅羇人
봄바람 부는 명월의 계절 이제 지났으니	東風明月今過序
절규하며 울지 말고 좋은 날 보내거라	莫使叫呼度吉辰

낚시 釣魚

손에 낚싯대 들고 석루로 내려가니	手把長竿下石坮
두세 사람 좋은 벗 나를 따라 나서네	兩三好友趁吾來
아득히 넓은 청강엔 고기 뛰어 놀고	淸江渺渺游魚活
방초는 의연히 별경을 펼치네	芳草依依別景開
한가하면 선술 찾아 긴 여름 보내고	閒尋仙術消長夏
금빛 비늘 고기 낚아 술과 바꾸네	釣出金鱗換酒盃
다만 시름 삭일뿐 고기잡이는 아니라네	只要消愁不要物
흰 갈매기와 함께 달 밝은 밤 돌아오누나	白鷗同伴月明迴

백로白鷺

큰 날개로 훨훨 날아 여울 가에 내려앉은	巨翮翩翩下淺洲
의연한 백학 깊고 그윽한 곳에서 나왔네	依如白鶴出深幽
긴 목으로 고기 엿보며 한가한 세월 보내고	長頸窺魚閒歲月
깨끗한 몸에 백구와 짝하여 풍류를 즐기는구나	潔身伴鷗好風流
삼한140)의 호수와 바다 두루 구경하고	看盡三韓湖海岸
높이 날아 대륙의 땅 악양루141)로 간다네	高飛大陸岳陽樓
속기를 벗어남 너만 한 이 없으니	超塵標格無如爾
어느 때나 소요하며 함께 놀아볼꼬	何日逍遙共伴遊

---

140) 삼한(三韓) : 상고 시대에 우리나라 남쪽에 있었던 마한, 진한 ,변한의 세 나라를 총칭함. 여기서는 우리나라를 말함.
141) 악양루(岳陽樓) : 중국 호남성 악주성에 있는 성루(城樓).

석류꽃 榴花

사물의 이치 자세히 살피다 시간 가는 줄 모르니	靜看物理坐忘機
온갖 푸른 숲에 한 떨기 붉은 꽃 정작 미묘하다	萬綠一紅正妙微
꽃 사이에서 술 생각에 마음 먼저 취하고	花間謀酒心先醉
그늘 아래 시 읊으니 흥이 절로 나는구나	陰下吟詩興欲飛
하늘에서 화기 내려 더위 더욱 더하나	空吹火氣添薰暑
멀리서 전해 온 향기 나의 옷에 스며드네	遠播浮香襲我衣
철따라 고운 향기 뭇 꽃과 다른데	隨序姸芬常卉異
꽃향기 이제부터 모두 사라지겠구나	芳菲從此盡辭歸

모내기 移秋

넓은 들판 사방으로 열려 있는데	茫茫平野四連開
집집마다 총총히 서로 오고 가네	處處怱忙互揭來
모 찌고 타래 묶어 앞들로 나르고	拔取稚苗南郭運
모 타래 나누어 뒷들에 심네	移分井植北郊回
고단함 잊으려 해학 풀어 웃고	强陳戲謔因行樂
노동요 부르며 생선회 안주 삼아 술 마신다네	歌詠鱣鯵又含盃
굽혔다 허리 폈다 옆 걸음질로 겨우 일 마치니	屈伸蟹步纔完役
돌아오는 길엔 피곤함도 잊고 석루石樓에서 쉬어가네	歸路忘疲憩石坮

논에 물을 댐 灌漑

모내기 겨우 마치고 뒤늦게 물고 살피며　　　　　纔了移秧看水晚
조석으로 물 대다 잠깐 누에 오른다　　　　　　　早朝灌漑暫登樓
논 두둑마다 다니며 새어 나간 물구멍 막느라　　　行過阡陌流孔塞
위아래 배미 논 쏘다니니 흥미 썩 깊어지네　　　　下上畎畝逸興悠
물 마르랴 애달파 검은 구름 속 비 기원하고　　　　惜乾祈雨冥雲裏
푸른 버들 하천 막아 보를 쌓는다네　　　　　　　築洑防川碧柳洲
온종일 방초 언덕 맴돌다가　　　　　　　　　　　盡日徘徊芳草岸
귀갓길 석양 노을 수심에 젖게 하네　　　　　　　歸來夕照使人愁

버드나무 楊柳

매화와 함께 이른 봄 맞으면　　　　　　伴梅共得早春時
혹 강 언덕에 심거나 울타리로 삼네　　　或植江堤成植籬
명승지 찾아 시 읊으며 벗과 즐기다가　　探景咏觴同友樂
헤어질 때 꺾어 주며 시름에 젖기도　　　臨離折贈使人愁
실버들 자라 푸른 숲 이루었는데　　　　嫩綠成陰林密密
꾀꼬리 지저귀고 하루해는 더디 가네　　黃鸝嗻巧日遲遲
만록의 수양버들 참으로 사랑스러우나　重陽萬綠眞堪愛
쇠락하고 번창할 때 제각기 있다네　　　凋落繁暢各有期

송백松柏

꼿꼿한 절개 홍진을 벗어나니	亭亭高節超紅塵
그늘 아래 동자에게 물어 은자 찾아 담론하네	陰下問童訪隱論
진晉나라는 처사의 진정한 뜻 말하고	晋云處士眞貞意
진秦나라는 대부에 봉하고 작위를 내렸지	秦封大夫縻爵人
솔바람 소리 시시때때 만학을 울리고	風籟時時鳴萬壑
바다의 파도 곳곳에서 천 갈래로 솟구치네	海濤處處湧千隣
소나무 푸른 가지 늠름하고	靑鬚蒼髥威凜凜
온몸의 무늬는 마치 용 비늘과 같다오	全身文彩幻龍鱗

세도를 슬퍼하며 憫世道

가는 곳마다 남아는 관을 벗었고	男兒處處免冠帽
수많은 부녀자들 비단옷 입었네	婦女濟濟着綺羅
의회는 분주하나 하는 일 적고	議會奔忙庸務少
한일협정을 비난하는 말 무성하구나	日韓協定謗論多
화폐를 교환한다니 장탄식이요	換率交行長太息
백성들은 식량 떨어져 배고파 울부짖네	國民絶糧唱飢歌
조령모개 누가 능히 믿겠는가만	暮朝改令誰能臣
정치꾼들 오고 가는 말굴레 소리만 요란하네	政客往來動玉珂

난파의 운에 차운하다 次蘭坡韻

집 뒤 푸른 물가엔 모래톱　　　　　　　屋上靑跛屋畔洲
덕 높은 어떤 인물이 난을 심었나　　　　有何碩德植蘭留
섬돌 가에 어린잎 많이도 번성하여　　　階邊稚葉多繁茂
앉은 자리에 맑은 향 멀리 날아오네　　座上淸香遠播浮
혜초와 지초에 비하여도 손색없고　　　蕙芝相對無遜色
문방사우와 견주어도 밀리지 않네　　　四友共看不讓頭
고풍 좋아하는 주인옹 덕까지 갖추었나니　好古主翁兼以德
잔 들고 시 읊으며 벗 불러 세월 보내네　　咏觴招友送春秋

담은 고광태의 원운에 차운하다 次澹德高光兌韻

간재[142]옹에게 사사하여 참된 도리 배웠으니　　師事艮翁聞道眞
옛 고을 삼천동에 이 선비 계셨네　　　　　　　三川古洞有斯人
어두운 거리 촛불 밝히니 누가 막으랴　　　　　昏衢秉燭誰能禦
차가운 골짜기 푸른 솔 홀로 봄을 둘렀네　　　　寒谷蒼松獨帶春
귀밑머리 우스워라 천 가닥 머리카락　　　　　　鬢毛可笑千莖髮
마음 넓다한들 어찌 한 점 티끌 용납하랴　　　　昏海那容一點塵
욕심 없이 담담히 분수 밖 일은 구하지 않으며　　恬澹不求分外事
꽃 피는 아침 달 뜨는 밤이면 심신 수양할 뿐이네　花朝月夕養心神

---

142) 간재(艮齋) : 전우(田愚) 1841~1922년 조선후기의 학자 노론파 학자들의 학통을 이어받았다.

모암 주락현의 원운에 차운하다 次朱慕庵洛炫韻

모암의 집은 소천의 동쪽	慕庵家在素川東
주자서 강습 자제들과 함께하네	講習朱書子弟同
백옥 같은 정신 깊은 이치 잘 탐색하고	白玉精神能探賾
빛나는 풍모와 아량에 궁리 잘 통달했네	光風雅量善窮通
곧은 지조 푸른 솔 한겨울에 더 푸르고	貞志蒼松歲寒後
솔숲 우거진 산속엔 맑은 자태 백학이라	淸儀白鶴碧山中
주옹께서 편액 한 뜻 무슨 취지인가	主翁扁額緣何趣
회옹[143]의 맑은 풍모 간절히 우러름이라네	誠切晦翁百世風

---

143) 회옹(晦翁) : 주자를 가리킨다. 중국(中國) 남송(南宋)의 철학자(哲學者). 송(宋)나라 때에 시작(始作)된 新儒學(신유학)인 宋學(송학)의 대성자이며, 그 최고(最高)의 권위자(權威者). 자는 원회(元晦) 또는 중회(仲晦). 호는 회암(晦菴)이다.

다시 지음 又

의관과 문물 우리나라에서 융성하였는데 　　衣冠文物盛吾東
중국을 본받기는 노소가 함께했네 　　模襲中朝老少同
공자의 경전을 널리 전하여 　　老聖經傳千載後
주자가 그 원기, 일심으로 통달했네 　　紫陽元氣一心通
타성바지인들 성복[144]의 마음 없으랴 　　外姓誰無誠服意
후손들 족보 가운데 절실한 감동 넘치는구나 　　裔孫感切譜編中
모 자로 문미에 편액 거니 참으로 사랑스러워 　　慕以扁楣眞可愛
부디 자자손손 유풍 잊지 마소서 　　孜孜不忘百世風

---

144) 성복(誠服) : 심열성복(心悅誠服)의 준말. 충심으로 기뻐하며 성심을 다해 순종함.

운해 고재봉의 원운에 차운하다 次高雲海在鳳韻

가을 벌레 봄날의 새 철따라 우는데	秋蟲春鳥代時鳴
어찌 일생을 하는 일 없이 보내랴	焉有無爲度一生
망복[145]의 굳은 마음 금석인 양 단단하고	罔僕堅心金且石
선조의 유훈 이어 글 읽고 밭 갈았네	紹先遺訓讀而耕
가슴 가득 풍운의 뜻 아직 펴지 못하였으니	胸滿風雲猶未售
상전벽해[146]의 세상 어디에 이름 남기겠는가	世翻桑海那留名
능한 문장 통달한 이치 누가 그대와 같을까	能文達理誰如子
용하고 행함이 모두 알맞음을 얻었도다	用舍行藏盡稱衡

---

145) 망복(罔僕) : 전조(前朝)에 굴복하지 않고 두 임금을 섬기지 않으며 지조를 지킨 신하. 예 : 사육신 등.
146) 상전벽해(桑田碧海) : 세상이 변해 뽕나무 밭이 푸른 바다가 되었다는 뜻으로 세상이 몰라 볼 정도로 변함.

삼인산의 유희 遊三人山

삼인산 아래서 노니는데	行到三人山下遊
담양의 맑은 정기 이곳에 다 모였네	潭州淑氣盡斯頭
뭇 뫼 합장하고 높은 산 곁으로 모이고	衆巒拱聚收邊屹
먼 강물 들판 가르며 하류에 모였네	遠水橫朝塞下流
웅장한 형세 참으로 사랑스러워	壯雄局勢眞堪愛
넓은 눈앞 정경 짝할 곳이 없구나	廣濶主案世莫儔
이곳에서 다행히 화수의 즐거움 겸하니	此地幸兼花樹樂
반연[147]으로 이주한들 다시 무엇을 구하랴	攀緣移住更何求

---

147) 반연(攀緣) : 넝쿨 식물처럼 세력이나 권세가의 힘을 빌려 올라감.

창령 조씨 취사당 낙성식의 원운에 차운하다
次昌寧曺氏聚斯堂落成韻

웅장하고 새로운 규모로 조상을 잘 이어받아	宏新規度肯成堂
당호를 취사당이라 하니 그 향기 멀리 퍼져나가리	名曰聚斯遠播芳
샘물 돌 틈에서 나와 대하를 이루듯	泉湸石罅流源潤
창령에서 나온 조씨의 싹 장대해졌네	氏自昌城派系長
해마다 분향 올리니 제수도 정결하고	歲一薦香潤藻潔
세세연년 묘역 다듬으니 노송도 푸르구나	年千修墓老松蒼
이제 조상을 봉양하는 소원 이루웠으니	於今能遂奉先願
축하의 말 되뇌이며 다시 잔을 드네	賀語娓娓更擧觴

최종기의 자당을 위한 만사 輓崔鍾基慈堂 代人作

잔병으로 여러 날 편치 못하더니	微病多日欠安節
섣달 눈바람 속 학으로 환신하네	臘月雪風鶴幻身
세 아들 땅을 치며 울다 실신하니	三孝失神呼地哭
보는 이들 슬피 탄식하며 눈물 흘리네	泰看咨嗟淚盈巾

용재 장권수를 위한 만사挽慵齋張權洙

고향에서 이별하고 한 번 봄 지났는데	自別鄕關一歲春
다시는 좋은 이웃 만날 수 없어 흐느끼네	歔欷無復接芳隣
같은 해 같은 달에 났으니 우연이 아니고	年日同時生不偶
술과 시와 해학 겸하니 서로 마음 맞았지	酒詩兼謔義尤親
아직 함께 모여 즐기자는 기약 남았는데	尙期盍席共歡娛
어찌 옥황상제의 조서 받들 줄 알았으랴	豈料帝京奉詔身
옥 같은 사람 청산에 묻으니 산색도 빛을 잃고	埋玉靑山山失色
뒤에 달려온 이 사람 석양에 목 놓아 운다네	斜陽放哭晩來人

손자를 안게 됨得孫兒
- 갑신년 섣달甲辰臘月

눈 내리는 깊은 겨울 열하루 밤	雲月隆冬旬一夜
하늘에 가득한 서기 우리 집에 비쳤네	滿天瑞氣照吾家
출산 임해 탈 없이 아들 순산하니	臨盆無故順生子
선조의 쌓은 음덕 많음을 처음 깨달았네	始覺祖先積蔭多

다시 지음 又

긴 눈썹에 푸른 눈 코 우뚝하니　　　　　長眉靑眼準頭高
손자를 안겨주신 선조의 수고 흠앙하네　　仰欽祖先抱送勞
차차로 성장해 가르치는 날에는　　　　　第待成長垂敎日
우리 가문 풍요롭고 창대하리라　　　　　吾門昌大賴豊饒

설에 임하여 느낀 소감 臨臘有感

사나운 칼바람 세모를 재촉하니　　　　　颲颶寒風催歲暮
가슴엔 온갖 뭉클한 생각 일어나누나　　　油然百感動于中
고향 떠난 제자들 다 평안한지　　　　　　離鄕諸子平安否
마음 쏟아 술회하려 해도 알릴 수 없구나　欲寫心懷意不通

제석除夕
- 갑신년甲辰

적적하고 한가한 창 앞 홀로 한 해 보내자니　　寂寂閒牕獨送年
천만 가지 생각 샘물처럼 솟는구나　　　　　　千思萬慮湧如泉
고향 산천 소식을 누구에게 물어볼까　　　　　故山消息憑誰問
오직 바람 소리만 베갯머리를 스치는구나　　　惟有風聲報枕邊

다시 지음又

한 해 보내긴 쉬우나 수심 덜기 어려우니　　　除年惟易除愁難
이 밤 누구에게 세상 한탄 늘어놓을까　　　　　此夜誰無寄世歎
연이어 잔 기울이다 취해 몸 부리니　　　　　　連倒數盃渾醉臥
새벽하늘 햇살 난간에 비추는 줄 몰랐네　　　　不知天曙日光闌

다시 지음 又

사람들 세월 밝힌다지만 나는 잊고 살아　　　　人云守歲我忘年
나도 몰래 을사년 순식간에 지나가니　　　　　　不識瞬間乙巳年
그대는 기억하는가 시 짓는 비결을　　　　　　　遺訣到頭君記否
시 짓고 노래하기 좋은 나이 바로 칠십이라네　　歌謠正好是稀年

다시 지음 又

한 해가 가면 새해가 오고 가면 또 와　　　　　　年去年來去又來
가는 해 막을 수 없고 오는 해 반기지 못하네　　　莫留去者莫歡來
가고 오는 중에 천 가닥 백발만 더하니　　　　　　去來都添千莖雪
모두 하늘에 맡겨 마음대로 가고 오게 할 뿐이네　都付天號任去來

설날 아침에 느낀 소감 元朝有感

설날 아침 앉아 풍속의 변화 살펴보니	試看風化坐元旦
노소들 설한 중에도 서로를 찾는구나	老少相尋雨雪中
고향 소식 멀고 먼 천 리 밖에 막혀	鄕信遙遙千里隔
외롭고 처량함 이 무슨 자취인고	凉凉踽踽此何蹤

운암 최언교의 시에 차운하다 此崔雲菴 彦敎

옛 고을 운암의 별경 찾아드니	古洞雲菴別境尋
푸른 산 벽계수 들판 너머 깊더라	碧溪靑嶂野而深
다년간 묘지 잡아 정성 들이고	多年卜地施誠意
성묘로 일과 삼는 효심에 감동했네	課日展墳感孝心
선산 둘러보며 부지런히 수축하고	彷徨丘壟勤修築
소나무 삼나무 어루만져 좋은 숲 가꾸었네	撫摩松杉善養林
연로함도 잊고 오랫동안 사모하는 정	至老不忘孺慕意
마을 이름 편액 걸고 매일 올라 뵙고 가네	里名扁額每登臨

벗 조희철을 위한 만사 輓曺友喜哲

공과 한 마을에 살며 서로 정다웠지　　共居一里最相親
화기애애하며 단란함 온전히 봄 같았네　和氣團圓渾似春
중년에 헤어져 더욱더 그립더니　　　　中歲分離尤加愛
헤어질 날 오늘인 줄 누가 알았겠는가　誰知訣別在今辰
말끔한 모습 다시는 보기 어렵고　　　　清秀儀容難復覩
곧은 정절과 지조 세상에 없는 사람이었네　固貞志操世無人
오직 인자로 복 누리고 장수 못했으나　惟仁享福非但壽
정원에 뒤를 이을 자손 가득이네　　　　又有滿庭玉樹新

상월정의 원운에 차운하다 次上有亭韻

상월정 앞 달은 밝고	上月亭前月正明
푸른 하늘은 씻은 듯 만방이 맑구나	碧天如洗萬方晴
자암의 경쇠 소리 새벽 열고 들려오고	慈菴報磬侵晨落
쪼고 두리번거리는 제비 축하 말 가뿐하네	雕架語鷰獻賀輕
선대의 당 이어받아 중수한 뜻	重修先世肯堂意
제현들 하례하며 좋은 시로 서술하네	爲祝諸賢叙話情
천고의 떳떳한 인륜 모두 이곳에 있으니	千古彛倫都在此
올라와 보고는 옛 사람들의 행실 깨닫는다네	登臨感覺古人行

정자는 창평 뒤 용운동에 있으며 고씨의 정자이다. 한말 고정주 선생이 이곳에서 창흥 의숙을 일으켜 많은 인재를 양성하였다. 亭在昌平後龍雲洞高氏先亭

주모암이 봉산의 원운에 차운하다 朱慕菴次蓬山韻

봉산의 빼어난 정경 사시절 흘러가고	蓬山勝景四時流
여기서 한가롭게 노니 세상 근심 없네	爰外優遊不世愁
말년의 한가한 얘기는 요순의 시대요	晚歲閒談堯日月
일생 노나라 춘추 읽으며 지낸다네	一生曾讀魯春秋
안광 밝으니 털끝도 명확히 볼 수 있고	眼彩明白看毫末
바다 같은 넓은 가슴 빈 배도 띄울 수 있네	胸海汪洋沒虛舟
아홉 번 달인 선단 마땅히 자득했을 터이니	九煎仙丹應自得
옥경루148) 오르내림도 어렵지 않으리라	無難乘降玉京樓

---

148) 옥경루(玉京樓) : 옥황상제가 산다는 하늘.

고운해가 봉산의 원운에 차운하다 高雲海次蓬山韻

말년 그대 교유하니 유자의 풍채	晩結與君儒子流
무너져 가는 말세의 근심 볼 수 있었네	頹波叔世可徵愁
오묘한 글솜씨는 꿈속에서도 붓이 떠오르고	工書已許夢生筆
곧은 절개는 청량한 가을보다 높구나	直節猶輕氣凌秋
창랑 선조의 전형 홀로 머리에 두고	滄浪典型獨存髮
봉래산 신선 놀이에 몇 번이나 배 띄웠나	蓬山仙御幾縱舟
당액으로 표방한 뜻 잘 알기에	聊知堂額標方語
여생 선계의 그림 속에서 보내리라	故送餘生畵蜃樓

동운 조규복曺圭復 씨의 수연 운에 차운하다
次睿桐雲圭復壽筵韻

홍안백발 되어 생일 거듭 돌아오니	韶顔華髮重逢庚
연단 복용함은 양생을 위함이라	知服煉丹是養生
풍진세상 험한 난리 몇 번이나 겪었던고	塵世幾經桑海劫
한 치 마음속 부모 그리는 정 잊기 어렵네	寸心難忘寸草情
현손들 비단옷에 춤추며 축수의 잔 넘치고	賢胤舞彩壽觴溢
많은 선비들 연회에 나와 축하의 말 전하네	多士登筵賀語淸
오직 말년에 더욱 강건하시고	惟願暮年愈强健
쇠 단련하듯 덕가를 이루소서	金能修鍊玉能成

근재 고정석의 수연 때의 원운에 차운하다
次高謹齋井錫壽辰韻

노년에 근옹 멀리 도시 벗어나　　　　　暮境謹翁遠市城
선술 닦아 맑은 마음 양성하였네　　　　修鍊仙術養心淸
부평초처럼 떠돌았던 지난날 행적 뉘우치고　浮萍羈跡悔前日
시와 맑은 노래로 여생을 보내네　　　　詩曲淸歌度一生
이어진 뜨락에 우리 옷 입고 빈객 맞이하고　連階寒菊迎賓笑
종이에 가득 시 지어 장수 하례 드리는구려　滿幅新詩賀壽聲
그대와 나 교제한 지 이미 여러 해　　　君我相交年已富
다시 이 자리에서 만나니 배나 정이 더하네　更逢此席倍多情

정재 강맹수의 수연의 원운에 차운하다
次靜齋姜孟秀壽筵韻

회갑 맞은 오늘 아이처럼 즐거운데	懸弧當日樂天眞
어언 60년 세월 지날 줄 어찌 알았으랴	豈料遽遇六十春
금석 같은 제세경륜[149]으로	濟世經綸如鐵石
귀한 손 융숭히 대접하니 고을 사람 감동하네	接賓風度動鄕隣
지금의 신체발부 누구에게 물려받았는가	而今體髮是誰賜
옛적 낳으시고 기르신 은혜 감회가 새롭네	憶昔劬勞感愴新
멀리 살다 보니 축하의 자리 나가지 못해	遠居赤及登筵賀
보잘 것 없는 시 붙여 옛 사람을 기리네	欲寄殘詩記古人

---

149) 제세경륜(濟世經綸) : 세상의 폐해를 없애고 사람들을 고난에서 건져줌.

정재의 원운에 차운하다 次靜齋韻

수신 하면 반드시 집안 잘 다스려지나니 　　身必修人家必齋
부모의 훈계 마음에 새겨 회포 서술했네 　　服膺程訓叙心懷
그윽한 난초는 골짜기에서도 향기 멀리 퍼지고 　　幽蘭在谷播香遠
뜰 가득한 녹죽 아름다운 절개 지키네 　　綠竹滿庭持節佳
편안히 지내는데 어찌 세간사에 간여하겠는가 　　安詳何須關世事
오직 청한한 생활로 나의 생 만족하네 　　淸閒惟可足生涯
정靜자 문미에 편액 걸고 고요히 지내니 　　扁楣以靜能乎靜
들뜬 세인과 같지 않다네 　　浮動世人莫如偕

남천정藍川亭 운에 차운하다 次藍丹亭韻

정유 경자 생 스물한 명 모두 풍류 호걸들	丁庚卄一盡豪流
이 정자 신축하여 세상 시름 달래네	築違斯亭遣世愁
반계에 달 떠오르니 벽 뚫어 비치고	月出盤溪穿壁照
바람은 칡덩굴 흔들고 품 안에서 머무네	風來下葛入懷留
벗과 어울려 글 논하니 질서도 정연해	憑古論詩看第第
술자리 마련하고 자리마다 따르네	置朋招酒坐頭頭
시회를 열어 맑게 노는데 나이가 무슨 상관인가	淸遊何必局年限
나도 또한 마음 같아 함께 놀기 원하네	儂亦同心不願求

정유 경자 생들 함께 남치 아래 정자 세우다.
丁酉庚子生人共違亭 于下藍峙

제석除夕
– 정미년 1967丁未年

어리석어 하는 일 없는 빈 몸뚱이	無似無爲軀殼質
가엽게도 일흔 살 위에 또 한 해 더했네	怜仃稀上又添年
복숭아가지 새 부적 만들어 문설주 위에 올려놓으니	桃符換舊楣門上
매화는 세한에도 섬돌 가에 피었구나	梅萼經寒玉砌邊
술벗과 시 친구는 세월 잊는다 말하지만	詩僚酒友云忘歲
외로운 객 수심으로 잠자리에서 뒤척이는구려	孤客愁人不穩眠
각자 희비를 어찌 족히 말하랴	各自喜悲何足道
술 깨어 몸 편히 가누는 일보다 못하리	莫如醒醉備申燕

다시 지음 又

객지에 사는 늙은 몸 고향 멀리 떠나	僑居老拙隔鄕山
세관[150]을 송영하며 절로 가고 오네	迎送歲官自往還
염량세태[151] 세상 정한 운수소관에 맡기고	涉世炎凉任定數
몸에 따른 화복 순환의 이치이네	隨身禍福有循環
천 가닥 센 백발 얄밉기만 해	可憎白雪千莖髮
누가 홍안을 버리고 쭈그린 얼굴 만들었나	誰送紅潮一縮顔
세모에 만감이 오고 가나니	年去年來多傷感
우주 간 허무한 인생 저절로 한탄하네	自歎空生宇宙間

---

150) 세관(歲官) : 새해를 맞는 신.
151) 염량세태(炎凉世態) : 뜨거웠다가 차가워지는 세태라는 뜻으로 권세가 있을 때는 아첨하고 권세가 떨어지면 푸대접하는 세속 형편.

보름날 읊음 上元吟

강물은 굽이굽이 산은 첩첩	萬疊江河萬重山
이 밤 보름 맞아 달과 함께 돌아왔네	元宵今夕月同遝
천시는 한 치의 오차도 없는데	天時分刻無差錯
인간사만 조금씩 바뀌는구나	人事尺寸有轉環
폭죽 소리 귀신들 놀라게 하고	竹爆聲鷩鬼魅類
이명주152)에 얼굴빛 불그레하네	耳鳴酒幻絳桃顔
답교놀이153) 더위 팔고 해학놀이 즐기며	踏橋賣暑諸戱謔
명승고적 구경 다닌다네	古蹟傳來越覽間

---

152) 이명주(耳明酒) : 귀밝이술. 음력(陰曆) 정월(正月) 대보름날 아침에 마시는 술.
153) 답교(踏橋)놀이 : 예전에, 양반들이 서민과 뒤섞이기를 꺼리어, 하루 앞당겨 음력(陰曆) 정월(正月) 14일에 다리 밟기를 하던 일.

송포 민영인의 원운에 차운하다 次松圃泳仁韻

송옹 포전 잘 다스린단 말 전해 들었는데　　　聞道松翁能治圃
의관에서 평소 지닌 마음 상상할 수 있네　　　冠衣可想素心存
장춘 같은 정절 추위에 더욱 견고하고　　　　長春貞節寒猶固
지상에 가득 그림자 얽히니 낮에도 어둡네　　滿地交陰晝尙昏
한가히 누워 단잠 자는데 베갯머리 스치는 바람　開臥甘眠風拂枕
벗 찾아와 기꺼이 술잔 드니 달빛 잔 속에 가득하네　朋來欣酌月盈樽
그대와 나 창상의 세월 살아온 지 그 몇 해이던가　兄我滄傷今幾度
서로 마음 맞으니 말 없어도 속내를 안다네　　靈犀相照欲無言

김만수의 회갑을 축하는 시 賀金萬水晬筵韻
- 경북 김천 향교에서 慶北金泉文廟直員

남극성 정기 금천에 비치니	極星精彩耀金泉
그대 집 밝아 거듭 수연의 자리 빛나네	燭照君家重甲筵
푸른 못 연잎에서 거북이 놀고	碧沼龜遊蓮葉上
말끔한 자태의 두루미 흰 구름 타고 내려오네	清儀鶴下白雲邊
자친 봉양하고 형제간에 화목하며	供養慈嫜歡棣萼
자녀 기르며 부부간에 금슬 좋았네	育成子女賴琴絃
공무 틈틈이 나무 심고 묘역 가꾸니	造林公暇修墳墓
겉치레 벗어나 조상 숭배 그리해야 한다네	非是取形篤慕先

병오년 3월 13일 때는 한식날 문중의 결의에 의해 와천 태영과 함께 창원군 묘소에 성묘하고자 창원으로 가던 중 마산에서 1박 한 후 다음날 창원으로 출발하였다 歲丙午三月十三日除寒食以門中決議與瓦川恭永奉審昌原君墓所夜宿馬山翌日發行昌原

선영 받들어 살피고자 마산에 이르니	奉審先塋到馬山
산수의 맑은 기운 모두 여기 모였구나	山水淑氣盡斯間
사방으로 통한 거리마다 돌로 장식하였고	四通街路全粧石
각양각색의 전포들 보기 좋게 꾸몄네	各樣店鋪好飾顔
달리는 자동차 소리 맑은 날 천둥이요	車輛竭來晴日雷
들고 나는 함정 위엔 원 그리는 갈매기 떼	艦艇出入水鳥環
선창가 한 바퀴 둘러보니 풍취 아름답고	一覽埠頭風致足
석 잔 술 사 마시고 숙소로 돌아오네	買酒三盃宿所還

광현공의 묘에서 光顯墓

일생 소원이었던 묘우를 참례하고 살피니	一生畢願始奉審
선조를 앙모한 정 대대로 펴지 못해 통탄스럽구나	痛恨慕先世世疎
새 비석의 행적 광현공 새겼고	新碑鐫刻光顯蹟
옛 비갈 방축 밑 빈터에 묻었다 전하네	舊碣傳埋坊築墟
옛날 서손 차대로 난리 만나	昔被庶孫因起亂
모든 일가 고향 떠나 익명으로 살았네	離鄕全族匿各居
홍섭洪燮이 중년에 임의로 선조를 바꾼 까닭은	洪燮中年任易祖
수없이 살상당하고 뼈조차 남지 않았기 때문이라네	千斬其骨碎無餘
묘는 감사 묘라 지칭하나 증거 사라지고	墓稱監司澄據沒
우리 정씨 문헌 모두 볼 수 없게 되었네	吾丁文獻盡歸虛
이 난리 겪고 관작 자취 영영 사라지게 되었으니	憑此永無封貫跡
후예들 격분함 어찌 다 말할 수 있겠는가	後裔激憤且何如

14일 창원 읍에 이르러 읍사무소를 방문하여 정씨 성을 가진 사람의 소재를 물으니 정경선丁景善이 근처에 있다 하였다. 태영과 함께 그 집을 방문했으나 주인이 없다고 하여 또 다른 정씨 소재를 물으니 창원역 앞 주조장에 정동건丁東健이 있다 하기에 찾아가니 과연 그 사람이 있었다. 인사를 나누고 우리 두 사람이 여기 온 뜻을 말하고 겸하여 족보의 유무를 물으니 사초寫抄한 책 한 권을 꺼내 와 보여주었는데 그 계파는 남원의 창원파 윗대 계파였다. 그가 지키고 있는 묘소를 묻자 한마디로

묘제에 참배한 인원이 일 년에 거의 육칠십 명이 된다고 했다. 오후에 차를 타고 묘소에 이르니 불과 시오 리 밖에 되지 않았다. 품에 지니고 간 족보를 꺼내 그 산의 형세와 좌향을 살펴보니 일호의 오차도 없었다. 그 비석을 보니 전에 새긴 것으로 신라 때 휘 광현光顯의 묘였다. 서로 이리저리 살피고 나서 이내 나의 선조를 등한시한 뜻을 붙여 시 한 수를 지었다.(자세한 사항은 창원 내왕 사실에 있다)

十四日到昌原邑訪邑事務所問昌原邑住在丁姓人則有丁景善在近處云與泰永往問其家主人不在云又問丁姓所在則昌原驛前有酒造場丁東健云亦 訪焉則果有之叙寒喧因說吾兩人到此二意並請問家譜有無 則出其寫抄一册乃示之其派南原昌原派上系也問其守護墓所一節則全祀時叅拜祭員一年幾至五六十員午後乘車經墓所則不過十五里仍携去懷中譜詳觀其山形與坐向則無一毫差錯而看其碑向所鐫是新羅朝諱光顯墓相爲詰問仍題一首詩以寓懶先之(詳在昌原來往事實)

15일 일가 창섭을 방문하고 나서 진해로 갔다
十五日訪宗人昌燮次往鎭海

늦은 봄 15일 진해에 이르니	暮春三五到鎭海
풍류의 가무 남녀가 같네	歌舞風流男女同
관사는 하늘 찌를 듯 숲 속에 있고	官舍丕天林木裏
전함은 바다 한가운데서 훈련하네	戰船練習大洋中
창섭을 찾아가 방문 내력 얘기하니	訪尋昌燮話來歷
단지 형의 소관이라 해 말문이 막히네	只荅兄憑語不通
공원에 올라보니 인정세태는 변하여	登覽公園多物態
완전히 새로 세운 기교가 무궁하구나	全然新設巧無窮

16일 창섭과 서로 이별하고 부산의 풍물을 구경하고 돌아왔다 十六日與昌燮相別翫斧山風景而歸

부산의 좋은 풍경 구경하고 싶어	欲觀釜山風樂好
잠시 김해역에서 내렸다네	暫過金海下車場
부두에 물산들 언덕처럼 쌓여 있고	埠頭物資丘山積
골짜기엔 가지런한 인가 헤아릴 수 없네	平峽人家百萬强
용두산에 올라 시가지를 두루 구경하며	周看全域龍頭嶝
충무공의 동상 곁에 서서 촬영도 했네	撮影李公銅像傍
귀로엔 작별하고 총총히 떠나오는데	歸路忽忙因謝去
산천초목은 배나 더 생기 돌아 보이네	山川草木倍生光

돌아오는 길에 진주 촉석루에 이르러 풍경을 두루 구경하다 回路到晉州登矗石樓周覽風景

진주 남강물 동으로 흐르는데	晉陽江水向東流
촉석루 기이한 경치 날개를 편 듯하구나	奇觀翼然矗石樓
한 분 의로운 이름 논개 세세토록 전하고	一義妓名傳百世
삼장사[154]의 자취는 천추에 늠름하도다	三壯士蹟凜千秋
서북편 누대에 적을 섬멸한 계책 펼쳐 있고	西北將坮殲賊策
좌우엔 군오들의 신주 줄 서 있구나	左右軍伍列神籌
나라의 원수 갚지 못하고 몸은 먼저 죽었으니	國讎未報身先死
길이 후생들 눈물겨워 하네	長使後生淚不收

---

154) 삼장사(三壯士) : 임진왜란 때 공을 세워 판서에 추증된 김성일(金誠一)과 조종도(趙宗道), 이조판서에 추증된 이로(李魯, 1544~1598)의 업적을 기리기 위하여 세운 비이다. 삼장사에 대한 기록이 문헌마다 달라 국사편찬찬위원회의 유권해석과 경상남도지사의 허가를 받아 1963년에 건립하였다. 여기에서의 삼장사는 김성일이 찬한 「촉석루중삼장사」라는 시 중의 삼장사를 말하며, 이는 『영조실록』에서 말하는 계사년 순의의 진주 삼절사(三絶士)와는 구별된다.

기사년에 일가 학진과 함께 완도에 가서 화운하다 또 일가 계섭을 방문하고 청산도로 감 歲己巳與宗人學鎭往莞島共和宿莞島訪桂燮宗人又往靑山島

비탈에 기댄 관루 몇 해의 가을 보냈던고	倚岸官樓幾送秋
처마 끝 계절의 흐름에 함께하려 했네	角簷願略四時流
이제와 옛 사람의 자취 회고하며	今來追記前人蹟
배 띄워 청산, 백로주로 건너가네	浮渡靑山白鷺洲

다음날 청산도의 일가 규태를 방문하고 함께 읊다 翌日訪靑山島宗人圭泰共吟與諸宗詩酒相歡濟濟有蓬山先生之餘風

단장 짚고 부둣가 주막 찾으니	短筇浮海訪仙家
곳곳마다 해 그림자 기우는구나	處處風光日影斜
취한 후 어둑어둑 돌아가는 길 늦었는데	醉後斜陽歸路晚
먼 바다 고기잡이 불빛 모두 복사꽃이구려	長江漁燭摠桃花

또 又

완도를 처음 방문하고 다시 와	初訪莞島此又來
정겨운 일가끼리 석 잔 술 마시네	深深花樹酒三盃
내일 아침 이별 서운해 말게	明朝莫惜分離早
봄 다시 오면 자두와 살구꽃 피려니	又有春山李杏開

석별 惜別

날마다 흉금 터놓고 정겨웠는데	連日論襟酒又佳
때 이르러 헤어지니 서로 어찌할까	臨離惜別兩相何
반 천 리 길 이제 돌아간 후엔	半千道里今歸後
청산도의 물색 자주 꿈에 그리리	應夢靑山物色多

돌아오는 길에 고군면 도남리 일가 대유를 방문하다 歸路訪右郡面道南里宗人大有

족보 편집하고 책 나눠줄 때를 회상하니	追想譜徧刋袂時
어언간 밝은 달 기울기 다섯 차례	於焉明月五盈虧
이제야 안부 전하러 이곳에 와	今來欲報平安意
잠시 기선 불러 이곳에 내렸네	故命汽船下此宜

도남에서 하룻밤을 자고 노화도 김로은 집에 이르니 노은이 시 짓기를 청함으로 4수의 시를 지어 그에게 주다 自道南宿蘆花島金蘆隱家而蘆隱請詩散仍構成四韻而戲贈

호산 깊은 곳 시간 가는 줄 몰라	湖山深處渾忘機
온종일 한가한 창 사립문을 가리네	盡日閒牕半掩扉
처세경륜으로 세상 물정 살피고	處世經綸看物態
몸가짐 바르게 하여 위엄을 갖추었네	粧身志略整冠衣
창황[155]한 세상사 뉘라서 함부로 하랴만	蒼黃時事誰聾啞
담박한 생애 보내며 시비를 멀리했지	淡泊生涯却是非
일과 삼아 하는 일 오직 낚시뿐이라	課日所爲惟是釣
갈대 출렁이는 달 밝은 밤 돌아오누나	蘆花一色月明歸

---

155) 창황(倉黃) : 어찌할 겨를 없이 매우 급함.

목포항에 돌아오다 寄木浦港

배가 목포항에 닿아 부두에 내리니 　　　　定舶木浦下埠頭
여러 가지 산물들 언덕처럼 쌓여 있네 　　數千物産積如丘
오며 가며 운반하느라 다들 바쁜데 　　　運來搬去忽忙裏
그 속에서 각기 짐을 찾아가누나 　　　　中有人人各取求

석계 김여현金礪鉉 어른을 위한 만시挽奎石溪礪鉉丈

담양에 학덕 높은 분으로 김공 있었는데	潭舟宿德有斯公
갑자기 신선되어 하늘로 가 버렸구나	遽化神仙陟上空
근엄하신 모습 멀리 떠나 속량할 길 없고	遠厲音容難可贖
비로 인해 집불執彿 못하니 슬픔 더하네	雨違執彿恨無窮
되풀이하며 담소하시던 옛 모습 볼 수 없고	談笑娓娓失舊痕
장산 옛 마을 울타리 무너진 것 같네	獐山故里若虛藩
현처는 청산에 영원히 묻히고	賢妻仆地靑山恸
네 아들 하늘 향해 호곡하니 대낮도 어둡구나	四孝號天白日昏
들보 위에 지는 달빛 바라보며 서로 생각하는 밤	空樑落月相思夜
노석老石과 청계淸溪만이 오래 마을에 남아 있으리	老石淸溪久留村
초여름에 뵙고 하직한 후 천고의 사람 되었으니	初夏拜別成千古
삼가 애사 지어 어르신 영혼 위로하네	謹綴哀章慰尊魂

대산 김현중을 위한 만시 挽大山金鉉中

얼굴 가득한 덕기 참다운 군자였는데	滿顔德氣眞君子
학 타고 백옥루로 올라가 버렸네	乘鶴飛登白玉樓
가정 규모는 질서 있어 굳센 철 같고	家規井井如勁鐵
깊은 속마음 담담한 빈 배였다네	衷心澹澹若虛舟
일가들 하나로 뭉쳐 담담히 흡족해하며	統合宗族要湛翕
산업에 관여하지 않고 근심 걱정 없었네	無關産業不遇愁
뜰 앞에 자손들 긴 봄처럼 보전하고	庭前寶樹春長在
남은 경사 진진하니 다시 더 무엇을 바라랴	餘慶津津那復求

죽포 일가 형 병규를 위한 만시 挽竹圃族兄炳奎

서로 간담상조하며 사귀던 죽포옹	肝膽相交竹圃翁
의리 담론함에 뜻이 통하였지	談論義理意疎通
때로 청려장 짚고 정자 찾고	時携藜杖巡亭址
한가하면 긴 장대 들고 늦바람 쐬며 낚시하였네	閒伴長竿釣晚風
갑자기 속세 벗어나 뜬세상 밖으로	遽爾脫塵浮世外
초연히 학 되어 백운 속으로 가버리셨네	超然化鶴白雲中
애사로 위문함에 뒤늦은 사람 되었으니	哀章慰問惟人後
어찌 정이 있다 말하리 눈물만 흐르네	豈曰情誼淚不窮

소석 송상근을 위한 만사挽小石宋庠根

고향 떠난 후로 소식 끊어지더니	出自故山音信絕
승화했단 말 듣고 절실히 슬픕니다	轉聞乘化恨懷切
사람들 대대로 양가의 정 있다 말했는데	人云累世兩家誼
어찌 지금 저와 단절될 줄 헤아렸겠습니까	豈料此時於吾絕
오석재에서 신시 지어 화답하고	梧石齋邊和新詩
단강정 위에서 잡다한 얘기 나누었지요	丹江亭上碎話屑
일찍이 들으니 인자는 항상 산을 즐긴다 하니	嘗聞仁者恒樂山
길지에 터 잡아 함께 즐기십시다	爲卜吉山樂共悅

춘포 고재식을 위한 만사挽高春圃在植代人作

숙병 여러 해 지나도록 효험 없더니	宿病經年難得效
속세 벗어나 멀리 옥경루로 올라갔네	脫塵遠上玉京樓
동갑으로 좋은 정은 범인과는 남달랐지	庚同情好異凡衆
영전에 집불하자니 눈물만 가득 흐릅니다	執紼零前淚滿流

청천 유계중이 창평 고향으로 돌아왔다 하기에 기뻐서 읊은 시 柳晴川桂重還歸昌平欣喜而吟

고향에 돌아와 쉬며 속세의 티끌 씻어 버리니	還息故山滌市塵
맑은 시내 버들 색도 다시 더 새롭네	晴川柳色轉添新
두세 사람 지기와 정분 더 두터워	兩三知己契誼篤
기꺼이 니구[156] 산하 사람 되리라	甘作尼丘山下人

가뭄 걱정 憫旱

들녘 사람들 가뭄 걱정 많은데	大地生民甚憫旱
하느님은 비 내리기 어찌 이리 더디신가	化翁施雨此何遲
칠십 평생 이런 가뭄 없었는데	七十年來稀見啻
삼천리 강토 농사 시기 잃었네	三千疆土失農時
어찌하면 뭉게구름 비 쏟아지게 하여	安得油然霈霈卜
농작물들 생기 되찾는 모습 볼 수 있을까	欣看群物更蘇期
진심으로 축원하오나 다 허사일 뿐	眞心祝願皆虛事
모든 것 저 푸른 하늘 뜻에 맡기네	都付蒼穹任意意

---

156) 니구(尼丘) : 공자가 태어난 곳, 곧 유학을 하겠다는 말.

청천의 회갑 운에 차운함 次晴川回甲韻

고운 얼굴 백발까지 세월 얼마나 지났던고	紅顔白髮幾秋春
육십 년 전 인간 세계 귀양 왔다네	六十年前謫下人
화락하게 즐기는 정 때로 밥상 같이하며	湛樂情深時共卓
낳으시고 기르신 은혜 항상 부모 생각했네	劬勞恩重每思親
금잔 옥소반에 붉은 대추 괴어 놓고	金盃玉盤安棗熟
신선의 고장 요해에서 새로운 천도복숭아 가져왔네	仙風瑤海曼桃新
어진 아들 손자들 금슬도 좋으니	子與孫尙偕琴瑟
깨었다 취하며 술 속에서 논들 무엇이 방해되랴	醒醉何妨酒國民

재석除夕
- 무신년 1968戊申年

삼백육십오일은 달리는 말처럼 빨라 　　　　　三百六旬駒似疾
홀연히 다 보내고 이 밤 더디 가기 바라네 　　忽然陰送此宵遲
새해 밝아오면 의당 반겨 맞아야 하는데 　　　歲官新到宣安席
옛 자리 물러나고 잠시도 머물지 않네 　　　　旧職辭任不住時
후원에 매화 버들 설 재촉하는데 　　　　　　園中梅柳催經臘
말년의 백발은 정해진 기한이 있다네 　　　　暮境皤髦有定期
만약 이 사람 오늘 밤이 없다면 　　　　　　　若使人間無此夕
고금에 다만 한 해뿐이리라 　　　　　　　　　古今只是一年之

수세[157] 守歲
- 무신년 1968 戊申年

이 밤 지키려 하나 묘한 계책 없어	欲守此宵無妙計
일부러 동이 술을 더디게 드네	故將樽酒擧遲遲
아이들은 닭 우는 때 기뻐하지만	兒童歡娛鷄鳴際
늙은이는 구석진 방에서 가는 시간만 기다리네	老拙待機屋漏時
어언간 한 해를 맞이하고 보내니	於焉一瞥任迎送
경황없어 못다한 일 훗날을 기약할 뿐이네	所守未遑問後期
묵은 재앙 다하고 새해 복 맞으니	澗盡旧灾新禧至
금년엔 만사형통하기를	今年萬事亨通之

---

157) 수세(守歲) : 음력(陰曆) 섣달 그믐날 밤에 집안 구석구석을 밝히고 가족이 둘러앉아 온밤을 새우는 풍습.

망년忘年
- 무신년戊申年

누가 망년이라 말했던가	誰謂忘年說
가련하구나 더디게 가는 이 밤	可憐此夜遲
두세 사발 산초 술 마시고	椒酒數三椀
새로이 시 읊으니 새벽 두 시네	新詩零二時
술이 거나해지니	漸至酕醄境
정신이 몽롱해지고	乃成混沌期
동창 아래 누웠더니	偃臥東窓下
해 떠오른 줄도 몰랐네	不知日上之

녹음 綠陰

들으니 진나라 수도는 녹색 도시라 하는데	嘗聞秦京綠樹京
이 지역에 조림 이루지 못한 것 한스럽구나	恨未造林此地成
가을 매미 이슬 마시며 맑은 가락 읊고	凉蟬吸露歌淸曲
꾀꼬리 나무숲 오가며 아늑한 곳 차지하네	黃鳥投梭喜占晴
농부들 그 아래 더위 식히며 한가로이 쉬고	農夫避暑誇閒歇
길 가는 나그네 몸 부리고 휴식을 취하네	行旅休身樂太平
바다같이 넓은 숲 참으로 사랑스러워	好海繁漲眞可愛
하루 종일 시 읊고 잔 들며 여생을 보내네	詠觴盡日送餘生

만취조대의 운에 차운하다 次晚翠釣臺韻
- 이 조대의 주인은 김용환 씨다 坮主金容煥

만취로 편액하고 이 고장에서 활약하니	晚翠扁楣躍此鄉
조대와 석대 앞에 터 잡아 지었네	釣坮卜築石坮陽
강태공의 신기한 묘산 큰 경륜 갖추고	太公神算經綸大
소동파처럼 뱃노래 부르니 취미도 선선하네	蘇子棹歌氣味凉
하얀 갈매기 벗 삼아 새벽 오기를 기다리며	白鷗爲朋期晨曙
붉은 여귀대로 바람과 햇빛 가린다네	紅蓼遮風帶日光
시 새겨 후일에 자취 남기니	刻字刊詩遺後蹟
아름다운 명성 지워지지 않고 저 물과 같이하리라	芳名不泐水同長

병오년에 창원昌原에 왕래한 사실

나의 본관은 창원이며, 창원군昌原君의 묘는 창원 천주산天柱山 아래 지개동智介洞에 있다. 70세가 다 되도록 아직 받들어 살피지 못하였고, 중종宗中에서 발의한 까닭에 현령공 후손 태영泰永과 함께 창원에 가서 받들어 살핀 사실을 기록하였다. 이후의 책임은 여러 중종에 있으며, 내왕한 사실은 그 사실을 기록해 두지 않으면 안 된다. 후일의 증빙으로 삼고자 하여 이에 아래와 같이 기록한다.

3월 13일 출발하여 15일에 한식寒食 성묘省墓하였다.

이번 봄의 한식寒食 성묘省墓에 와천瓦川 태영泰永과 동반하여 창원에 가서 지개동智介洞 소재의 종인宗人을 방문하였는데 모두들 알지 못해서 바로 창원읍 사무소 호적계를 찾아가서 근처에 거주하는 정성인丁姓人을 물어보았더니 본관이 나주 정丁인 경선景善이 있었다. 그 집을 찾아 방문하였는데 경선이 출타하여 있지 않았고, 그 가인家人이 말하길 여기에서 십 리 쯤 되는 역전驛前에 술 배달하는 곳에서 영업하는 정동건丁東健이 있다고 하였다. 역전에 가서 주인을 방문하니 과연 동건이었다. 서로 인사를 나누고 우리 두 사람이 여기에 온 일을 말하니 동건이 상당히 더듬거리며 후회하는 듯한 모습이었다. 이에 가보家譜가 있는지 물으니 그 가승家乘을 내와서 보여주었다. 이에 그 조부父祖 이상을 초사抄寫하였는데 바로 남원 창원파의 계系였다. 또 그 내력을 물으니 말하려다 하지 않았다. 또 지개동의 묘 세제歲祭에 참여하는 인원을 물으니 매년 오육십 명이 제사에 참여한다 하고 자신도 또한 제사에 참석한다고 하였다. 점심 식사 후 술과 과일 안주를 마련하여 동건과 그 종질, 우리 두 사람이 함께 차를 타고 지개동의 묘에 갔다. 그 비면碑面을 보니 신라조新羅朝 휘諱 광현光顯의 묘비였다. 예비로 휴대하고 있던 품속의 보첩을 꺼내어 보니 그 원형圖形과 묘산墓山이 터럭 끝의 착오도 없었다. 이에 말하였다. "이 묘는 바로 우리 창원군 휘諱 관지寬之의 묘인데 어떠한 연유로 이 지경에 이르게 되었단 말인가?" 동건이 비로소 그 선조 시대의 사실을 자세히 말하였다. 그때 정丁 관寬 감사監司 자손의 문벌이 혁혁하였는데 거의 수백 호였다. 선세에는 묘사墓祀 때에 적상서하嫡上庶下의 풍습이 있어서 그 서손이 제사 모시러 오면 그 서손은 계하階下에 서 있게 하니 서손이 불평의 마음을 갖게 되었다. 종문의 부노父老에게 따져 묻되, "같은 자손인데 적상서하嫡上庶下는 매우 부당하다"고 하였다. 이러한 불만에 부로들이 크게 질책하였다. 제사가 끝난 후 서손을 결박하여 묘 뒤편의 벌송閥松에 굳게 묶어두고는 모두 내려가 버렸다. 서손이 밤새껏 비명을 질렀는데 마침 길을 가던 행인이 지나가다가 멀리 비명소리가 은은하게 나는 것을 듣고 가서 보니 누구인가가 벌송閥松에 묶인 채로 심히 애걸하는데 인정상 그대로 둘 수 없어 묶인 것을 풀어 살려 주었다.

 그 후 서손이 창원 좌수직座首職에 수십여 년 재직하면서 여러 사람들과 결친結親하고, 군수에 전임하고서는 원수를 갚고자 하여 바로 상경해서 관군 수십 명을 차출하여 창원군내 창원을 본관으로 하는 정성인丁姓人을 힘껏 멸하게 하였다. 혹은 피살되거나 혹은 두들겨 맞아 수개월 이어지는 동안 창원의 정丁은 긱처에 이산하거나 혹은 나주, 남원창원으로 본관을 바꾸어 창원군 내에는 한 사람도 재적자在籍者가 없게 되었다. 어찌 마음을 서늘하게 하는 일이 아니겠는가. 이후 그 묘를 수호한 사람은 모두 본관을 잃고 거주하는 사람이었다.

 다음으로 개비改碑한 사실에 대해 물으니, "지금부터 19년 전 무자년戊子年(1948년)에 진해에 거주하는 정홍섭丁洪燮이 기사년己巳年 편찬의 대동보

大同譜 1질을 가지고 와서 말하길, '우리 파는 신라시대 광현光顯의 후손입니다. 이로써(이를 근거로 하여) 비를 세우면 매우 좋은 일입니다.'고 하였습니다. 각처에 흩어져 지내던 종인宗人들이 갹출하거나 혹은 기부, 혹은 성금하여 비를 세웠습니다"고 하였다.

다음으로 물었다. "이전에 창원군昌原君의 온전하고 자그마한 비가 있었는데 그 비가 혹 다시 세운 때에 매몰된 것입니까?"

동건이 말하길, "이전에 옛 지개동 근처에 방축하면서 온전한 비를 방축에 매몰하였습니다"하고, 자세히는 모르지만 혹 변란을 만났을 때 비를 매몰한 이 일이 있게 된 것이 아닌가 하였다. 이에 내가 말하길, "이는 분명 창원군(행경상감사行慶尙監司로 있으면서 공을 세워 창원군에 봉해짐) 휘 관지寬之의 묘인데 잘못하여 광현光顯의 비로 기재되었으니 다시 비를 고쳐 세우지 않으면 안 된다. 그렇게 한 후에야 사필귀정事必歸正이 될 것이다"라고 하였다. 동건이 대답하길, "각처의 종인宗人이 협력해서 해야 할 일이다"고 하니 지금 창졸간에 말할 수 있는 일은 아니지만 사정이 이러하니 동건의 말이 참으로 허언이 아니다.

동건의 집으로 돌아와서 저녁 식사를 든 후 인근의 여관에서 숙박하였다. 다음날 동건이 아침 일찍 와서 문후問候하였다. 함께 동건의 집으로 갔는데 어제 만나지 못하였던 경선景善 종인宗人이 와서 기다리고 있었다. 인사를 나눈 후 관향貫鄕을 물으니 나주라고 하였다. 동건이 말하길, "모두 함께 전제全祭 때(10월 5일)에 참석한다"하고 바꾸어진 나주 본관은 모두 변란을 만나 바꾼 본관이라고 하였다. 이에 우리들이 말하길, "정확히 창원군의 묘이니 다시 고쳐 세워 그 잘못을 바로 잡지 않으면 안 되며, 관貫 종중宗中이 만약 이에 응하지 않을 단서가 있으면 이 보첩으로 관청에 진실을 판별하도록 하겠다"고 하였다. 그러자 경선이 말하길, "그렇다면 실은 타인에게 결정을 내리게 할 수 없는 일이니 서로 좋은 선처를 생각해서 마련해 보자"

고 하였다. 동건이 말하길, "지금 진해에 비를 세운 홍섭洪燮의 집이 있는데 홍섭은 작고하였고 그 아우 창섭昌燮이 있으니 그곳에 가서 그 사실을 들어 보면 좋을 것 같고 대동보 또한 진해에 있다"고 하였다.

아침 식사 후 동건이 환대하여 마련해 준 차를 타고 진해에 가서 창섭을 만나 우리 두 사람이 이곳에 온 일을 말하였더니 그가 말하길 "비를 세워 준 일과 그로 인해 일어난 일(본문의 '의倚')은 일절一節의 사事가 아니며, 저희 형님이 주관하여 한 일이어서 저는 실은 모르는 일이다"고 하였다. 함께 홍섭의 집에 가서 보니 기사己巳년의 보첩이었다. 내가 말하길, "이 대동보를 수선修撰할 때 내가 역원役員이었는데 창원파가 단 하나도 수록되지 않았다는 것은 실로 만부당萬不當의 말"이라고 하였다. 창섭이 말하길, "제반 사는 모두 형님이 한 일이니 이들 사항에 대해서 다시 서로 말하지 않는 것이 좋겠다"고 하였다. 옆으로 보이는 그 집안의 문자文字는 단지 「동복래왕同福來往 정시해丁時海 매梅」라 이름 한 함函이 있을 뿐 그 밖에는 살필 만한 것이 하나도 없어 매우 울울하였다. 창섭의 집에 돌아와 유숙留宿하고 다음 날 귀정歸程의 길에 올랐다.

태영이 말하길, "이전 선대先代에 어찌 이 모양이 되었는데도 아무렇지 않게 놓아두었단 말입니까. 향사享祀 때 자손 오육십 명이 제사祭土 5두락을 지니고 매년 향사享祀하니 먼 곳에서 내왕하기 매우 불편합니다. 제반 일을 산 아래 소재한 종인宗人들에게 일임하고 저희 파派는 관여하지 않는 것이 좋겠습니다"라고 하였다. 내가 낮 동안 깊이 이를 생각해보았는데 인도적人道的 처사가 아닌 듯하였다. 그래서 이 사실을 기재해 두어 선조 때의 일을 밝힐 때에 앞의 일에 대한 전거典據로 삼도록 하고자 한 것이다. 동년 10월 10일 북면 노기리(죽창리)에 갔다가 동복에 들어가 중조中祖의 모제墓祭에 참여하여 이 사안에 대해 의론하였다. 회중이 말하길, "이미 이 지경에 이르러 난감하니 초혼招魂 설단設壇하여 제사를 모심이 가可하다"고 하였다.

이에 종친들은 제단을 설치하고 비를 세우기로 하고 최소의 소요 금전(본문 「金錢」은 옛 화폐용도로도 쓰인 포백류와 금전을 합칭한 것)을 현령공파와 창랑공파의 양파 자손을 계산하여 6만 원으로 하고, 각 분담량을 수효를 기준으로 간략히 배분하여 현령공파 후손은 3만 5천 원, 창랑공파는 2만 5천 원으로 분담케 하여 종파별로 수금토록 하고, 종무위원宗務委員이 설단設壇에 설계를 맡도록 하였다. 그러나 성의가 없고, 뜻은 있더라도 미수未遂하여 납부를 연체하니 지금에 이르러서 실로 개탄스럽다.

丙午昌原往來事實 余本貫昌原而昌原君墓在昌原天柱山
發議于宗中其縣今公孫泰永同往迄昌原奉審不可不記
事宗而日後之責任在諸宗中來往迄事宗不可不記其
其實而爲後日之澄也 三月十三日出發
悲故乃說記之如左曰十五日寒食也

今春除寒食與瓦川泰永同伴往昌原訪問智介洞所在宗人
則衆皆不知卽往到昌原邑事務所戶籍係問近處住居丁姓人
則有貫羅州丁景善者往訪其家則景善出他亦不在而其家人
言此去十里許驛前有酒造場營業丁東健云往驛前訪主人
則果東健也相與叙人事乃言吾兩人到此事實則東健頗有
魈語後恑這氣像仍問家譜有無則出其家乘而示之乃抄其
其父祖以上卽南原昌原派上系也又問其內曆則欲言未言
又問智介洞墓歲祭則參祀人員則年之五六十貟參祀而
吾亦參祀云午飯后畧具酒果脯迓東健其從姪與吾兩人乘

車同往智介洞墓所視其碑向則新羅朝諱光顯之墓碑处仍
出諉備幣帶懷中請而視之則圖形與墓山無毫髮錯誤乃言
此墓唯吾昌原君諱寬之墓而何由至於此境耶東健始辭其
先祖時代事實其時丁監司子孫門闕赫、殆數百戶而先世
有墓祀時嫡上庶下之眉而其庶孫泰祀次來到以其庶孫立
於階下則庶孫有不平之意詰問門父老曰同是子孫而嫡上
庶下甚是不當懷不滿遠意父老大責之祭罷後縱縛庶孫堅
係于墓後闕松而盡為下來矣庶孫乘夜悲鳴適有行路人過
之遠有悲鳴拜隱、聞之路人往視之則有何許人縛在闕松
而甚哀气人情所在不忍置之乃解傅救活矣其後庶孫在昌
原庭首職几十有餘年結親等、進任郡守以其報饗之意卽
為上京差出官軍數十名勤減昌原郡內昌原為貫之丁姓人

武役柔武政打速至敎朔昌原之丁離散各處或襲貫羅州南
原昌原而昌原郡內無一在籍者豈不寒心哉伊後守護其墓
而習失本貫而居者也次問改碑事實則至今十九年前戊子
有鎭海唐丁洪變者持泰已已大同譜一帙而言吾派生新羅
時代光顯之后孫也以此堅甚是好事云各處敎宗醵出名
錢武寧附武誠金以堅碑也云次問曰有昌原君全短碣右其
碑武作改堅時埋沒者也邪束健言前右智介洞近處有防築
兩全碣埋於防築云而束詳武是連慶時致此埋碑之事邪乃
言是分明昌原君(行慶尙監司有功封昌原君)譯寬之墓而誤
載又光顯之碑則不可不改堅然後事必歸正也束健答以各
處宗協力所為事則今難摔言云事繁如此則束健之言實
非虛語也因還歸于束健家夕飯後宿于隣家疲惫望朝束健

早來問候偕往東健家則昨日來達景善宗人來待矣逐入事
后聞貫鄕則羅州云東健言俱是全祭時(十月音)祭祀云及
貫羅竹皆是遺乱時所變之貫也云吾等乃言的寶曼昌原君
必荅也不可不改竪以止其誤而貴宗中若有不應之端則持
此諸牒辨質宜方云則景善言若如此則實不可使聞於他人
之事兩臺善處相好云東健曰今鎭海有竪碑人與變之家
而洪變作故其弟昌變生存則往于該處辭間其事實則似可
而大同譜亦在鎭海云朝飯后以東健之款待担車貰以往鎭
海達昌變乃言吾兩人來此之話則竪碑供侍毋一節事皆晉
先主所爲余實不知云偕往誤變家覞之則乃已譜起余
言伊省大同修譜之時余在役貧而昌原之單一不收錄而此
寶爲不當之說也昌變曰諸般事皆兄爲之事此等事更勿相

談爲好傳示其家所在文字則便有同福來往丁時梅名函而其外無一可考甚盡〻年回到昌寧家當宿而翌日歸程泰永曰既往先代何其姑捨享祀時子孫五六十負兼有參土五斗落年〻享祀云則遠地來往甚是不便諸般任于山下所在宗而吾派不關是好事也然吾晝宵思之似非人道所處事故玆以記置事實以明先祖賴先之義同年十月十日往參北面芦基里(竹蒼里)八同福中祖蓁祭發論此事實則僉曰既爲至於此境實兩難也則招魂設壇以享祭祀可心遮宣以設壇竪碑而嚴所要春金銷也僉以派念公派右孫三萬五千子孫計等六萬圓假量數交以縣令公派浪公派二萬五千円私室收金頁以圖設壇而且無減意有意未逐連拖至今室爲慨歎處也

봉산자자전蓬山子自傳

나는 전라도 동복同福의 북편에서 태어났다. 4세에 처음 선고부군先考府君으로부터 수학受學하기 시작하여 십 년 동안 경전經傳들을 섭렵하였으나 성취하지는 못하였다. 병화가 일어나 구학求學의 길을 다시 갈 수 없었다. 집안이 궁핍함에 자식들이 겨울에 수정守靜 오진묵吳晉默 거사에게 가서 독서하였는데 매우 사랑해 주셨다. 하루는 내가 감히 서실書室의 명호名號를 청함에 거사께서 이르셨다.

"문인文人 운사韻士의 칭호가 있은 지 이미 오래되었다. 처음 명호를 주면 그 명호의 뜻을 지키기 매우 어려운 것은 아니로되 끝까지 이루어 가는 것은 그대의 기골氣骨과 의지를 흥기興起함에 달려 있네. 세속을 벗어나 초탈한 자가 봉산蓬山의 편액扁額이라 하여 없을 수 있겠는가."

내가 이를 고사하여 말하였다.

"봉蓬은 대저 삼산三山의 하나입니다. 그곳에서 산출되는 것에 기화요초, 느릅나무와 매화나무, 경남梗楠, 죽간竹簡에 쓰이는 참대 화살 재료인 산죽 등이 있고, 그곳에 거처하는 자로 선인仙人, 선자禪子가 있으며 아울러 무릇 용사호표龍蛇虎豹의 류類가 있습니다. 저는 그러한 사람이 아닌데 어찌 그 소산所産의 사물들과 거처하는 분들의 류類와 같이 놓고 말하여 세상의 정의情誼를 범할 수 있겠습니까!"

"그렇지 않다면 지금 내가 봉蓬으로 편액하여 산山으로 명호를 내리는 까닭은 자네의 문학과 조수操守가 마치 봉산蓬山이 중악衆嶽에 뛰어남과 같이 되길 바란 때문이니 흔들리지 말고 그렇게 하면 좋을 것이네. 대저 스스로 부지런히 노력하면 될 것이네."

이러한 거사의 경계의 말씀은 가히 지극하며 적절한 것이라 할 수 있었다. 그러나 내가 생각해 보아도 감히 감당하기에는 너무 큰 것 같아서 어찌할 바를 몰랐다. 지금 봉산蓬山이 있지 않지만 그 산도 바람이 거세게 불면 파탕波蕩처럼 사방팔방으로 날아 흩어져 한 줌의 흙에 불과하게 될 것이니 이 또한 힘 있는 자에게 훔치어져 실리어 갈 것이다. 장생莊生이 말한 바 야반夜半에 산을 지고 가는 자라 함이 과연 이를 말함이로다. 어느 시대이든 다르더라도 고금에 산을 지고 가는 자가 왕왕 있게 되는 것이다. 이러하니 세인世人이 산을 간과看過하여 그 산이 산이 되지 못할 수 있음을 보여 주어 경계하도록 하여도 무익하지 않을까 더욱 염려된다. 오호라! 어떻게 도道에 돌아갈 수 있겠는가!

1936년 병자년 12月 日

蓬山子自傳

余生於福之北四歲始受學於先考府君十歲之內畧
涉經傳內㦯得戒己吾豈作無復有求學之道矣越至
子冬繼讀于吳普黙靜居士居士甚慶之一日余敢
問畫室之名居士曰文人敎士之稱號有之曰古肇錫
非甚爲雛守之光有其終君之氣宇岩岳意摽有屹
於物表者以蓬山扁之㦯乃可耶余固辭之曰蓬
蓋三山之一也其所産也琪花瑤草梗楠豫章竹

菅之材其所匕居也仙人釋子與夫龍蛇虎豹之類
也余沘其人召爲可與所產之物所居之類同日而
語以兆世諸武居士曰不然今吾所以扁以蓬鍋以山者
以其爲君之文浮與操守如蓬山之超於衆嶽而不動則
豈可之地盡自勉旃哉此則居士之警一可謂至且切矣
然余賸、然無所爲今巴蓬山不有其山風靡波蕩八
竟四散不過一杯土壤而此亦見窃旅有力者負志莊
生所謂夜半之負山者果此邪何世殊古今而負山

而去者絶之有之邪若肴則念恐世人之以山肴過之
以示其山之不為山也戒之無蹈呼何復過
丙子榴月 日

선왕고용암부군가장先王考蓉巖府君家狀

공公의 휘諱는 혁爀, 자字는 명숙明叔, 호는 용암蓉巖, 성姓은 정씨丁氏이다. 그 선조는 대저 나말인羅末人이다. 당唐 선종宣宗 대중大中 연간(847~860)에 대양군大陽君 덕성德盛 수결受玦이 동東으로 건너와 압해押海에서 세거世居하였다고 족보에 나와 있다. 후세 고려에 이르러 휘諱 진晉 생원이 계셨는데 유경로柳卿老와 더불어 몽고에 사신으로 가 예부터 세세世世 명신으로 전해졌다. 시생是生께서 때에 선조를 이어 문과에 급제하였고, 조산대부朝散大夫 행한성군사行扞城郡事를 역임하셨다. 시생是生에게 2남이 있어 휘諱 찬贊은 공훈이 있어 영성군靈城君에 봉해졌고, 휘諱 관寬은 문과에 급제하여 금자우시중金紫右侍中을 역임하였고, 정란靖亂 1등공신으로 창원군昌原君에 봉해졌다. 창원昌原을 본관으로 삼는 것이 이로부터 시작되었다.

시생是生 휘諱 원경元景은 문과에 급제하여 병부상서를 역임하였고, 창릉군에 봉해졌다. 시생是生에게 4남男이 있었는데 구俱는 문과에 급제하여 청요직淸要職을 역임하였는데 그 서열이 3위였다. 휘諱 인예仁禮는 문과文科에 급제하여 가선대부 장예원판결사掌隷院判決事를 역임하였고, 영락永樂 연간 이후로 전라도全羅道 동복현同福縣 구성龜城의 남치藍峙에 거주하면서 월영정月迎亭을 짓고, 형제가 매일 잠락湛樂 음송吟誦으로 지내면서 벼슬길을 구하지 않았다.

아드님 휘諱 맹덕孟德은 박학다문하여 선조의 업을 잘 지켰다. 항상 천명天命으로 경책하여 말하길, "함이 없이 하는 자는 하늘도 이를 건드리지 못하는 것이니 이것이 지극한 도에 이른 자의 명命이다"고 하였는데 일세一世의 격언이 되었다. 세종 갑진년甲辰年 문과에 급제하고 장락원정掌樂源正을 역임하였다.

시생是生 휘諱 효치孝致, 호 남강藍岡은 생원과 진사에 모두 급제하였다.

시생是生 휘諱 세원世遠은 현령을 역임하였다.

시생是生 휘諱 진璡은 호號가 기곡基谷이고 무부정武副正을 역임하였다.

시생是生 휘諱 암수巖壽는 자字가 응룡應龍이고, 호는 창랑滄浪 다른 호는 청정제淸淨齋이다. 신제新齋 최산두崔山斗 문하에 출입하였다. 문장과 절의, 효우孝友, 덕행이 일세一世에 탁관卓冠하였다. 명종 신유년辛酉年에 진사進士가 되고, 선조宣廟 기축년己丑年에 정여립鄭汝立의 변란에 응지應旨하여 상소하였는데 그 글이 매우 직절直切하였다. 임금으로부터 잡아들여 국문하라는 명이 있자 이월사李月沙, 최만전崔晩前 제현諸賢이 함께 상소하여 선비의 억울함을 풀어주고자 하였다. 돌아와서 창랑강 위에 정자를 세웠다. 그 시詩에 이르기를

창랑이 스스로 휘돌아 흘러가며 탁해지는데
홀로 즐길 수 있는 것이 성군聖君 덕분 아닌 것이 없네

꽃이 지고 꽃이 피는 것을 사람이 묻지 않는데
산바람 문으로 들어올까 저어하네

라고 읊었다.

벼슬길을 구하지 아니하고 두문불출하며 독서하였다. 자모慈母께서 중풍에 걸리심에 십 년 동안 시중들면서 분糞을 관찰하고 손가락 피로 간호하니 효행으로 국가로부터 정려旌閭를 내리는 특명을 받았다. 우암尤庵 송선생이 글을 지어 효행지孝行誌에 올리고자 하였다. 당시 정송강, 정한강鄭寒岡, 고제봉 제현과 도를 함께 하며 교류하였다. 임진년에는 창의倡義하여 누차

전공을 세웠다. 제봉과 함께 순국하지 못하였음을 한스러워하였다. 이 일에 대해서는 『용타일기龍蛇日記』에 실려 있다.

시생是生 휘諱 유성有成, 호 가연嘉淵은 군자감주부로 임진란과 정유재란 시 군공을 세워 충절로써 통정대부 공조참의에 추증되었다.

시생是生 휘諱 지준之寓, 자字 자웅子雄, 호 적송赤松은 병자호란 때에 남한산성의 위급한 소식을 듣고 발분하여 의병을 모집하는 격문을 써 걸출한 이들을 모집함에 마침내 이운암, 양거오, 이서귀, 유백석, 최계옹의 5현賢과 청주에 이르렀는데 화친이 이루어졌다는 소식을 들었다. 이에 북향하여 통곡하고 돌아왔다. 적벽강 위편에 정자를 짓고, 아름다운 경치를 바라보며 2수의 절구絕句를 지었다.

1.
온누리에 예의 없어 부끄럽고
흉중에 진춘추晉春秋 간직하였네
고달픈 망아지 홀로 강 언덕 거니니
대명천지大明天地에 외로운 배 홀로 가네

2.
우리 동쪽 바다 밟을 이 그 누군가
공북루拱北樓 앞을 니 홀로 거니네
어떻게 형가의 소매 속을 알아내랴
우리의 국치 씻기 위해 종횡하려네

비록 산림에 숨었으나 절의를 숭상하고 불의에 항거하는 정신만은 숨기지 않았다.

오랑캐[158]에게 당한 국치를 씻어 버리기 위해 벽립천인壁立千仞의 기상으로 서고자 한 것이다.

김선원, 이백강, 홍남간, 임창계, 이랑옹, 나창주, 정용지 제현諸賢과 서로 왕래하며 제영題詠을 많이 하였다. 우암 송선생이 항상 충효로써 전가傳家하도록 하였고 크게 니당禰堂, 친조親廟를 가加하였다. 권공權公 태일泰一(관찰사)이 천거하여 이르길, 「충효일심 강개대절忠孝一心 慷慨大節」이라 하였다.

시공是公의 9세世, 8세世, 7세世이다.

시생是生 휘諱 호琥 학봉거사鶴峯居士는 시詩와 예禮를 돈박하였고, 의리가 명백하였다.

시생是生 휘諱 남일南一, 호號 모헌慕軒은 효우孝友에 돈독하여 만년에 절충折衝장군 첨지중추부사를 역임하였다.

시공是公의 6대, 5대, 조고祖考이다.

휘諱 언채彦采는 문사文詞가 풍부하였고, 「효우목孝友睦」의 3자字를 일신의 패부佩符로 삼았다. 연세 94세에 가의대부嘉義大夫 동지중추부사同知中樞府事에 추증되었다. 3세三世에 백일세百一歲를 향수享壽하였다.

휘諱 이원以原, 호 육오제六吾齊는 재식才識이 총민하고 문장이 굉박하였으며, 옛 성현을 준칙準則으로 삼았다.

휘諱 계인啓仁은 가훈을 승습承襲하고, 선조의 아름다운 전통을 계승하였다.

휘諱 두록斗祿은 효우孝友하고, 법가法家, 시詩, 예禮, 율律에 밝았으며, 몸소 친족과 정의情誼를 돈독히 하였다. 권학勸學에 정성을 들임에 일심으로 시종始終하였다.

---

158) 고려 말부터 조선 초기에 걸쳐 두만강 근처와 그 북쪽에 살던 여진의 미개한 부족.

시공是公의 고조 증조이다.

비妣는 하동 정씨鄭氏 계하桂夏의 여女이고, 필량必亮의 손孫이다. 부덕婦德이 매우 잘 갖추어져 사풍士風이 있었다.

공公은 순조純祖 갑신년(1824) 6월 10일에 학탄鶴灘에서 태어나셨다. 천품이 영오穎悟하고, 풍골風骨이 준매俊邁하며, 재기才器가 탁월하였다. 나이가 들어 송宋의 상사上舍 용탄정옥龍灘廷玉의 문하에 들어가 수학하면서 매일 만언萬言을 독송했지만 번거로워하지 않았다. 스승의 독려로 점차 성장하여 문사文詞가 풍부해지고 필한筆翰이 정심精深해졌다. 사람이면 누구나 나라의 동량이 될 것이라고 하면서 크게 우러러보았다. 추위에 항상 집안을 한스러워하였는데 부군府君께서 친히 땔감을 점검하고 여름날에 힘써 마련하니 말리는 보리가 마당에 가득하였다. 가인家人들이 모두 공公의 독가獨家라고 하였다. 전심專心으로 독학督學하여 소나기가 크게 와도 몰랐다. 야인野人이 귀가해 보니 보리가 탁류에 떠내려가고 있었다. 잠들어 계신가 하고 문을 열어 보니 의연毅然히 책의 뜻을 분석하시다 이치를 깨닫고 크게 기뻐하며 말씀하시길,

"우리 애들이 힘써 일함이 이와 같으니 우리 집안이 곧 일어나지 않겠는가!"

라고 하며 기뻐하여 마지 않으셨다. 부군府君의 장학奬學 정성은 사람이 능히 하기 어려운 것이었고, 공公의 엄격한 훈독訓督과 조예 또한 능히 견줄 바가 없었다. 공公이 일찍이 승보시陞補試에 합격함에 송용탄이 기뻐하며 시詩를 지어 보냈다.

금성錦城의 백주白酒 몇 잔 기울이고 나서
붓 뽑아 드니 예봉銳鋒에 의기意氣가 새롭네
초장부터 백일장에 장원하니

응당 장차 세 발의 화살 정곡을 쏘리라
재능이 뛰어나도 호공胡公의 절의에는 미치지 못하니
맑은 정신으로 추성鄒聖을 흠모하며 읊게나
부지런히 힘써 일찍 공명功名 세우고
귀밑머리 희끗희끗해지길랑 기다리지 말게

그 젊은 시절의 성취가 이와 같았다. 더욱이 경의經義를 연구함에 돈독하였고, 백가百家를 섭렵하였으며, 문사文詞에 능하였고, 육례六體에 뛰어나 그 봉망鋒望이 자심藉甚하여 남복南服(남방 지역)에서 추중推重하는 바 되었다. 자주 남방에 파견되어 과거시험의 마지막 장場까지 자리하여 살폈다. 무릇 과거시험장에서 대초代草해 준 것이 무려 수십 편에 이르렀다. 사람들이 공公에게 뒤지는 것이었는데 온 세상이 공에게 어긋난 것인가, 공이 운수로 그러한 것인가. 시론時論이 크게 애석해 하였다. 이후 거업擧業을 그만두고, 은거하며 양친養親하고, 전후에 걸쳐 거상居喪하였다. 모두 죽粥을 맛보며 봉행하고, 상장제례喪葬祭禮를 주자가례朱子家禮에 준하여 행하였다. 또한 봉선奉先함에 독실하였고, 제사 모심에 공손히 하였다. 매번 선휘先諱를 모심에 먼저 재욕齋沐하고 제수祭需를 스스로 마련하며, 묵묵히 슬퍼하며 정성을 보임에 반드시 바로 앞에 계신 듯하며 비애悲哀의 마음을 항상 지녔다. 이는 천부天賦의 성품이 효성스러워 그러한 것이다. 만년에 집안이 점차 펴지게 됨에 자신은 검약하면서 손님을 후하게 접대하고, 곤궁한 자손들을 도와주는데 더욱 분주하였다. 그래서 원근 친척 가운데 혼인에 때를 놓친 자, 자손 가운데 의탁할 곳이 없는 자에게는 반드시 자량資糧을 가지고 가서 방문하였다. 항상 사숙私塾을 열고 서적을 갖추어 후학들에게 학문에 나아감을 장려하였다. 원근의 사우士友가 문례問禮하여 수학受學한 자가 거의 수백인에 이르렀다. 향대부 창시노회創詩老會와 음아吟哦한 사적에 대해서는 만절晩節에 붙여 수록되었다. 유고遺稿가 있어 수초手抄하였는데 글의 행의行義가 선명하며 그 세쇄細瑣한 자획字劃이 일여관주一如貫珠하였다. 이를 보장保藏하여 가보家寶로 전하게 한다.

고종 1년(1863) 12월 3일에 정침正寢에서 고종考終하시니 향년 60이셨다. 동서촌 뒷편 을원乙原에 모셨다. 배配 함풍이씨 기백基伯의 여女, 정규廷規의 손孫이며, 다실茶室 덕일德一의 후인이다. 공公보다 1년 앞서 계미년 8월 4일에 태어나셨다. 부덕婦德을 순전히 갖추고 시부모님을 모시며, 군君과 아이들을 봉양하고, 족친과 화목하며, 빈객을 접대함에 모두 규거에 맞았다. 자식이 없어 제弟 집爆의 자子 만상萬庠을 후後로 삼았는데 무육撫育함이 자신이 낳은 아들처럼 하였다. 출향出鄕하면 이웃사람들이 모두 우러러보았기에 매우 의연히 행동하였다. 공公보다 앞서 24년 경신 10월 25일에 돌아가셨다. 학봉공鶴峰公의 묘 좌左 임좌壬坐 원原에 모셨다. 계배繼配 밀양박씨는 자식이 없었다. 묘는 걸생傑生 개서곡介西谷 신기新基의 좌편 내등內嶝 간좌艮坐에 모셨다. 만상萬庠은 전주이씨를 취娶하였는데 자식이 없었다. 계배繼配 광산김씨는 1남을 두었는데 바로 불초不肖이다.

오호라! 공公은 품성이 강직하였고, 언론이 경개耿介하였으며, 학문은 고매하였고, 행의行義는 신중하였다. 그 품은 바 포부는 장대하여 세상에 쓰임이 있었으나 그 만에 하나도 펴보지 못하고 단지 한 사람의 포의布衣 한사寒士로서 종신終身하며 골짜기에서 몰하셨도다! 그러나 그 의행懿行과 아름다운 사적事蹟은 후세에 전해야 할 것이나 애석하게도 없어지고 말아 전해지는 것이 없으니 가히 크게 통탄할 일이다! 불명不明 불인不仁의 책임은 불초不肖가 피하기 어려운 바이다. 가문의 부로父老에게 전해진 실행 실천의 사적을 간략히 모아 수록하였다. 후일 지덕知德 명사名士가 잘 갖추어 채록하길 기대한다.

1928년 무진戊辰 초봄 하현下弦에 불초不肖 손孫 일섭日燮이 피흘리며 삼가 쓰다.

先王考蓉岩府君家狀

公諱爀字明淑号蓉嵓姓丁氏其先蓋唐人也 宣宗大中年
間有大陽君諱德盛受玦束來仍居于押海是其鼻祖也後世
有諱瑨生員與槲卿老使蒙古爲世名臣是生諱時亂文神朝
散大夫行扞城郡事是生二男諱瑨有功封靈城君諱寬文科
光祿大夫右侍中以靖亂一等功封昌原君之爲貫自此始
矣是生諱元景文科兵部尚書封昌陵君是生四男俱登文科
歷涉淸要而其后三諱仁禮文嘉善大夫掌隸院判決事公自
永平富居于龜城之藍崎築月延亭兄弟湛樂日事吟哦不來
仕進是生諱孟德博學多聞恪守先業常以天命警人曰英之

焉而爲者天也美之致而至者命爲一世格言 世宗軍辰文
科掌樂院正是生諱孝芬號藍岡生進俱中是生諱泓舟武副
正是生諱世遠縣令是生諱琔號葺笭武副正是生諱巌壽字
應龍号滄浪又號淸淨齋受學于崔新齋山斗門文章行義孝
友德行卓冠一世 明宗丙申進士 宣廟己丑鄭賊汝立
之變應旨上䟽言甚切直自 上有拿鞠之命賴李月沙廷龜
崔晩翁起南諸賢伸救在道宥還仍築亭于滄浪江上有詩曰
滄浪自取任淸濁獨樂無非賴聖君花落花開人莫問山前風
雨恐侵門不未仕祿杜门自靖處世病中風至於十載之久甞
糞指血以孝行命旌尤菴宋先生手筆題額蒼峯行誌鄭松江
鄭寒岡高霽峯諸賢其道義交心壬辰倡義旅立戰功恨不得
與霽峯同殉事載於蛇日記是生諱有成號嘉淵壬辰以軍功

除剞鍊院奉事焉治粟郡尉 以忠節 贈通政大夫工曹參議
是生諱之馬字子雄号赤批丙子亂聞南漢危急發憤檄義其
舅之傑遂應李雲岩梁擔梧李西歸柳白石崔砮翁五覽至清
州聞媾成北首痛哭而歸築亭于奄壁江上扁以望美題詩二
絶曰海内愧吾周日音中記得晉春秋瘦馬獨尋江上路大
明天地一孤舟母朝東海上誰高端拱北樓前我獨行妄得前鄉
把袖手淸吾國乱任縱橫特書大明江山崇被日月八字而揭
之以寫尊周之義與金仙源李白江洪南澗林滄溪李浪翁羅
滄洲鄭龍記論賢互相往來多有題咏龍七菴宋先七常以忠孝
傳家大加稱愛權公泰一蔦日四忠孝大節慄慨一心是公之
九世八加七世巳是七諱琉龍鴶等辰士詩禮敦博義理明白
是生諱南一號蒸軒孝友篤至壽折衝將軍僉知中樞府事是

公之六代五代祖考妣諱彦采文詞富贍以孝友睦三字為一身佩符年九十四壽大夫夫尚知中樞府事追贈三世享壽百一歲讀以原考　才識聰敏文章先傳以古聖賢爲準則諱啓仁号承蘩庭訓克趾先美諱斗祿号　孝友法家詩禮律身睦族之誼劻勷之誠一心終始是公之高曾祖禰妣姒河東鄭氏桂夏女必虎孫婦德甚備有女士風公以　純祖甲申文月十日生于赤壁里第天賦穎悟風骨儒雅才器卓犖年纔八學受學于宋上舍龍灘運王門月誦爲言不煩師督補長文詞富瞻筆翰精深人皆以遠大期之家甚貧寒常恨家府視檢素務當荒夏日曉麥滿場家人皆路而公獨家當專心篤學不知驟雨大至野人婦家麥漂濁洗淚其爲就睦閉戶視之別毅也對卌剖析理會府君大善曰吾兒篤工如此吾家或庶幾乎盍

其府君獎學之誠人所難能而公之服嚴訓篤志謂示莫能傳
也公嘗赴陞補試入格宋龍灘喜贈四錦城自活幾杯鬥筆枷
銳鋒意氣冷始伯一塲勝伯戰應將三箸射紅心緒才終今胡
公節不痳恍飲鄒聖箴勉爾功名須及早莫敎雪鬢侵芸
早年成就有如此而亢篤於研究經義淡獵百家長於文詞工
於元體鮮犂韓甚爲南服所推重而屢解南省終屢場屋凡場
中俄草並意數十篇而人仲而公屋蓋世於乙西桐遣鄭公於
數西相在邢時論大惜自後因廢擧業隱屈養親前後居表督
爲啜粥長葵祭禮一遵朱子家禮又篤於奉先詳於祭祀毎當
先諱前期齋沐祭需視自點檢誠敬必致如在悲哀一如初執
此是天賦性存然七晚年家緒舒而儉於自奉厚於撫貧恤孤
惆煢九所汲 故遠近視戚之婚嫁失時者丁孤無依者必爲

資糧而行紀爲常置蟄儲書以獎進後學爲己任遠近士友與
禮交學殖敎百人與鄕大夫劉訐光會吟哦時事以寫忱爲有
遺稿手抄行義鮮其細瑣字畫一如貫珠藏之爲傳家寶以
高宗癸未十二月三日考終于正寢享年六十菫于東西村后
負乙原配咸豊李氏基伯女延視孫淙室德一后先公一年癸
未八月四日生擇德純備事舅姑奉君子睦族接賓客譽中
規矩女育以芳嬪之子萬庠爲后撫育如己出鄕里咸福其懿
行光公二十四年庚申十月二十五日丙發葵于鵪筆公墓右
壬坐原繼配崙陽朴氏無育蓁傑出介西澗新塋左肉燈艮坐
萬庠娶合卄李氏無育繼配光山金氏育一男卽不肖也嗚呼
公寬性剛直言論耿介學問高逸行義頃重其所蘊抱若持大
有用於世而束展其蒿一以一布衣一寒士終身坎坷以沒

而其懿行美蹟之可傳於後者之將泯沒而無聞可勝痛哉不明不仁之責是豈不肖之所難逭者也善撥所傳於門父老之實行實蹟以俟後日知德者之採擇云爾
戊辰初春下澣不肖孫白愛淚血謹識

어린이를 위한 노래 警蒙歌

해제

이 글을 지은 정치업(숙종1692~영조1768)은 전라도 동복현 출신으로 자字는 경천敬天, 호號는 백인百忍이다. 임피현령 여림汝霖의 후손이며 문장과 효로 저명했다. 『백인당유집』이 전한다. 교육을 걱정하면서 난해한 이조어李朝語를 현대문으로 풀어 싣는다.

율곡栗谷 이이李珥(1536~1584) 선생이 42세에 저술한『격몽요결擊蒙要訣』은 선조 이후 초학자들의 교재로 널리 익힌 책이다. 입지立志, 혁구습革舊習, 지신持身, 독서讀書, 사친事親, 처세處世 등 총 10장으로 구성되어 있다. 율곡은 서문에서 이렇게 밝히고 있다.

"사람이 세상에 나서 학문에 의존하지 않고서는 올바른 사람이 될 수 없다. 학문이란 별다른 것이 아니다. 다만 아비가 되어서 자애롭고 자식이 되어서는 효도하고 신하가 되어서는 충성하고 형제간에는 우애롭고 젊은이는 어른을 공경하고 친구 간에는 신의를 두는 것으로서 일용의 모든 일에 있어 그 일에 따라 각기 마땅하게 할 뿐이다. 다만 배우지 못한 사람은 마음이 막히고 식견이 좁게 마련이다. 그러므로 모름지기 글을 읽고 이치를 궁구하여 마땅히 향할 길을 밝힌 연후에야 조예가 올바르고 실천에 중도를 얻게 된다."

격몽은『주역』몽괘蒙卦 상구上九 효사爻辭의 말로 몽매하여 따르지 않는 자를 깨우치거나 징벌한다는 뜻이다.

「어린이를 위한 노래」는 초학자에게 유학교육의 요지를 간추려 알기 쉽게 풀이하였을 뿐만 아니라 유학의 근본정신인 사람의 도리를 보다 높은 차원에서 일깨워주고 있다. 격몽요결과 그 맥을 같이한다고 보아도 될 것이다.

어린이를 위한 노래 警蒙歌
- 정치업丁致業

目次

1. 천지리기 삼재분위 天地理氣 三才分位

2. 인륜 人倫
   1) 부자유친 父子有親
   2) 군신유의 君臣有義
   3) 부부유별 夫婦有別
      - 형우제공 兄友弟恭
   4) 장유유서 長幼有序
      - 사제 師弟
   5) 붕우유신 朋友有信

3. 도통장본 道統長本
   1) 도통전수 道統傳授
   2) 동국연원 東國淵源

4. 문학지본 文學之本
   1) 불학의 폐 不學之弊

5. 행신처사 行身處事

1. 천지리기 삼재분위 天地理氣 三才分位

입아 아이들아 이 내 훈계訓誡 웃지 말고 자세히 들어이셔 이목耳目에 이겨스라. 하늘이 자시子時에 열리니 가볍고 맑은 것은 하늘이요, 땅이 축시丑時에 열리니 무겁고 탁한 것은 땅이로다. 사람이 인시寅時에 태어나니 하늘과 땅 사이에 천명天命을 받은 것이 하늘과 땅과 사람이로다. 천지개벽天地開闢할 때에 동과 정이 있었으니 동動하여 양陽이 되고 정靜하여 음陰이 되어 음극陰極하면 양陽이 나고 양극陽極하면 음陰이 나니 상생相生할손 오행五行이요 순順하니 사시四時로다. 변화무궁變化無窮하여 만물萬物을 생육生育할제 인생人生이 최령最靈할손 천지天地와 상참常參이라. 건도乾道는 남자되고 곤도坤道는 여자되며 하늘이 둥그니 머리 둥글고 땅이 네모이니 발이 네모이다. 사지四肢로 사방四方삼고 오내五內[159]에 오행가져 이목耳目은 일월日月이요 희노喜怒는 한서寒暑로다. 이치를 생각하면 사람이 적은 것인가. 사람이 어찌 천지天地보다 적으리오. 경전經傳에 이르기를 사람이 크다 한들 사람마다 다 크다고 할 것인가. 하늘에는 천도天道가 있어 일물一物이라도 덮지 않은 것이 없으니 음양陰陽은 열고 닫고 사시四時는 대사代謝하여 일월성신日月星辰이며 풍우상로風雨霜露까지 각기 그 자리를 얻는 것이 이 아니 천도天道인가. 땅에는 지도地道가 있어 한 물物이라도 싣지 않은 것이 없으니 화악華岳을 실어도 무겁지 않고 하해河海가 진동해도 새지 않아 초목곤충과 날고 달리는 동식물들이 모두 그 존재를 즐기는 것이 이 아니 지도地道런가.此一節論天地理氣及三才分位

2. 인륜人倫

사람에게는 인도人道가 있어 인지仁智로 법法을 삼아 효제충신孝悌忠信과 예의염치禮義廉恥와 삼강오륜三綱五倫으로 성의정심誠意正心하였어라. 온량공검溫良恭儉하오면은 이 아니 인도人道런가 천지만물天地萬物이 이 몸밖에 또 있느냐. 미열迷劣한 너희들이 이만 일러 어이 알리 군위신강君爲臣綱이요 부위자강父爲子綱이요 부위처강夫爲妻綱이니 이것이 삼강三綱이요 부자유친父子有親하며 군신유의君臣有義하며 부부유별夫婦有別하며 장유유서長幼有序하며 붕우유신朋友有信함이 이것이 오륜五倫이다.

---

159) 오내(五內) : 오장(五臟), 마음 속.

1) 부자유친父子有親

부모父母 섬기거든 대순증삼大舜曾參이며 민자자로閔子路같은 이는 고금古今의 달효達孝이시니 그러하지는 못할지라도 옛 사람을 스승하여 내 몸에 일성日省하면 불효不孝는 면하리라. 소학小學에 이른 대로 쇄소응대灑掃[160]應對하며 온청정성溫淸定省하옵기를 숙석夙夕[161]에 조심하고 일이 있거든 좇아서 힘쓰고 유필유방遊必有方하여라. 무릇 모든 일은 웃어른에게 여쭈어 처리하고 스스로 몸가짐을 삼가며 기색氣色을 살펴보아 어기오지 말아라. 부모가 노여움이 크셔서 달지유혈撻[162]之有血할지라도 부드러운 목소리로 간諫하여서 죄를 짓지 마라. 어렸을 때 엄마를 부르던 그 마음을 평생토록 잊지 않으면 출천대효자出天大孝子인들 이밖에 더할소냐! 까마귀 미물이지만 반포심反哺心을 가졌거늘 하물며 사람이 짐승만도 못할것가. 불가불 지친년知親年이라 어찌하여 이르신고. 기왕지향수己往之享壽[163]를 기뻐하고 돌아올 해가 많지 않음이 두렵도다. 살아 계신 부모님을 봉양함에 있는 힘을 다하려니와 송사送死인들 아니 크랴. 종천영결終天永訣하는 날에 오내분붕五內分崩[164] 가이없다. 땅을 두드리고 하늘에 부르짖으며, 고지규천叩地叫天 통곡痛哭하고 삼년애훼여례三年哀毁如體하여 평상시 하시던 일 밤낮으로 사모思慕하며 제삿날에는 살림 형편에 알맞게 일배주일우반一盃酒一盂飯이라도 정결히 장만하여 남의 체면 볼 것 없이 지성치령至誠致灵하려므나.

---

160) 쇄소(灑掃) : 물 뿌리고 비로 쓸음.
161) 숙야(夙夜) : 이른 아침부터 깊은 밤까지.(『禮記』, 夙夜強學以待問).
162) 달초(撻楚) : 잘못을 저질렀을 때 어버이나 스승이 훈계하느라고 회초리로 볼기나 종아리를 때림.
163) 향수(享壽) : 오래 사는 복을 누림.
164) 분붕(分崩) : 떨어져 흩어짐. 이산함.

2) 군신유의君臣有義

이효사군以孝事君하면 이를 일러 충성忠誠이니 군신부자대륜대의君臣父子大倫大義 천지天地의 상경常經이다. 임금의 면전에서 직간에는 용봉비간龍逢比干이요 정치와 교화에는 이부주소伊傅周召, 사생취의捨生取義에는 순원문육巡遠文陸이다. 그 다음은 충신절사忠臣節士다. 기록하지 못하여도 대개를 살펴보아 이신순국以身殉國하여라.

3) 부부유별夫婦有別

부부夫婦의 화합和合함을 금슬같이 일렀으니 건곤乾坤을 체득하고 음양의 교감交感이 다 은미하나 인륜시초의 도正始[165)]道요 생민의 처음이며生民之始 만복의 근원이다. 예禮로써 맞은 배필配匹 행여 아니 그르치랴 불효不孝의 제일 조건 자식이 없음이 제일 크다고 일렀나니 가인지리家人之離[166)]起 부인婦人은 옛 사람 우릴 속일가. 부창부수夫唱婦隨하여 집안이 화목하여라.

형우제공兄友弟恭

본처를 다스리면 형제兄弟간에 화목하리. 부모父母께는 한핏줄, 몸인들 서로 다를소냐. 즐거울 때나 괴로울 때나 마음을 함께, 먹고 사는 일에 서로 노와 형우제공兄友弟恭 하여 일생담락一生湛樂하여라. 분형연기分形連氣[167)]하온 형제인지라 부모 마음 한번 보니 부모를 생각하여 동생정의同生情義 상傷

---

165) 정시(正始) : 바른 시초, 시초를 바르게 함. 인륜의 시초, 부부관계를 바르게 함.
166) 이가(離家) : 집을 떠나 타향으로 멀어지게 함.
167) 분형연기(分形連氣) : 형제는 같은 부모에게서 낳으므로 형제는 나누어져 있지만 서로 이어져 있다.

치 말며 멀어간다 소홀말라. 가지가지 한 뿌리다.

4) 장유유서長幼有序

노인老人을 존경하는 마음을 미루어서 경장敬長도 하렴은 다 부형父兄의 소친所親이라 그 아니 존중尊重한가 서행후장徐行後長하고 조궤이종操几以從하되 정용正容하여 말씀 듣고 묻잖은 말 하지 말아라.

사제師弟

요사이 어린놈들 선생先生 박대하거니와 세상난수일자은世上難酬一字恩 168)을 예부터 일렀나니 도학전수道學傳授 배운 데를 선생先生이라 하거니와 구독지학句讀之學 배운 데를 그 아이 선생인가. 도학전수道學傳授 몇몇이요 구두선생 거의로다. 사람의 귀천 묻지 마소. 선각先覺이면 내 스승이 남의 속에 있는 글자 내 속에 넣자하면 저 사람의 은덕恩德이야 군부君父와 일체로다. 이러한 공 모르고서 제 재주로 알다가 도리어 능모凌侮169)하여 하루 아침에 배반하니 무부무군無父無君 한가지라. 배은망덕 이 아닌가.

5) 붕우유신朋友有信

벗을 사귀려거든 사람을 살피려므나. 잘 사귀면 삼익三益이요 못 사귀면 삼손三損이라. 사군자士君子의 취우取友 보소. 신의로 교결交結하여 담담함이 물 같으며 이利로움이 단금斷金이다. 주이불비周而不比170)하는지라 지사상신之

---

168) 일자지사(一字之師) : 글자 한자를 고쳐준 은인.
169) 능모(凌侮) : 오만한 태도로 남을 업신여김.

死相信하리로다. 시속時俗을 돌아보니 심붕心朋인가 면붕面朋인가. 형 동생 너 냐나냐하며 벗들도 많기도 할사. 마주 앉으면 마음 주는 듯하다가 돌아서서 비웃는다. 운우지정雲雨之情 번복한다. 남의 일 살펴보아 내 마음 가려내어라.

3. 도통장본道統張本

어와 찬연할사 삼강이며 오륜이야 이런 행실 알게 함이 그 뉘라서 가르치리요. 성인聖人이 아니시면 만고장야萬古長夜 가탈났다. 고인물지초생顧人物之初生하니 여금수이하택與禽獸而何擇인가 성인聖人이 있는 연후에야 인륜人倫을 밝혀서 이끌도다. 사처병이궁실土處病而宮實이요 목실계이화식木實繼而火食이다 사농공상士農工商 분별하여 각기 그 직분에 힘쓰게 하니, 세상 사람 과화존신過化存神[171] 알 리 없네.

1) 도통전수道統傳授

상고성현上古聖賢 헤아려 보소. 도학전수道學傳授 차례 있네. 요순우탕은 상이위군上而爲君하신고로 계천입극繼天立極하오시니 위탕희호巍蕩熙皞[172]하시도다. 문무주공文武周公 내려와서 사업事業은 다 다르되 일가一家의 삼대성三人聖이 천만고千萬古에 하나이다. 목야의 박달나무 수레牧野[173]檀車를 이제

---

170) 주이불비(周而不比) : 진실에 터 잡은 공평된 사귐은 하나 편파적인 붕당은 만들지 않음.(君子而周而不比小人比而不周)-論語
171) 과화존신(過化存神) : 성인이 지나는 곳은 반드시 그 덕으로 교화되고 성인이 머물러 있는 곳에서는 神과 같은 감화가 이루어짐. 덕화가 한량 없음을 이르는 말.(『孟子』, 夫君子 所過者化 所存子神 上下與天地同流)
172) 희호(熙皞) : 백성이 화락하게 잘 지내는 일.

夷齊는 간諫커니와 황천皇天이 가수假手[174]하고 민심民心이 귀복歸服하니 순천응민順天應民하시랴니 말고잔들 어이하리. 수양산首陽山 고사리도 특별한 춘색일세. 복희씨 그은 8괘 유리羑里[175]에 풀어내니 64괘 연역하여 36궁宮을 밝히고 양의사상兩儀四像과 양기음우陽氣陰偶로 이기理氣를 추측하며 길흉吉凶도 점득占得한다. 명백한 효상爻象을 뉘 알아 전傳 하신고. 공부자孔夫子 계사繫辭하여 후생을 아뢰도다. 시서詩書를 산정刪定하고 춘추春秋를 필삭筆削할제 예악문물 찬란하고 난신적자 두려워하네. 니구尼丘[176]에 일월日月 밝고 태산泰山[177]에 천하天下적다. 사업으로 볼작시면 요순보다 어질건마는 애도롤산 춘추난세春秋亂世 행도行道를 어이할고 하도河圖[178]도 적막하고 봉덕鳳德이 외로우니 목탁木鐸으로 순로徇路하여 철환천하轍環天下하실 적에 진채陳蔡에 절량絶糧하고 환퇴桓魋는 대수代樹하다. 초광접여楚狂接輿 노래 듣고 저녁沮溺더러 내리 묻네. 구세救世에 급급하여 이대도록 곤커니와 획린獲麟[179]에 절필絶筆하고 불유지不蹕知에 그치시니 천고유전千古世流傳함이 그 도덕道德 이제로다. 삼천제자三千弟子 모아신데 승당입실升堂入室하건마는 안자顔子의 종일무위도학심통終日無違道學心通하였더니 불행히도 단명短命하니 인자요수仁者天壽 모를 일일리세. 증씨曾氏의 독득기종대학십전獨得其宗大學十傳

---

173) 목야(牧野) : 주무왕(周武王)이 은(殷)의 주(紂)왕을 토멸한 곳.
174) 가수(假手) : 남의 힘을 빎. 남을 번거롭게 함.
175) 유리(羑里) : 은대(殷代) 감옥 이름, 땅 이름, 은(殷)의 주(紂)가 주문왕을 가둔 곳.
176) 니구(尼丘) : 공자가 탄생한 곳.
177) 태산(泰山) : 오악(五岳)의 하나, 산동성(山東省) 태안부(泰安府)에 있다.
178) 하도(河圖) : 중국의 전설적 황제인 복희씨(伏羲氏)때 황하(黃河)에서 나온 용마(龍馬)의 등에 붙어 있었다는 그림. 참고로 낙서(洛書)는 우(禹)임금시대에 낙수(洛水)에서 거북이 등에 새겨져 있었다는 그림이다. 복희씨는 하도(河圖)를 보고 주역의 8괘를, 우임금은 낙서(洛書)를 보고 홍범구주(洪範九疇)를 그렸다.
179) 획린(獲麟) : 기린을 얻음. 노(魯)의 애공(哀公)이 14년 봄에 서방(西方)으로 사냥 나갔다가 기린을 얻은 고사. 공자(孔子)가 춘추(春秋)의 저술을 "서수획린(西狩獲麟)"으로 끝맺고 붓을 놓았으므로 절필(絶筆) 또는 임종이라 함.

닦아내 옛 삼강령팔조목三綱領八條目 질질秩秩이 배포하니 일관오도묵지一貫 吾道默識[180]하여 수기치인修己治人 해비該備하다. 자사자子思子 중용中庸 보소. 우도憂道하여 지어내니 정일집중精一執中 새겨내어 천명솔성天命率性 이르시 되 치우치지 아니한 불편불의不偏不倚 공부로 위천지육만물位天地育萬物하시 도다. 맹자孟子의 호연지기浩然之氣는 공자孔子에 버금이다. 자모慈母의 삼천 교三遷敎는 그 아니 성선聖善인가 거양묵칭距楊墨稱 선성先聖을 양혜제선梁惠 齊宣 어이 알리. 칠편훈계七篇訓戒하신 말씀 욕欲을 막고 리理를 존재하게 하 는 대지大旨로다 알욕존리대지遏欲存理大旨. 염계濂溪의 광풍제월光風霽月 수 사洙泗로서 좇아온가. 일부무극도一部無極圖는 조화造化를 모출模出하고 하락 河洛의 서일상운瑞日祥雲 오색금성玉色金聲 양부자兩夫子라. 규원구방規圓矩[181] 方 몸이 되고 승직준평처사繩直[182]準平處事로다. 효경孝經, 대학大學, 근사록近 思錄은 계왕개래유공繼往開來有功하다. 횡거橫渠의 용철고비손오勇徹皐比孫吳 에 물들더니 서명西銘을 지어내어 이일분수리一分殊 풀어낸다. 무명공無名公 공중루각空中樓閣 가풍편정駕風鞭霆[183] 천근월굴왕래天根[184]月窟[185]往來하니 정리건곤靜裏乾坤 한가하다. 속수涑水의 자치통감資治通鑑 문장文章도 좋거니 와 덕화德化도 거룩하던가. 아동주졸兒童走卒 다 아는고 구산龜山의 입설독지 오도남立雪[186]篤志[187]吾道南이 되단말가. 예장豫章의 한길이라 연평延平으로 돌아드니 백록동白鹿洞 회암선생晦菴先生 경술庚戌에 나시도다. 경전經傳을 깊 이 해석하여 권권마다 전주箋註[188]하니 문장文章도 분명할사 사문斯文의 큰

---

180) 묵지(默識) : 남의 말하는 진의를 곧 알아차림. (『論語』, 默而識之 學而不厭 誨人不倦 何有於我哉)
181) 구화(矩㦸) : 먹줄과 자.
182) 승직(繩直) : 먹줄처럼 똑바름.
183) 가풍편정(駕風鞭霆) : 바람에 멍에 걸어 번개에 채찍하다.
184) 천근(天根) : 성숙(星宿)의 이름. 자연적 바탕. 천성(天性)
185) 월굴(月窟) : 달 속 바위굴. 달이 떠오르는 곳. 서역.
186) 입설(立雪) : 눈이 오는데 서 있음. 제자가 스승을 극진히 존중함을 비유한 말.
187) 독지(篤志) : 일의전심(一意專心)함. 친절한 마음씨. 후한 뜻.

공이다. 예기禮記를 절충하여 관혼상제 모르고 강목綱目을 닦으시사 군신분의君臣分義 엄히 하니 일생의 학문 공부 맹자후일인孟子後 一人이다. 천운天運이 순환하여 무왕불복無往不復이라.

2) 동국연원東國淵源

동국東國이 편소한들 의리義理조차 적을소냐. 정포은鄭圃隱[189] 호매기상 천재절학千載絶學 창명倡明하여 사서四書를 전주箋註하니 해외운봉海外雲峯 아니신가 학교를 존숭하고 삼년상三年喪 홀로 행하니 동방東方이 문명文明하고 남이南夷도 감화하네. 점필재佔畢齋(金宗直, 1431~1492) 한훤당寒暄堂(金宏弼, 1459~1504) 도학정맥道學正脉으로 내려오니 소학서중小學書中 오작비悟昨非나 임형발부臨形髮膚 아끼도다. 이수理數의 자상하기 일두一蠹(鄭汝昌, 1450~1504)도 제명齊名하니 적전嫡傳이 면면하여 조정암趙靜菴[190]에 내리도다. 동정動靜이 집중執中하고 문장文章도 탁락터니 불행할손 기묘사화己卯士禍 부운폐일浮雲蔽日 무슨 일인가. 천일天日로 맹서하니 충의忠義도 당당할사. 퇴계退溪[191]의 일대징파一帶澄波 염락濂洛으로 흘러온가 천자天姿도 굉후하고 사림士林의 최산두崔山斗[192]로다. 이학통록理學[193]通錄 계몽전의啓蒙傳疑 입덕入德하는 문호門戶로다. 율곡[194]의 영명자질英明姿質 백세百世의 진유眞儒

---

188) 전주(箋註) : 본문의 뜻을 풀이함.
189) 정몽주(1320~1392). 자는 달가(達可), 호는 포은(圃隱), 본은 영일(迎日). 공민왕 9년.
190) 조광조(1482~1519). 자는 효직(孝直), 호는 정암(靜菴), 조선 중종 때 학자. 벼슬은 대사헌(大司憲) 38세에 남곤(南袞) 일파의 음모로 화순 능주에서 사사되었다.
191) 이황(1501~1570). 자는 경호(景浩), 호는 퇴계(退溪). 진사 식(埴)의 막내. 34세에 문과 급제. 공조· 예조판서 대제학역임.
192) 최산두(1483~1536). 전라도 광양 출신으로 호는 신재이다. 기묘사화(1519)로 동복현에 유배되었다. 김인후 등이 문하에 출입하였으며 도원서원에 배향되고 있다.
193) 이학(理學) : 자연을 연구대상으로 하는 학문의 총칭. 송대의 이기설을 주장한 학문.

셨다. 경전자집經傳子集[195] 수결搜抉하고 동서탕평東西蕩平하시도다. 아까울손 조세부세早世하니 경륜대지經論大志 못 이루다. 사계선생沙溪先生[196] 상의비요喪禮備要 예학禮學에도 밝거니와 온윤독실溫潤篤實하신 도덕유문道德儒門의 사종師宗이다. 이대로 볼작시면 성현聖賢이 백세사百世師라. 시인時人의 이목耳目이요 어두운 거리의 밝은 등불이다.

4. 문학文學

도학서업道學緖業[197] 미뤄보니 문학文學이 근본根本이다. 고금古今을 통하자 하면 글 아니고 어이알가 관도貫道[198]의 대기大器[199]요 행신行身의 광로廣路로다. 공자孔子같은 대성인大聖人도 위편삼절韋編三絕하였고 그 밖의 현인군자 학이성지學而成之하셨거늘 하물며 중인衆人이야 일러 무삼하리요. 경장귀보輕裝貴寶 구할진데 문자文字밖에 또 있는가. 수불석권근독手不釋卷勤讀하여 문장文章을 이뤄내면 일촌간장一寸肝腸에 만고萬古를 담아두고 단계수丹桂樹 한 가지를 소년少年에 꺾어 꽂고 천문구중天門九重에 문한文翰으로 올리면서 군위원수君爲元首 군위고굉臣爲股肱 일체一體로 일렀으니 위국사절爲國死節 내 일이라. 갈충보국竭忠報國할작시면 신민臣民의 제 도리道理라. 공훈을 바랄소냐. 궁달이 재수在數하여 입신양명 못하거든 불출호정무구不出戶庭無

---

194) 율곡 이이(1530~1584). 자는 숙헌(叔獻), 호는 율곡(栗谷). 본은 덕수(德水). 조선 중기의 학자이자 문신. 호조·이조·형조·병조판서 등을 지냄.
195) 경전자집(經傳子集) :
196) 김장생(1548~1631). 조선중기 학자. 호는 사계(沙溪). 율곡의 제자. 예학과 유학의 거두.
197) 서업(緒業) : 시작한 사업.
198) 관도(貫道) : 도리를 잘 깨달음.
199) 관도지기(貫道之器) : 문장은 도(道)를 밝혀 기술하는 것이므로.

씀라니 낙천지명樂天知命 근심이 없도다. 시세변천의 이치를 단전丹田에 올려두고 말하고 침묵함과 나아가고 물러감 사이를 참된 정성으로 지키면 그 윽한 난초가 골짜기에 있어 향당천기 아니되리.

1) 불학의 폐不學之弊

따뜻한 옷 입고 배불리 먹으면서 글 못한 놈 거동을 살펴보소. 인물人物이 부족하며 의관이 남루턴가. 살찐 말을 타고 가벼운 털옷 입고 남에게 내다르니 처음에 맞아들일제 예모차려 대접하다가 두세 말 건낸 후에 무식이 절로 나니 꿇던 무릎 편히 앉아 흘겨보고 수응하니 늘 아는 친구 외면인사外面人事뿐이로다. 삼삼한 문사文士들이 제제히 모다앉아 시서백가어詩書百家語를 문답하여 토론할제 진실로 가련하다. 한구석에 혼자 남 하는 말 모르거든 무슨 말 섞을소냐 그중의 간란한 놈 더욱 하나 쓸데없다. 짚신감발 헌 도복道服에 간데마다 남의 웃음거리로다. 하는 일 없이 세월을 보내면서 그럭저럭 소년少年시절 한순간에 지나치면 늙어서야 서러워한들 후회하여도 어찌할 수 없다. 너희도 이를 보아 어려서 힘쓰려므나.

5. 행신처사行身處事

유식무식 간에 행신처사 어렵도다. 내 몸에 싫은 일을 남에게 하지 말고 남에게 싫은 일은 좋다고 하지 말라. 내 이로우면 남에게 해가 미치네. 마음을 좋게 잡아 남 속이기 말자구나. 어두운 밤 혼자라도 더욱 조심하여라. 위선위악爲善爲惡하는대로 재앙과 경사가 무리짓나니라. 화禍가 그 몸에서 나오지 아니하면 재앙이 반드시 자손에게 미치나니 한없이 욕심내는 사람

개, 돼지와 다를소냐 의리義理에 모두 어두우니 골육상잔 어이 알고. 만 길 물 속은 측량할 수 있으나 한 길 사람 마음 헤아리기 어렵다. 몸이 작고 마음이 큼이 성론聖論이라 적은 것을 기리고 큰 것을 잃지 말자구나. 교언영색 살펴보소 대간大奸이 거의로다. 그 말을 먼저 행하거들랑 이후 이를 따르거라. 말과 실천이 각각 다르면 남이 어찌 믿으리. 남의 장단점 부디 논하지 말고 내 몸을 돌아보소. 남의 부형에게 욕辱이 미치면 도리에 어긋나니라. 폐인전정廢人前程 아닐 것이 자라나는 초목을 꺾지 않는다는 옛말이다. 관청의 정치 득실 시비 말라. 이른 것이 뒤짚혀 큰 죄를 짓나니라. 소부두모召父杜母[200] 어떻던고. 어질도다 나의 후侯 그 아닌가. 병처럼 입을 지킨 한 말씀을 종신토록 실행하리로다. 사욕이 생겨남을 막는 것을 성城처럼 굳게 지키면 남에 따라 부침 아니되리 인지위덕忍之爲德 이 한 말이 세상을 대하는 큰 공부다. 만사만물 헤아리면 장단경중 다 있나니 조용히 생각하여 남의 시비 하지 말라. 내 집에 오는 손을 반겨서 맞으리. 주공周公같은 대성인大聖人도 어진 선비를 얻기 위해 일어나서 선비를 맞이하기를 오직 미치지 못할까 두려워하였거든 이 몸이 무엇이라 오는 손님을 싫어하리. 제사를 받들고 손님을 접대하는 것이 인사상人事上 대관절大關節이라. 후한 사람에게 박하게 하지 말고 온냉취사 말자구나.

 인간의 어려운 일 주색酒色이 또 있나니 술은 광약狂藥이라 먹으면 마음이 방탕하고 색色은 요염한 여우라 눈에 들어오면 혼미하다. 사나이로 태어나서 이만큼 좋음 없건 만은 마음을 바로잡지 않으면 패가망신 제 길이라. 고금古今을 살펴보소 어떤 사람 되었는고 이 두 일 생각하면 그 아니 두려운가. 진실로 삼가고 한마음으로 경계하면 서시가 다시 나고 주천酒泉이 집에

---

[200] 소부두모(召父杜母) : 백성이 태수(太守)의 선정을 칭송하는 말.

있다 한들 눈이나 거들뜨며 입이나 닿을소냐. 숨어서 하는 일을 남 모른 듯 하거니와 숨을수록 더 잘 보여서 자연히 드러난다. 음란을 모르거든 상피相避인들 어이 알리. 인륜人倫 밖의 사람이라고 금수와 다를소냐. 이런 것을 볼작시면 남녀유별 부디 하리. 설사 무식하여 글자를 못하여도 주색을 삼가하여 세상기인 되지마라. 날마다 마음을 가다듬고 조용히 사색하기를 철저히 하려므나.

    그 남은 일용인사日用人事 일로 좇아서 하리로다. 나도 그리 못하면서 이렇게 굴기 가소로되 후생後生이나 알라 하고 노래하여 이르노라.

警蒙歌

此歌凡六節天道之大人事之本道統之序爲學之方行己之道酒色之戒而間付師生分義之嚴重雖語體俚俗句法疊複

然而語意易曉序次不紊平正順理眞有
助於學語之稚蒙而亦將爲養正之一道
矣嗟吾子孫時或披翫於學問之暇而不
作家人覆瓿之資是所望焉

십사阿孩드라미내訓誡옷지말고仔細리들어시
셔耳目의시겨스라天開於子ᄒᆞ니
죠地闢於丑ᄒᆞ니重濁者爲地로다人生於寅ᄒᆞ시
兩間受明三才로다天地開闢ᄒᆞ졔動靜이셔시
니動本ᄉᆞ노陽시되고靜本ᄉᆞ노陰시되셔陰極ᄒᆞ
면陽시나고陽極ᄒᆞ면陰시나니相生ᄒᆞᆯ슨五行시

효順ᄒᆞ니 四時로다 變化無窮ᄒᆞ야 萬物을 生育ᄒᆞ
제 人生이 寂靈ᄒᆞᆷ소 天地ᄭᅡ 相然시나 乾道ᄂᆞ 成男
ᄒᆞ고 坤道ᄂᆞ 成女ᄒᆞ니 天圓ᄒᆞ니 頭圓ᄒᆞ고 地方ᄒᆞ
니 足方시다 四肢로 四方삼고 五內세 五行ᄀᆞ자 耳
目슨 日月시오 喜怒ᄂᆞ 寒暑로다 시理를 심각ᄒᆞ면
사름시젹은 것가 人豈小於 天地리소 經傳에 베시
시니 사름시 크다 ᄒᆞᆫ 사름마다 큰 것가 天有天
道ᄒᆞ야 無一物不覆ᄒᆞ니 陰陽슨 闔闢ᄒᆞ고 四時ᄂᆞ
代謝ᄒᆞ야 日月星辰시며 風雨霜露仁지 各得其位
ᄒᆞ노거시시ᄉᆞ니 天道신가 地有地道ᄒᆞ야 無一物

不載ᄒ니截華岳而不重ᄒ고振河海而不洩ᄒ야
草木昆虫과飛走動植은이咸樂其所ᄒᄂ거시시
사니地道뎐가 氣及三才分位 人有人道ᄒ야仁
智로法을삼사孝悌忠信과禮義廉恥와三綱五倫
으로誠意正心ᄒ야ᄉ다溫良恭儉ᄒ소면슈니사
니人道뎐가天地萬物이시몸밧긔도니ᄂ中迷惑
ᄒ日쵹이시니만늘미어시살리君爲臣綱시소父
爲子綱시소夫爲妻綱시니시거시三綱시소父子
有親ᄒ며君臣有義ᄒ며夫婦有別ᄒ며長幼有序
ᄒ며朋友有信ᄒ시시게시五倫시니다 此一節論人倫父母

슬팀그거든 大舜曾參시며 閔子路ᄌᆞ드니 古
今의 達孝ㅣ시니 그더ᄒᆞ도 못ᄒᆞ야도 뎃사ᄅᆞᆷ을 ᄂᆞ
会孝샤 내몸의 日省ᄒᆞ면 不孝의 ᄂᆞᆫᄒᆞ사 ᄅᆞ리라 小學
의 니ᄅᆞ더 니 灑掃應對ᄒᆞ며 溫淸定省ᄒᆞ습기를 夙
夕의 조심ᄒᆞ고 有事셔ᄃᆞᆫ 服勞ᄒᆞ고 遊必有方ᄒᆞ야
ᄉᆞ라 百事를 稟處ᄒᆞ고 自行自止 ᄇᆞ더ᄆᆞᆯ며 氣色을
ᄉᆞᆯ펴보와 그 소디 말ᄉᆞ라 父母ㅣ 셩내셔 撻
之流血ᄒᆞ지라도 柔聲而諫ᄒᆞᄉᆞ셔 不使得罪ᄒᆞᄉᆞ
ᄉᆞ라 孩提時 呼母心을 終身토록 닛지말면 出天大
孝子고돌시 밧기 더 ᄒᆞᆯ소냐 가마기 微物시되 反哺

心시념거도可히써사룸의쇼음실만도못홀것가
不可不知親年이라엇디ᄒᆞ사니무신고喜己往之
享壽ᄒᆞ고懼來年之不多로다養生竭力ᄒᆞ더니와
ᄆᆞ시셥다叩地叫天痛哭ᄒᆞ고三年哀毀如禮ᄒᆞ사
送死ᄒᆞ되山로사니크ᄭᅡ終天永訣ᄒᆞ노날의五內分崩
常時에ᄒᆞ시던日夜의思慕ᄒᆞ며祭祀을當ᄒᆞ거
도稱家의有無ᄒᆞ사一盃酒一盃飯도精潔키보솔
펴셔도의눈을爲치말고至誠致靈ᄒᆞ엽솔다 此言父
移孝事君ᄒᆞ면시물닐은忠誠이니君臣父子大倫 有親
大義天地의常經이다面折廷爭ᄒᆞ고龍逢比干시

쇼輔理承化ᄒᆞᄂᆞᆫ伊傅周召ᅵ쇼舍生取義ᄒᆡ고ᄭᅴ
遠文陸ᄒᆞ시다그님은忠臣節士다記錄도못ᄒᆞ샤도 臣此言有義 君
ᅴ好合흠을琴瑟ᄌᆞ치닐디시니乾坤을體得ᄒᆞ고
陰陽ᄋᆡ交感ᄒᆞ니隱微之際正始道ᅵ쇼生民之始
萬福源ᄋᆡ라禮로ᄡᅥ마ᄌᆞᆫ配匹幸ᄒᆞ여사니그못치묘
不孝ᄋᆡ第一條件無後爲大닐디ᄂᆞ니家人之離起
婦人슌뗫사름날쇽길가夫唱婦隨ᄒᆞ샤宜室宜家
ᄒᆞ샤스라 婦此言有別 夫 刑于寡妻至작시면弟兄間ᄋᆡ和
睦ᄒᆞ리父母ᄭᅴᄂᆞᆫ至骨肉彼此몸이다믈쇼나憂樂

의 同心호고 飢飽의 相戀호샤 兄友弟恭호샤 一生
湛樂호여스마 分形連氣호슨지라 父母口숨 一視
호니 父母룰 실각호샤 同生情義룰 傷치 말며 섯간
다 疎却 말나 가지가지 同根시다
되셔셔 敬長도 호렴슨다 父兄의 所親시라 그사니 附兄弟恭老老心미
尊重호가 徐行後長호고 操几必從호대 正容호샤
말삼듯고 뭇잔노 말사스마 此言長요소시어턴
놈을 先生薄待호거니 와 世上 難酬 一字恩을셰브 如有序
터 브니 道學傳授 비호더 룰 先生이시라 호거니
와 句讀之學 비호며 도 그사시 先生인가 道學傳授

엇디치요句讀先生게의로다人之貴賤웃지마소
先覺이면내스승이놈의소쇽붓노글배내소쇽의
비챠호면져사롬의恩德이샤君父와一體로다시
더호功모로고녀졔才操로샤가셔도로혀凌侮
호야一朝의背叛호니無父無君호가다마背恩忘
德이사신가附之分師弟朋友들사피거든사롬을솔펴
스타잘사피뎐三益이오못사피면三損이라士君
子의取友보소信義로交結호야淡淡호미믈갓투
머利로사괴断金이다周而不比호노다니之死相
信호리로다時俗을도라보니心朋이가面朋인가

稱兄稱弟 ᄒᆞ야 벗덜도 참도 ᄒᆞ사 當面輸心背
面笑ㅣ라 雲雨人情翻覆 ᄒᆞᆫ다 놈의 실쇼ᄭᅥ 보ᅪ
ᄆᆞᅀᆞᆷ의 됴히 셔로 『此言朋友有信』
五倫이사 ᄒᆞ미면 行實 살게 ᄒᆞ미 그 뉘라 더 ᄆᆞᆺ 치료 ᄭᅡ셔와 粲然 ᄒᆞ사 三綱이며
聖人이사시니 萬古長夜 ᄀᆞᆺᄂᆞᆺ다 顧人物之初
生 ᄒᆞ니 與禽獸而何擇 가 有聖人而然後에사 明人
倫而道ᄀᆞ之로다 土處病而宮室이소 木實繼而火食
시다 士農工賈分別 ᄒᆞ사 各務其職 ᄒᆞ게 ᄒᆞ니 ᄋᆞᆲ프
다 世上사ᄅᆞᆷ 過化存神 살리 ᅥᆲᄂᆡ 『張道本』
셔보 小道學傳授ᄒᆞ레신니 帝堯帝舜禹湯비上

而爲君ᄒᆞ신故로繼天立極ᄒᆞ쇼시니巍蕩熙皞ᄒᆞ시도다文武周公ᄂᆞ더와셔事業순다다되一家의三大聖시千萬古의ᄒᆞ나却다牧野檀車로夷齊노諌ᄭᅥ니와皇天시假手ᄒᆞ고民心시歸服ᄒᆞ니順天應民ᄒᆞ시ᄆᆞ니말고잔돌셔셔ᄒᆞ묘首陽山고사리도別樣ᄒᆞ春色시쇠伏羲氏그은八卦姜里쎄프더ᄂᆞ니六十四卦演繹ᄒᆞ샤三十六宮昭然ᄒᆞ고兩儀四像파陽奇陰耦로理氣로推測ᄒᆞ며吉凶도占得ᄒᆞ다明白ᄒᆞ爻象을뉘샤라傳ᄒᆞ신고孔夫子繫辭ᄒᆞ샤後生을살쇠도다詩書을剛定ᄒᆞ고春秋를

筆削ᄒᆞ셰 禮樂文物 郁郁ᄒᆞ고 亂臣賊子 두려 ᄒᆞ늬
尼丘셰 日月 붉고 泰山의 天下젹다 事業스로 볼작
시면 賢於堯舜ᄒᆞ건마ᄂᆞ 애도를 쓴 春秋亂世行道
ᄒᆞ셔시 ᄒᆞ고 河圖 寂莫 ᄒᆞ고 鳳德시 쇠로소니 木
鐸스로 徇路 ᄒᆞ샤 轍環天下 ᄒᆞ실 적의 陳蔡에 絶糧
ᄒᆞ고 桓魋ᄂᆞ 伐樹 ᄒᆞᄂᆞ듸 楚狂接輿ᄂᆞ래 듯고 沮溺다
려 ᄂᆞ릭 뭇늬 救世의 汲汲ᄒᆞ샤 시대도 록 困커니와
獲麟에 絶筆ᄒᆞ고 不踰矩의 근치시니 千萬世 流傳
ᄒᆞ미 그 道德시 제로다 三千弟子 모도 신뒤 升堂入
室ᄒᆞ건마ᄂᆞ 顔子의 終日無違 道學心通 ᄒᆞ엿더니

不幸ᄒᆞ야 短命ᄒᆞ니 仁者ᄂᆞᆫ 壽모ᄃᆞ리쇠 曾氏의 獨
得其宗大學十傳닷거내예三綱領八條目이秩秩
시排布ᄒᆞ니 一貫吾道嘿識ᄒᆞᄉᆞ 修己治人設備ᄒᆞ
다 子思子 中庸보소 憂道ᄒᆞᄉᆞ지어내니 精一執中
사겨니ᄉᆞ 天命率性니ᄯᅡᄉᆞᄆᆡ 不偏不倚ᄒᆞᆫ工夫로
位天地育萬物ᄒᆞ시도다 孟子의浩然氣ᄂᆞᆫ 孔子의
버금이시다 慈母의 三遷教ᄂᆞ 그ᄉᆞ니 聖善인가 距楊墨
稱先聖ᄒᆞᆯ梁惠齊宣에셔앋니 七篇訓戒ᄒᆞ신말삼
過欲存理ᄎᆞ로다 濂溪의 光風霽月洙泗로ᄃᆞ릇ᄒᆞ손
가 一部無極圖工造化ᄅᆞᆯ 模出ᄒᆞ고 河洛의 瑞日祥雲玉

色金聲兩夫子타規圓矩方음시되고繩直準平處事
도다孝經大學近思錄을繼往開來有功ᄒᆞ다橫渠의
勇徹皐比孫吳셰므를디니西銘을지셔내셔理一
分殊프머뎐다無名公空中樓閣駕風鞭霆ᄒᆞ고
샤天根月窟往來ᄒᆞ니靜裏乾坤閒暇ᄒᆞ다凍水의
資治通鑑文章도됴커니와德化도거륵던가見童
走卒구사노고龜山의立雪篤志吾道南이되도말
가豫章의효길치라延平스로도다드니白鹿洞晦
菴先生庚戌의나시도다經傳을尋繹ᄒᆞ샤卷의
箋註ᄒᆞ니文意도分明ᄒᆞᆫ斯文의큰功시나禮記

君臣分義嚴히호니一生의學問工夫孟子後一人 第三節言道統傳授
이다天運이循環호야無往不復이라
東國의偏小호되義理로써젹을소냐鄭圃隱豪邁
氣像千載絶學倡明호야四書의箋註호니海外雲
峯사니신가學校을尊崇호고三年喪獨行호니東
方이文明호고南夷도感化호니寒暄堂道學正脉
佔畢齋로녀소니小學書中悟昨非나臨刑髭膚
앗기도다理數의仔詳호기一蠹도齊名호니嫡傳
이綿綿호샤趙靜菴의ᄂ리도다動靜의執中호고
을折衷호샤冠婚喪祭모ᄃᆞᆺ고綱目을맛그시샤

文章도 卓落더니 不幸ᄒᆞᆯ손 己卯士禍 浮雲蔽日므
삼일고 天日로 盟誓ᄒᆞ니 忠義도 堂堂ᄒᆞ샤 退溪의
一帶澄波濂洛으로 흘니온 天姿도 宏厚ᄒᆞ고 士林
의 山斗로다 理學通錄啓蒙傳疑 八德ᄒᆞᄂ門戶로
다 栗谷의 英明姿質 百世의 眞儒삿다 經傳子集 搜
扶ᄒᆞ고 東西蕩平ᄒᆞ시도다 앗가음손 早世ᄒᆞ니 經
綸大志 못늴쉬다 沙溪先生 喪禮備要禮學의 도 몽
거시와 溫潤篤實ᄒᆞ신 道德儒門의 師宗이시다 대
로불 작시면 聖賢이시 百世師라 時人의 耳目의 소昏
衢의 明燭시다 附東國 道學緒業 밀쉬보니 文學이
淵源

根本이다 通古今ᄒᆞ자ᄒᆞ면글ᄉᆞ니ᄉᆞ셔ᄉᆞ살피貫
道의大器소行身의廣路로ᄃᆞ孔子ᄌᆞ도大聖이되
韋編三絶ᄒᆞ시넛고그밧긔賢人君子學而成之시
셔거되ᄒᆞ말며衆人시ᄉᆞ날더무삼ᄒᆞ리닷輕裝
貴寶求ᄒᆞᆯ진디文字밧긔도잇노가手不釋卷勤讀
ᄒᆞᄉᆞ文章을ᄂᆞᆯ쉬내면一寸肝腸에萬古을담ᄉᆞ두
고丹桂樹ᄒᆞ가지들少年셰젓거ᄯᅳ고天門九重세
文翰스로솔니면서君爲元首臣爲股肱一體로날
더시니爲國死節내일ᅴ마竭忠報國窒작시면臣
民의제道理라功勳을빗탈소ᄉᆞ窮達시在數本ᄉᆞ

立身揚名못ᄒ거도不出戶庭無咎라ᄒ니樂天知命
無憂로다盈虛消息理ᄅᆞᆯ丹田의숨더두고語嘿進
退間의赤城ᄉᆞ로직크며幽蘭시桂谷시라鄕黨
賤棄사ᄂᆞ되리 第四節 論文學之本 煖衣飽食을못ᄒᆞᆫ놈擧動
을숨펴보소人物시不足ᄒ며衣冠시藍縷턴가乘
肥馬衣輕裘셰논ᄒᆞ디셔셤의逢迎ᄒᆞ제
禮貌ᄎᆞ려待接다가二三言지번後의無識사걸로
나니仔던晶편치산자睥視ᄒ고酬應ᄒ니常常의
사노親舊外面人事분시로다彬彬ᄒᆞᆫ文士드의濟
濟ᄒ모다슌자詩書百家語ᄅᆞᆯ問答ᄒᆞ야討論ᄒᆞᆯ제

眞實로可憐ᄒᆞ다 ᄎᆞ구석의 촌자놈 ᄒᆞ노말모
르거도 무ᄉᆞᆫ말 석글소 니그中의간단 ᄎᆞ놈더 속ᄎᆞ
나뿔대셥다 집신감발쳔道服의간되마다取笑로
다 優遊度日그덧져덧少年須臾지나니치면늙거샤
될쉬호들悔嗑臍而莫及시다 혀도이를보와셔
려셔침ᄲᅡ스마 $_{學之弊}^{此言不}$ 有識無識間의行身處事어
뎝도다 내몸의슐실살놈의게 ᄎᆞ다말고 놈의게
슐츈닐슌됴투고 ᄒᆞ 다말 ᄂᆞ 내몸의利차ᄒᆞ면놈의
게害가밋ᄂᆞ니 목슘을조최잡아 놈소기기마라스라
셔도손밤촌자라도 더속 操心ᄒᆞ셔스라爲善爲惡

ᄒᆞᄂᆞ디로 殃慶必類ᄒᆞᄂᆞ니라 禍不出於其身ᄉᆡ면 殃必及於子孫ᄉᆡ니 無限慾心ᄂᆞ사룸 雞豚狗彘 다룰소냐 義理예 全昧ᄒᆞ니 骨肉相殘ᄉᆡ살고 萬丈之水可測ᄉᆡᆫ 一丈人心難測ᄉᆡ다 身小心大聖 論ᄉᆡ다 養小失大 말ᄉᆞ 巧言令色色펴보소 大奸ᄉᆡ거ᄉᆡ로다 先行其言ᄒᆞ기를 둔以後從之ᄒᆞ서 ᄉᆞ라言實ᄉᆡ各異ᄒᆞ면 놈ᄉᆡ 엇지 取信ᄒᆞ리 論人長短ᄇᆞ뎌 말고 내몸을 도라 보소 남의 父兄辱及ᄒᆞ면 出悖來逆ᄒᆞᄂᆞᄉᆡ다 廢人前程ᄉᆞᄂᆞᆯ게시 方長不折 뷧말ᄂᆞ다 官政得失 是非말마 翻成大變ᄒᆞᄂᆞ니라

召父杜母엿덧턴고賢哉我傊그사신가守口如甁
호말삼을終身行之호리로다防意如城固執호면
爲人浮沉사니되리로忍之爲德시호말이接物上에
큰工夫다萬事萬物體사미면長短輕重다잇ᄂ니
從容쇠실각호사놈의是非호다말다내집의소노
손을반겨호사마즈스라周公ᄀᄐ大聖人도吐哺
握髮호소서起而待士호시기를惟恐不及호엿
거도시몸시무엇시라오노손을쳐호뫼奉祭祀
接賓客시人事上大關節시라所厚者세薄치말고
溫冷取舍마라스라　第五節論行身處事　人間의서려손일酒

色시도잇ᄂᆞ니酒是狂藥시라着口ᄒᆞ면心蕩ᄒᆞ고
色是妖狐ㅣ라八眼ᄒᆞ면昏迷ᄒᆞ다ᄉᆞ나히되어나
셔시만도홉섭건만노ᄆᆞ숨을定찬ᄒᆞ면敗家亾身
제길치라古今의술펴보소엿던사람되엿노고
두닐싱각ᄒᆞ면긔사니두려온가진실로삼가ᄒᆞ고
一心스로警戒ᄒᆞ면西施가ᄃᆞ시ᄂᆞ고酒泉시집의
싯다눈의나거듭보며입의ᄃᆞ칠소야숨어셔ᄒᆞ
노실을남모단ᄃᆞᆺ거니와莫顯乎隱시라니自然
치를서노다滛亂을모르거든相避ᄉᆞ시살나
人倫밧긔사람시라禽獸와다룰소나시머옷불작

시면男女有別부터ᄒᆞ리設使無識ᄒᆞ야言字을못
ᄒᆞ야도酒色을삼가ᄒᆞ야世上棄人되지마라一日
三省ᄒᆞ야시몸을닷가스라그놈은日用人事실로
조ᄎᆞᄒᆞ리도다나도그티못ᄒᆞ면서시더굴기可笑
로되後生시나살나ᄒᆞ고놀래ᄒᆞ야블수노라

창랑정서 滄浪亭序

해제

여기 실린 글들은 이미『역사의 수레를 밀며』에 발표되었으나 적송시를 이해하는 데 도움이 될까 하여 책 말미에 넣은 것임을 밝혀둔다.

창랑정滄浪亭은 전라도 동복현 적벽강 상류에 있던 '창랑' 정암수丁嚴壽(1534~1594)의 정자다. 무등산과 백아산에서 발원한 물줄기가 물염정을 휘감고 흐르다가 수구를 찾지 못하고 헤맬 즈음 창랑정을 만나고서야 아하 저기가 망미정이로구나하며 방향을 잡았다. 망미·창랑·물염정은 천하의 절승으로 시객들을 불러들였는데 송강 정철·제봉 고경명·우암 송시열·한강 정구·농암 김창협·창주 나무송·담헌 홍대용·다산 정약용 등 당대의 명사들이 찾아와 노래하였다.

창주滄洲 나무송羅茂松(1577~1653)은 자가 수부秀夫, 호는 창주, 만취晩翠 물염정勿染亭이다. 본관은 나주로 나덕용羅德用의 아들이다. 광해군 7년(1615) 문과에 급제, 예안현감과 병조정랑을 지냈다. 관직에서 물러나 물염정에서 학문을 닦으며 망미정 주인 정지준, 금사 하윤구, 아산 정호민 등과 교류하였다.

창랑정과 망미정, 물염정을 중심으로 모인 일군의 선비들이 성산가단과 나란히 지역문화를 선도하였다. 근대실학의 선구자인 석당 나경적과 다산의 제자이면서『대둔사지』발간에 참여한 호의대사 그리고 규남 하백원 등은 이러한 지역문화의 토양에서 배출된 것이다.

창랑정서滄浪亭序

　　창평 고을鳴陽의 북쪽이요 서석산 동쪽일세. 쭉쭉 솟아오른 대나무와 무성한 숲은 난정蘭亭의 좋은 경치와 같고, 떨어진 꽃잎 물에 떠 흐르니 무릉도원을 부러워할 것인가. 아마도 현포玄圃[201]의 곡조가 아니겠는가. 이곳에 창주滄洲[202]의 파도 소리가 없을 손가. 소동파가 적벽강을 얻었으니 천만년 고상한 풍경이 남아 있고, 이백이 찾아간 단구丹丘[203]를 차지하였으니 길은 칠십동七十洞 복지福地를 통하였구나. 아홉 겹으로 쌓인 병풍에 구름은 비단빛이요, 한줄기 차가운 물에 모래빛 깨끗하누나. 당일當日에 진나라 목념이가 편석법鞭石法으로 뾰족한 바위와 하얀 돌을 흩어 놓았을까. 어느 해였던가 우왕이 가파른 산마다 도끼를 날렸나봐. 붉은 안개와 흰 구름은 님의 침병枕屛인 듯 아침햇살과 저녁노을은 님의 기상이라네. 주인께서는 은둔생활이 마음에 합당했고 소문과 현달 따위는 의중에 두지 않았어. 부귀란 뜬구름 같은 것이기에 오래도록 산중에서 제상宰相역할을 하셨고, 조신朝臣들과 야인野人들은 쉬는 날이 적으니 속세 밖에 비장된 경치를 암시하는 것이 오직 소원이었나봐. 꽃 피고 달 밝은 동산東山에 진晉나라 사안謝安이처럼 가기歌妓의 손을 끌어당기고, 풍연風煙속 굽이치는 물가에서 팽택彭澤의 도연명처럼 거문고와 술동이를 펼쳐 놓았어. 푸른 대나무와 향기로운 매화는 주인의 절의를 느낀 것 같고 산 높고 물줄기 길게 흐르니 엄자릉嚴子陵선생

---

201) 현포 : 신선이 사는 곳.
202) 창주 : 신선의 마을.
203) 단구 : 도사가 사는 마을.

의 풍도風度가 완연하다. 가문家門이 영특하고 순수했으니 일찍이 3세三世의 재덕才德이라 일컬었고 맑은 바람 밝은 달은 일평생 쉼터로 영원히 점지하였네. 서식考槃할 만한 언덕이 있으니 이곳에서 가히 거처할 만하고 창랑강 물 흘러가니 발도 씻고 갓끈도 씻을 만하누나. 계응李鷹, 장제張悌의 字가 산채와 농어를 먹고 싶어 벼슬을 내던진 고상한 모습을 본받은 듯 사마광司馬光이 화조花鳥를 사랑했던 독낙원獨樂園처럼 알려질 거야. 주인은 이곳에서 짚신을 신고 허술한 갓을 쓰고 위태로운 곳을 휘어잡고 기암괴석에 몸을 기대기도 하는가 하면 때로는 신선이나 스님처럼 대나무 지팡이를 짚으며 서서히 걷기도 하고 시인 묵객들과 함께 언덕에 기대어 한가로이 시구를 읊조리기도 할 것이다. 흥이 나면 휘파람을 길게 불기도 하니 창랑강 위엔 두어 봉우리가 푸르기도 하여라. 꽃 피는 언덕엔 바람이 가볍고 갈대밭 물가엔 햇볕이 따뜻하며 비둘기는 울어 비를 부르고 꾀꼬리는 울어 봄을 노래할 거야. 버들언덕을 연기가 단장하였으니 중국에 이십사교二十四橋의 경치와 같고 바윗돌 시내에서 물을 즐기니 삼백육三百六구비의 물결소리가 들린 듯하다. 또 설명할 것 같으면 푸른 잎이 그늘을 이루니 송아지가 졸다가 처음 일어서고 포구에 파도가 고요하니 물결 따라 유람선彩鷁 오가는구나. 그뿐인가 구슬 같은 이슬이 오동잎에 구르니 서풍西風에 갈대는 시들고 창랑강 갈매기 흰 비단을 펴놓은 듯하니 뜰 앞 국화는 누른빛 시드누나. 푸른빛 삿갓과 푸른빛 도롱이 차림으로 바람은 비껴가고 가랑비 내릴 때 돌아가는 길 이다지도 늦었어. 흰 모란꽃 물가와 붉은 여뀌언덕을 가벼운 돛단배로 제멋대로 오고가네. 찬바람 눈 덮인 대나무 가지를 더 휘게 하고 물가에 얼음 꽁꽁 얼 때면 창랑강은 은해銀海로 바뀌고 하늘은 옥봉玉峰을 조각한 듯하다오. 절룩말로 파교灞橋를 건너가는 맹호연의 떠오른 시상을 금하기 어려웠고, 산음山陰에서 배를 탄 왕자유王子猷는 그 발이 흥겹기만 했다네. 사계절 즐거움은 다함이 없고 한 백 년 즐거움 끝나지 않았어. 인자仁者

와 지자智者의 즐거워함을 비로소 알았고 속인俗人들과 이야기하기도 어려 워라. 생각하면 망천輞川[204]의 강물에 가득한 연우煙雨는 시인詩人들의 시재 詩材를 제공하였고, 엄선생 조대釣臺의 칠리풍광七里風光은 마침내 처사處士 께서 한가로운 처소 차지했네. 은하수 만리 길은 한漢나라 사신이 뗏목을 타려는 욕망을 멈추게 하지 못했고, 봉래섬 삼산三山(봉래 방장 영주)에서는 진시황제를 위해 불사약을 캐는 아이를 보았다오. 구름과 연기와 산과 물 을 즐거워하는 마음으로 거닐며 껑충거리며 한가롭기만 하였어. 나는 한때 나라에 몸을 허락한 것이 이다지도 어리석었고 세상에 존재하면서 쓸모없 는 사람이었네. 소시小時 땐 기특하고 위대함을 좋아하였기에 초나라 서울 과 형주荊州고을 관광지를 두루 밟았고 노년기에는 그릇된 삶을 마음 아파 할 뿐 오나라 초나라를 꿈속에 둘러보았다오. 높은 산을 바라보았기에 갓 은 매번 기울어 있었고 돌 위에 앉은 까닭에 옷마다 뚫어진 구멍이 많았다 네. 이제 나는 옛날 남창에서 왕발[205]이 쓴 '해질녘 외로운 따오기와 더불 어 난다' 는 문장력을 끝내 따라가지 못하였고 공치규孔穉珪가 주옹周顒을 막 기 위해 쓴 북산이문北山移文에서 '잠홀簪笏을 내던지고 바닷가 언덕에서 편 안히 놀았다' 는 글귀는 거의 본받았다고 할 거야. 서문序文만 쓰고 멈출 거 야. 시는 무엇 하러 지어 연결해.

정해년(1647년) 초봄 13일에 창주 나무송 엮다.

---

204) 망천 : 왕유의 땅.
205) 왕발 : 당나라 초의 시인. 사걸의 한 사람. 자는 자안(子安). 왕통의 손자. 등왕각의 서와 시를 지었 다. 등왕각은 중국 강서성 신건현의 서쪽 장강문(章江門) 위에 있는 건물로 당의 등왕 이원영 (李元)이 세움. 왕발(王勃)의 서(序)와 한유(韓愈)의 기(記)가 유명하다.

滄浪亭序

鳴陽以北瑞石之東脩竹茂林兼有蘭亭之勝鶯洛花流水何羨桃源之異區得非玄圃之飜無乃滄洲之裂得蘇仙之赤壁江留千萬古高風占李白之丹丘路通七十洞福地九疊屛風雲錦一帶寒流晴沙當日秦鞭散巀巖之白石何年禹斧飛峨峭之靑螺丹霞白雲之枕屛朝輝夕照之氣像主人沈溟契合聞達心違富貴如浮雲久作山中宰相朝野少暇日惟願物外秘監花月東山閒携謝安之歌妓風烟曲水高開彭澤之琴樽竹瘦梅香似感主人操節山高水長宛帶先生風度淑郵英粹早稱三世才德淸風明月長占一身菟裘考槃在阿可以爰居爰處滄浪之水可以濯足濯纓揖季鷹蓴鱸之高標擅司馬花鳥之獨樂主人於是步靑鞋披黃冠攀危巢倚層壁時與仙翁釋子杖絲玉而徐行兼之墨客騷人倚鳥陂而閒味興來一長嘯江上數峯靑若乃花塢風輕芳洲日暖鳴鳩喚雨流鶯嬌春柳岸烟粧依然二十四橋之景巖溪水樂怳聞三百六曲之灘又若綠葉成陰紅芳已謝麥浪始起蘋風乍飜雨歇郊頭橫陂黃犢眠初起波靜渡口沂流彩鷁去還來又若玉露轉梧金風敗荻江鷗練白庭菊襨黃靑篛笠綠簑衣斜風細雨歸何晩白蘋洲紅蓼岸輕舟短
櫂任所如迨夫寒勒雪條凍咽氷灘江幻銀海天彫玉峯灞橋蹇驢浩然之詩思難禁山陰寒舶子猷之夜興可乘四時之樂無窮百歲之娛未畢始知仁智樂難與俗人言惟彼輞川之一江烟雨祗供詩人之裁詩釣臺之七里風光終得處士之閒處河源萬里不禁漢使乘槎蓬島三山終見秦童採藥以雲烟山水之樂爲逍遙倘伴之開若余者許身一何愚在世百無用少小尙奇偉迹遍卾樹荊雲老大徒傷悲夢續吳山楚水冠爲看山而每側衣因坐石而多穿南昌今日終未追落霞與孤鶩之篇北山移文庶幾效投簪逸海岸之句序而止耳詩何繫爲

丁亥初春 十三日 滄洲羅茂松撰

취중에 시를 지어 창랑주인에게 주다

맑고 탁함을 스스로 얻은 창랑공	滄浪自取任淸濁
혼자서 즐거워함도 임금님 은혜 아닌 것이 없다오	獨樂無非賴聖君
꽃잎이 피고 진 것을 사람들이여 묻지 말게	花落花開人莫問
산 앞에 비바람 문 앞까지 침범할까 두렵구나	山前風雨恐侵門

원운을 덧붙임

갓끈을 씻거나 발을 씻거나 그 누구인가	濯纓濯足是誰子
물이 탁하든 물이 맑든 역시 그대는 그대이네	水濁水淸君是君
형상하기도 어려운 님의 처소를 짐작하니	料得至人難狀處
두둥실 밝은 달 아래 허술한 대문 닫혔을 거야	一輪明月掩衡門

(현감 김부윤金富倫의 자는 돈서, 아호는 설월雪月이며 진사 하대붕의 자는 박숙博叔인데 도수동道修洞에 거주할 때 함께 취하여 읊음.) 설월선생 김돈서와 창랑 선생 정응용과 도수동 사는 하박숙과 함께 취했는데 해는 떨어져 서쪽 봉우리에 있군. 칠언절구七言絶句 송강 정철님의 창랑정운에 화답함.

사암 박순을 장례 지내는 날 지은 시[206]

한 백년 간담肝膽은 시냇물처럼 맑았기에
천만년 그 명성을 사가들이 썼다오
서글프도다 청산青山에 매장일 마치고서
단풍 속 돌아온 길 차가운 진흙 밟았다네

— 정암수

百年肝膽淸溪水
千古聲名太史書
怊悵靑山埋玉罷
晚林歸騎踏寒淤

— 丁巖壽

(1589년 『창랑집』)

---

206) 창랑공께서 이 시를 쓰고 더 이상은 쓰지 않았음.

안장에 올라앉아 둘러 보다 據鞍顧眄
– 정암수丁巖壽

용사勇士는 그 목을 잃을 각오를 한 것이니
위급한 때에 하찮은 목숨 어찌 돌아보리
그 누가 안장에 앉아 장수될 만함을 보여주었나
마원의 웅장함이 뭇사람에 뛰어났네
건무 연간建武年間 오계五溪의 반란이 일어나니
하늘 땅 만리에 흙먼지 가득했네
마성馬成이 이들을 쳐부수지 못하니
반란군은 승세를 타 겁도 없이 놀아났네
동쪽으로 침입하고 서쪽을 노략질하며 포학을 일삼으니
백성들은 살 바를 잃고 허둥대며 아우성이었다
죽기를 각오하고 대의에 나선 사람은 누구이던가
고관들이 조정에 가득했으나 어찌 할 바를 몰랐네
장군을 늙었다고 도리어 의심하니
팔을 걷어올리며 그 얼마나 울분을 토했던가
종각宗慤처럼 붓을 내던지고 나설 생각도 해보았지만
종군宗軍처럼 끈을 빌려 적국 왕의 목을 묶어올 길도 없었다오
갑옷 입고 말에 오른 염파廉頗를 흉내내 보고
자기를 찬양하던 모수毛遂처럼 의견도 내보았네
말 위에 웅장하게 앉아 두리번거리니
나이는 늙었지만 위용은 그대로였네
천자天子가 한 번 보고 씩씩하다고 감탄하여

우환을 제거해달라며 창을 주고 은총을 더하였네
힘을 다해 충성을 바치려 하니 어찌 죽음을 생각하리
곧바로 머나먼 오계를 향해 달려갔다네
장한 기운 늠름하여 사방을 종횡하니
조무래기 적들은 여우요 토끼였지
임향臨鄕의 한번 싸움에 아군을 당하지 못해
구렁에 뒹굴고 고랑에 버려진 시체가 어지러웠네
누가 알았으랴 머리가 하얀 늙은이의 위력이
하룻밤 사이에 해외에 전파될 줄은
중국 땅 천리 북쪽에 왕정王庭이 없어지고
중국 하늘 남쪽에 억만년 국운이 연장되었네
예로부터 뛰어난 장수 한둘이 아니지만
적을 만나면 뒤돌아보며 오히려 두려워했었지
그런데 장군은 출전을 청하고 쳐서 이겼으니
참으로 충분忠憤을 하늘이 도와줬구려
슬프도다 일조에 하늘이 봐주지 않아
명주明珠의 무함이 임금의 총애를 잃게 했네
그래서 마침내 귀장歸葬을 못하였으니
성서城西의 무덤에 영원한 원한이 맺혔다네
천년 뒤에 태어나 이런 분을 보지 못하니
해동海東에서 오늘날 속절없이 사모만 하는구나

勇士不忘喪其元, 時危寸命那可顧
阿誰據鞍試可將, 馬君雄武跨羣步
建武年間亂五溪, 乾坤萬里暗黃霧

自從馬成績未收, 乘勝匪茹紛馳騖
東侵西掠競肆暴, 蒼生失居咸踣籲
忘身大義誰有擧, 廡仕滿朝無敢措
將軍年老反見疑, 捥腕幾許猶鬱怒
宗慤投筆雖有懷, 終軍請纓嗟無路
披甲甘從廉頗將, 費已不憚毛遂露
上馬雄據旁轉目, 威容不拙年歲暮
天子一見嘉璽鑠, 分憂授戈榮恩遇
戮力輸忠豈念死, 長驅直向五溪赴
壯氣凜烈橫四方, 睥睨簌賊如狐兎
一戰臨鄕莫我適, 轉壑棄溝紛無數
誰謂皤皤白頭翁, 雄威一夕海外布
地北千里無王庭, 天南億代延國祚
古來良將非一二, 臨敵却顧猶惶怖
將軍請討討已克, 信知忠憤天有護
堪嗟一朝天不弔, 明珠却令君寵娛
終默不得歸以葬, 遺寃永結城西墓
生亭千載不得是, 海東今日空長慕

『창랑집』

해제

이 시는 정미년(1547)에 장원으로 급제한 글이니 그때 선생의 나이 14세였다.

한漢나라 마원馬援이 70세가 넘었을 때에 오계五溪에서 반란이 일어나니 광무제光武

帝가 마원을 보내 정벌하려고 했으나 그 연로함을 꺼려 망설이자, 마원이 마상馬上에 올라가 안장을 깔고 앉아 사방을 두리번거려 보이며 아직도 자신이 쓸 만하다는 것을 과시하였다. 이 사실을 시제試題로 냈기 때문에 공이 응시하여 지은 글이다.

늙고 병든 몸 외로운 배 한 척만 있네 老兵有孤舟
– 정암수

아득한 우주宇宙 사이에 이 몸이 뒤늦게 태어나
강호의 가을 바람에 서글피 흥얼거리네
소년 시절 큰 포부 너무나 어리석었고
늙고 나니 이곳에서 시름을 어찌하리
괴롭고 차가운 오늘의 한 포의한사布衣寒士가
강 위의 쪽배에 외로운 몸 맡기었네
그 누가 짧은 편지로나마 늙고 병든 나를 위로할까
천지간에 홀로 서서 머리만 긁적이네
하늘가에 떠도는 사람 누가 친하겠는가
이내 신세는 부평초와 같아라
어찌하여 이렇게 나라가 어려울 때를 당하여
이 한몸 곤궁이 끝날 때가 없는가
구름 산 돌아보면 고국이 아스랗고
늦은 밤 두견새 소리에 임금께 절하네
임금의 외로운 행차는 어디쯤에 이르렀을까,
참담한 하늘가엔 구름만 유유히 흐르네
슬프다 속절없는 인생의 계산 져버리고
해질녘 방초 우거진 물가에서 시름만 느누나
남북으로 흩어진 친구 생각이 많이 나는데,
강호에서 나라 걱정 가장 못 견디겠네
언제나 모든 한으로 가슴이 답답하니,

이 생애 이 한은 다른 이유가 없다오
어찌 배고프고 추워서 슬퍼함이랴,
어찌 벼슬이 탐이 나서 속 좁게 그런 것이랴
나의 소원은 다른 이의 소원과는 달라
바라는 것은 장차 나의 소원을 구하려는 거야
내 생애 남은 날에 다행이 병들지 않는다면
임금 위해 한번 산하山河의 수치를 씻어보는 것
멀리 장안이 꿈에 가득 들어오는데
앞으로 소원이 이루어질지 말지
외로운 배가 이 날 늙고 병든 몸 실었으니,
(이 구절 누락)
해는 저무는데 고향은 어디일까,
물결 이는 강 수심이 걷히지 않는구나
의탁할 데 없는 나 그 누가 거둬주랴,
차라리 갈매기와 더불어 노닐거나
정이 깊은 친구와는 어려움을 이야기하고,
북녘 대궐엔 나라 다스릴 계책 아뢰고 싶은 생각 간절해
어느 때나 천자가 군대를 정돈하여,
강가의 꽃 지기 전에 서울로 돌아오실는지

蒼茫宇宙此生晩, 慷慨非吟湖海秋
少年狂負太愚計, 老來那堪底處愁
酸寒今日一布衣, 隻影江關任孤舟
誰將一字問老病, 獨立天地空搔頭
天涯流落爲誰親, 自分身世嵐萍浮

如何屬此天步艱, 一身坎坷無時休
雲山回首故國遙, 落月杜鵑拜冕旒
悲涼靑躑落何許, 慘惔天外雲悠悠
傷心空負一生計, 落日繁愁芳草洲
親朋南北足可念, 最爾不耐江湖憂
尋常萬恨塡鬱紆, 此生此恨非他由
豈爲飢寒而慼慼, 豈爲爵祿而區區
有所求兮異人求, 所求將以永吾求
此生餘日幸未病, 爲君一洗山河羞
萬里長安入眼頻, 渡頭合得如願不
孤舟此日任老病, (七字缺)
日暮鄕關何處是, 烟波江上愁難收
麋依麋托疇我與, 寧與白鷗甘浮流
深情親朋說艱難, 志切北闕陳嘉猷
何當天子正甲兵, 江花未落催歸輈

『창랑집』

해제

이는 두보杜甫의 「등악양루登岳陽樓」시 중의 한 구절이니 '늙고 병든 몸 외로운 배 한 척만 있다'는 뜻이다. 신유년(1561) 회시에 가서 지은 시이니 이때에 선생의 나이 28세였다.

백마 타고 온 현인白駒
− 정암수

망아지야 망아지야 어찌 저리 깨끗한가
늘씬하고 뛰어난 기상 하늘 위를 달릴 듯하다

네가 좋아서가 아니라 좋은 사람이 타기 때문이니
묶어두려 해도 묶어두지 못해 마음 산란해

이렇게 매어두고 오늘밤 오래 놀아볼까
저 말을 곡식 먹이고 꼴도 베어다 주리라

어째서 한사코 나를 돌아볼 생각은 아니하고
기어이 멀리 달려 속세에 가려는가

마치 천마天馬가 굴레를 벗어 던지고
고삐도 받지 않아 홍진紅塵 속으로 가려 하는가

왕당王堂 금마(金馬:翰林院)는 흙먼지일 뿐이요,
천사(千駟:四千匹馬)와 만종(萬鍾:1鍾은 80斗)도 갈대의 껍데길세

부귀는 하나의 떨어진 짚신처럼 침뱉을지니
고상한 사람이야 그 누가 구속하리

구속할 수 없다면 어떻게 사랑을 하나
자연에 의탁해 시를 읊으니 시상이 진실하다

슬프다 성인聖人은 이미 간 지 오래이니
누가 현인賢人을 예우하여 말을 주고받나

현인은 때를 봐서 은둔하는 것이니
임금의 마음으론 어찌 두렵지 않으리요

그대의 관을 털며 등사登仕를 하려 한 일은 이제 그만이고[207]
도리어 세상을 피해 숨는 것만 볼 수 있으니 참으로 안타까워

섬기는 임금마다 모두가 요와 순이라
임금 어찌 꼭 당唐과 우虞를 기약하리오

무너진 것을 붙잡아야 좋은 방책이고
치국할 때 구차하게 합함은 좋은 도리가 아니란다

부질없이 시인詩人이 선망하게 했으니
어질기는 어질지만 넉德은 외로운 것이야

비록 높은 기상이 세상에 드물다지만

---

[207] 한(漢)나라 왕양(王陽)과 공우(貢禹)의 고사.

허둥대는 저들에 비해 조금 낮은 것

아름다운 풍속이 이제까지 전해 와서
천년 뒤의 어리석은 사나이에게 염치를 알게 할 거야

내가 이제 백규白圭의 글을 세 번 되짚어 읽고[208]
읊조리고 탄식하다가 나도 모르게 긴 한숨을 쉰다네

짐승白駒은 본래 무지한 것인데 이 글로 인해 드러났으니
내가 좋아하는 것은 사람이지 망아지가 아니란다

어떻게 용면(龍眠:옛날 유명한 畫工)과 팔폭 교초鮫綃를 얻어
인간에 범상한 말들의 그림을 일체 씻어버릴까

有駒有駒何皎皎, 駿逸意氣思雲衢
非汝之美美人騎, 欲繫未繫心有紆
何緣維得永今夕, 言秣其駒言刈蒭
如何苦無顧藉心, 決然遠迢趨塵區
有似天馬脫羈絆, 不受韁鎖紅塵趨
玉堂金馬塵土已, 千駟萬鍾葭中莩
富貴唾看一弊屣, 浩浩高尚誰攣拘
拘之不得愛何以, 托物詠詩詩思孚

---

208) 백규(白圭)는 『시경(詩經)』 대아(大雅) 억(抑)편에 나온다. 백규지점(白圭之玷)은 상가마야(尙可磨也)이며 사언지점(斯言之玷)은 불가위야(不可爲也)라는 내용이니 말을 삼가야 한다는 시이다.

傷哉聖人去已遠, 誰肯禮賢都而俞
賢人隱遯固有時, 在彼君心寧不瞿
彈冠相慶云已矣, 反見遯逸眞嗚呼
事君旣皆堯與舜, 致君何必期唐虞
扶顚乃知籌策良, 以治苟合非良謨
謾使詩人徒美慕, 賢雖賢矣德則孤
雖見高標世所稀, 視他役役猶賢乎
風風休聞留至今, 千載可以廉頑夫
我今三復白圭章, 詠歎不覺成長吁
獸本無知賴以彰, 所好在人非在駒
安得龍眠八鮫綃, 一洗人間凡馬圖
『창랑집』

해제

『시경詩經』 소아小雅에 나오는 "皎皎白駒 食我場苗 縶之維之 以永今朝"의 뜻을 취하여 제목을 삼은 것이니, 내용을 설명하자면 백마를 타고 찾아온 현인賢人을 주인이 보내기가 싫어서 당신의 백구가 우리 마당의 묘를 뜯어먹었으니 매어두고 묶어두겠다 하여 하루를 더 머물게 한다는 뜻이다.

선생은 소시에 이미 문장과 시에 노숙하였으니 세상에 남긴 시문 또한 반드시 많았을 터인데도 임진왜란과 기사년 화재를 겪으면서 잃어버렸고, 다만 3편만 남아 전해지고 있다.

창랑강으로부터 적벽강선대에 도착함
自滄浪還到赤壁仙臺

기묘한 십이 봉에 또 적벽이 있으니　　　　　　　十二奇峯又赤壁
이 한 곳 명승지로 호남에 알려졌어　　　　　　　一區形勝擅南州
노닐다가 돌아갈 시기 늦은 것도 몰랐으니　　　　淹留不覺歸期晚
9월이라 가을 풍경 끝없이 펼쳐졌네　　　　　　　無限風林正九秋

호남 제일 명승지로 천만년 전해 온 건　　　　　　第一名區千古傳
세 갈래 흐르는 물 거울이 길게 매달린 듯　　　　　三溪流水鏡長懸
솔과 국화가 서리를 깔보는 선대仙臺 위에서　　　　傲霜松菊仙臺上
검푸른 낯 서로 대하며 청주탁주聖賢 권하였네　　　相對蒼顔勸聖賢
　　　　　　　　　　　　　　- 한강 정구　　　　　　　　　　　　　- 寒崗 鄭逑

창랑정에서 읊음 詠滄浪亭

창랑정 물가에 돌마다 구슬 같아 　　　　　滄浪之水石如玉
돌을 깎아 와상 만들고 석단도 만들었어 　　削石作床仍作壇
석단 위에 단풍나무 햇빛을 가리니 　　　　壇上楓林能蔽日
맑은 그늘 항상 가득해 돌 와상 차가워라 　清陰常滿石床寒
　　　　　　　　　　　　- 포음 김창집 　　　　　　　- 圃陰 金昌緝

정공의 정다운 모습 옛날부터 들었는데 　　昔聞丁公正素襟
이 정자에 담긴 뜻 내가 깊이 알겠구려 　　斯亭命意我知深
속세 벗어난 고상한 모습 끝내 오염시키기 어려워 　高標拔俗終難染
샘물을 마구 마셔 마음 바꾸지 않는구려 　縱酌貪泉不易心
　　　　　　　　　　　　　- 이철중 　　　　　　　　- 李徹中

창원정씨 대보서昌原丁氏 大譜書

　지금 무릇 물이 호호탕탕하여 그 바다에 돌아감이 밤낮으로 그치지 않음은 원천源泉의 흐름이 이어지는 까닭이다. 지금 무릇 나무가 울창하게 푸르러 생기가 무궁한 것은 뿌리가 강인한 까닭이다. 천 리의 먼 길을 달려도 그 발원한 곳을 모르며, 뛰어남이 하늘에 닿을 정도로 오래되었지만 그 처음 나온 곳을 모른다. 그러하니 발원에서 나와 물이 되고 나무가 되는지라 비록 부족하여 여기에 더하고 멸滅한다 하더라도 어찌 어긋남이 없겠는가. 무릇 원시반종原始反終의 이理로되 사람이 하늘을 이고 땅을 밟고 서서 천지인天地人이 되며 중류衆類 가운데 영묘하고 또한 귀함이로다. 그 미묘한 체體에 천하의 사물이 뛰어남을 다툴 수 없다. 혹자는 스스로 생각하길 자신의 지혜는 천인天人을 다 하였고, 지식은 고금에 두루 넓다고 하나 그 성姓의 내원을 물으면 능히 부친으로부터 거슬러 올라가 그 계보를 십세十世에 이르기까지 말할 수 있는 자를 대체로 거의 듣지 못하였다. 심한 경우는 자신으로부터 고조와 증조에까지도 올라가지 못한다. 간혹 그러한 자를 보기도 하는 것은 물이 발원한 곳을 모르고 흐르며, 나무가 뿌리를 알지 못하고 강인한 때문이다. 어찌 이理에 반反하고, 사실을 결락한 것이 아니겠는가. 이것이 족보를 제작하는 까닭이다.
　정씨丁氏는 창원부昌原府에서 나왔고, 본은 신라의 경기京畿 지역 근방이다. 원조遠祖 군장軍將과 대상大相이 신라에 출사出仕하였는데 광현光顯이 군장에 추대되기 이전의 일에 대해서는 시대가 멀어 살펴볼 문적文籍이 없으니 어찌 슬픈 일이 아니겠는가! 그러하니 군장을 시조로 모심에 어찌 결락된 후대의 전서典書를 얻을 수 있을 것인가. 공公은 사서史書에 실려 있는 기록이 없고, 그 출사出仕가 혹은 신라 말기인지 혹은 고려인지도 아직 정확히 모른다. 검교檢校로부터 그 이하의 선조는 고려시대임을 믿을 수 있다. 백씨 伯氏께서 경상도 아사亞使로 임명되어 순시하는 겨를에 본부本府에 오셔서 향로鄕老들을 모아 우리 성姓의 존부存否와 성쇠에 대해 물었는데 한 분의 저명한 분이 없고, 성姓도 희유한지라 황망하고 비감悲感해 하셨다. 향사鄕 射의 당堂에 시詩를 걸었다.

  남으로 바다 방향 앞에는 의창義昌이요
  어쩌다 순유巡遊 중에 고향에 들렀는데 황망스럽네

  천지에서 발원하여 처음 생민生民하고
  문득 뿌리와 가지 감생感生하여 발육되었네

  해질녘 옛 터에서 어리는 감회에 어찌 한정됨이 있으리요
  봄이 돌아오니 지난 풀의 이슬에 향香에 응하네

  향촌의 부로父老들이 많은 음식 후하게 준비하여
  다투어 술잔 따르는데 밤이 이미 깊었네

일찍이 족보를 만드실 생각을 갖고 계셨는데 갑자기 돌아가시어 겨를이 없었다. 불초不肖가 백씨伯氏께서 돌아가신 후 조정에 출사出仕한 지 얼마 되지 않아 그 뜻을 계승할 수 없었다. 이제야 이 일에 매달리게 되었는데 마침 근본의 땅 한수漢水에서 하루거리에 사는 향인鄕人이 지나갔다. 이분은 반드시 역사를 아는 분으로 생각하여 백씨伯氏께서 질문하였던 사항을 물어서 수찬修撰하려 하였다. 그러나 또한 사실을 얻지 못하였다. 우리 성姓의 후손

이 번성하지 못하고 미세한 것이 더욱 한탄스러웠다. 우리 호군공護軍公께서 시중侍中의 업무로 인해 남원에 옮겨 오게 되어 우리 성姓이 얼마쯤 되는지 알고자 하였으나 듣지 못하였다. 본조本朝에 들어 부승공副丞公께서 효우孝友로 고향에서 저명하심에 조정에서 은총을 내려 봉작하였다. 주부공主簿公께서는 아름다운 전통을 계승하여 가문에 전하였고 직도直道를 굽히지 않으셨다. 우리 선군先君에 이르러서는 조정의 훈도訓導를 익히시고, 품성이 자상慈詳하시어 가문의 명성을 이으셨다. 세세 충효하고, 봉선奉先에 정성과 공경을 다하니 인근의 향리에서 추천하여 그 리里를 '예법禮法의 제곡梯谷'이라 칭하였다.

혹은 이르길, 무릇 서명書名으로써 대代를 기록한다고 한다. 부승副丞 이상은 이름 위에 반드시 휘諱를 관冠하고, 자字는 그 아래에 둔다고 한다. 혹은 휘諱를 두고, 혹은 휘諱를 두지 않는 것은 무슨 까닭인가. 명名 위에 휘諱를 관冠하고, 자字는 감히 바로 명名 앞에 자리할 수 없는 것은 (휘諱가) 이를 (명名을) 존귀하게 하는 말인 까닭이다. 혹은 휘諱하고, 혹은 휘諱하지 않음은 우리 성姓의 연원을 존숭함이며 그 존중함에 차등이 있을 수 없는 일이다. 그 휘諱 위에 혹은 후손後孫의 자字를 가加하기도 하고 혹은 자子의 자字를 가加하기도 하는 것은 어떻게 다른 것인가. 그때로부터 지금에 이르기까지 자子가 되고 손孫이 되기에 이르기까지 자세히 알 수 없는 경우들이 있다. 그 시세時世를 살피건대 그 사이가 서로 떨어짐이 너무 멀다. 그 대代의 상승이 너무 단촉短促한 경우는 세보世譜가 단지 입으로 전해져 대代에 탈루脫漏가 없지 않다. 이는 자子의 서書, 또한 손孫의 서書로 가필할 수 없다. 후손의 자字를 가加하는 것이 부득이한 일이다. 부친에게 자子가 되는 것은 의심할 바 없는 일이어서 마침내 자子(의 자字)를 앞에 가加하게 된 것이다.

족보는 정씨丁氏에 대해 작作한 것이어서 우리의 조祖, 우리의 부父, 우리의 형에 이르기까지 오직 선조의 그 취娶, 그 출사出仕, 그 행行, 향년享年, 모일졸某日卒, 장지葬地를 기록할 수 있다. 다른 사항을 기록하지 않는 것은 옛 전통에 따른 것이다. 족보를 내가 지은 것이라거나 혹은 말하길 소씨蘇氏의 족보는 먼 조상에 대해서는 간략하다거나, 1인을 나누어서 형제가 각각 맡고, 형제가 심지어는 길가는 행인에게 맡겨서 짓기까지 한다고 한다. 지금 특별히 선조祖先에 대해 상세한 것이 어찌 옛 전통에 어긋나지 않겠는가. 노천老泉의 족보는 족인을 돈독히 하는데 중점을 두었는데 지금 우리 족보는 추원追遠에 중점을 주었다. 추원追遠하면 백성이 효행을 하고, 족인을 돈독히 하면 백성이 제悌를 흥기興起한다. 효제孝悌의 도가 행해지고 백성의 덕이 두터워진다. 지금 우리 종족은 우리의 선조를 동조同祖로 한다. 지금 우리의 조상이 같아서 우리 종족으로 보는 것이니 추원追遠함이 종족을 돈독하게 하는 까닭이 되는 것이다. 종족을 돈독히 하는 자가 어찌 오직 추원追遠하지 않겠는가! 하물며 선대先代와 무릇 후대의 지파支派에 이르기까지 상세한 것이 우리의 족보가 아닌데 말할 나위 있겠는가! 추원追遠의 정성과 족인을 돈독히 하는 뜻이 충분히 갖추어졌는가! 이를 아울러야 하는 까닭이 바로 여기에 있다.

가정嘉靖 30년(1551) 늦은 여름에 불초 손孫 황[209](1512~1560)이 삼가 서序하다.

---

[209] 황(潢) : 호는 유헌(遊軒). 조광조 문인. 1545년 을사사화가 일어나자 권물, 이황과 함께 사임하였다.

昌原丁氏大譜序

今夫水浩浩其歸而晝夜不舍者源之流也今夫木鬱鬱其翠而生意無窮者根之發也奔千里之遠而不知其所自本秀參天之久而不知其所自萌則其於爲水爲木雖不足爲之加損而豈不有乖夫原始反終之理耶而人載天覆地中立爲三而靈且貴乎庶類以眇然之體天下之物無得與之競焉或者自以爲智窮天人識博古今而問其姓之所由生也則其能推父而上連其系至於十世者盖鮮聞矣甚者自身不及高曾之人間或見之則是水之無源而流木之無根而發也寧不反於理欠於事者耶此譜之所以作也丁氏出於昌原府本新羅之畿近地遠祖軍將及大相仕新羅先顯推軍將以前則世遠無文籍以考之豈不哀哉然則以軍將爲始祖豈得已哉厥後典書公無載錄于史其仕也或羅季或高麗亦未的之自檢校以下則爲高麗信矣伯氏任慶尙道亞使日巡到本府徧會鄕老詢及吾姓之存否盛衰則無一著名者爲姓亦希有之徊徨悲感掛詩于鄕射之堂曰陽海前頭是義昌薄遊人到久徊徨追惟天地生民始欻感根枝發後長日下古壕情豈限春可宿草露應香鄕中父老多厖厚爭把壺漿夜已央嘗有意作譜其卒哀遽未遑也不肖自伯氏卒後仕于朝不久未能繼志今繫于此適與根本之地隔水程一日鄕人之過者必歷問之仍修伯氏之詢則亦無得之尤嘆吾姓之果不繁也微吾護軍公因侍中之業以徙南原則知吾姓之幾其無聞矣入本朝副丞公孝友著於家邦朝廷寵之以爵主簿公襲美傳家直道不問及吾先君薰於庭訓資稟慈詳以繼家聲歷世忠孝奉先誠敬鄰鄕推之爲號其里曰禮法梯谷云或曰凡書名以著代也副丞以上名上必冠以諱字其下或諱或不諱者何也名上冠諱字不敢直名之也乃尊之之辭也或諱或不諱尊吾之所自出而尊不可貳之也其諱上加後字或加子字何以異也自彼至此其爲子爲孫不能詳知而考其時世其間相去甚遠而其代之相承有甚促者則世譜只憑口而傳之不無代之有脫漏

是不可以子書亦不可以孫書加之以後字不得已也若其爲子於父也無疑則遂子之耳譜爲丁氏作也而吾之祖吾之父曁吾之兄獨與先祖其娶其仕其行享年幾某日卒葬某地得書焉也而他不及者法乎古也譜乃吾作也或又曰蘇氏族譜略遠祖而爲一人之分爲兄弟兄弟至於路人而作也今特詳於祖先者豈不戾於古歟曰老泉之譜重乎敦族今吾之譜重乎追遠追遠則民作於孝敦族則民興於悌孝悌之道行而民之德厚矣今吾之族同祖乎吾先今吾之祖同視乎吾族則追乎遠者乃所以敦乎族也敦乎族者豈獨不追乎遠也況乎詳乎先代及夫後支者非吾譜乎追遠之誠敦族之義庶乎其兼之於是耳

　　　　　　　　　　　　嘉靖三十年季夏不肖孫熀謹序

족보구서族譜舊序

사군자士君子의 가문에 족보가 있는 것은 대저 오래된 일이다. 보계譜系로 분명한 것은 태사씨太史氏의 서叙가 있으니 중여重黎 구양공으로부터 대우大禹에 이르기까지 비록 백세百世로 멀리 떨어져 있지만 연대를 살필 수 있다. 보계譜系가 불명不明하니 관구毌丘는 나누어 2성姓으로 하였고, 양양羊陽은 나누어 2족族으로 하였으나 혹 십수전十數傳도 되지 않는데 그 출자出自한 바를 알 수 없었다. 이 때문에 능히 그 조祖 담자郯子에 대해 잘 말하여 사람들에게 칭송되었으나 그 선대先代를 몰라 보적譜籍에 대한 말이 나오면 세간에 비웃음을 받았던 것이다.

무릇 인륜의 시초는 부자父子에 있고, 부자父子는 일체一體이다. 일체一體를 나누어 기朞 공功 시緦로 하고, 면免되어 복상服喪하지 않게 되면 십세 백세 후에는 멀어짐이 더욱 멀어지고, 소원해짐이 더욱 소원해져서 얼굴을 못 알아보고 누구냐고 물으며, 어떤 항렬行列이 몇 촌寸인가라 하고, 또한 모某가 모조某祖의 손孫인지를 모르게 되니 소씨蘇氏의 도인설塗人說[210]이 어찌 허언이겠는가.

만약 부친의 부친을 조祖라 한다면 거슬러 올라가 비록 백세百世가 되더라도 모두 부친의 부친이 될 것이다. 만약 자子의 자子를 손孫이라 한다면 아래로 내려가 비록 백세가 되더라도 모두 자子의 자子일 것이다. 또한 만약 부친의 자子가 형제라면 방계傍系로 파派가 비록 백세가 되더라도 모두 부친의 자子일 것이다. 그러하니 보법譜法이 흥성하게 되어 멀리 있는 종족을 가까이 하고, 소원疎遠한 종족을 가까이 할 수 있게 된 것이다.

우리 동국의 정씨丁氏는 조祖 대양군大陽君을 함께 하지 않음이 없고, 대양군 이하 세손世系에 누차 병화兵火를 거치면서 온전히 전승되지 못하고 마침내 각기 중세中世에 봉封해진 바에 따라 분파되어 네 본관本貫이 되니 보譜가 대동大同에 이르지 못하게 되었다. 어찌 슬프지 않겠는가!

삼가 살피건대 신사년辛巳年의 보譜는 보체譜體가 비록 화동和同 규례規例하였다고 하나 구차스런 부분이 많았다. 이는 선군자先君子가 후회막급한 일이로되 다행스럽게도 이번 봄에 파보派譜의 의론에서 뜻하지 않게 뜻이 하나가 되고 선세先世 겨를이 없어 이루지 못하였던 역사役事가 이제 비로소 이루어지게 되었다. 우리 종문에 다행스러움이 이보다 더 큰 것이 없다. 불초不肖도 또한 일을 맡았다. 비록 아무런 말도 하지 않으려 하였으나 어찌 그럴 수 있겠는가. 오호라! 우리 중조中祖 창원군 위로는 청요직淸要職에 계시면서 위적偉績을 쌓으셨고, 생각함에는 반드시 신라와 고려조를 빛내시고자 하셨거늘 문헌에 증거 자료가 없는 것이 더욱 한스럽도다. 왕조 교체기를 전후하여 판결공, 장락공 양세兩世에 과거로 입사入仕함에 또한 족히 고가古家의 화벌華閥이 되었다. 창랑공, 참의공, 적송공의 3세三世는 경학과 충효, 아산공 백인공은 충효와 문장이 성하고 아름다워 찬연히 계술繼述하셨으니 중엽의 번성은 그 올바름에 말미암은 것이었다. 세간의 사람들은 미천해지고, 잠영簪纓²¹¹⁾은 오랫동안 쇠미해졌으니 생각건대 고약孤弱한 기반에서 자립할 수 없었던 이들은 마치 크나큰 열매가 거의 쪼개져 떨어질 듯한 것과 같았으며, 그 생업은 쇠락하였다. 그러나 올바름을 양養하고 굳게 지켜 발달의 시대를 만나게 되었다. 후에 이 보譜를 열람하는 자가 효제孝悌를 돈행敦行하고, 각고刻苦 학문하며, 사유함에 아무런 꾸밈없어 빛나게 되면 어찌 다시 크게 번창하고 번성하게 되지 않겠는가!

---

210) 도설(塗說) : 길거리에 돌아다니는 뜬소문.
211) 잠영(簪纓) : 비녀와 갓끈; 벼슬이 높은 사람.

무릇 판각의 조만早晩, 체례體例의 상략詳略은 장래將來의 일이어서 알 수 있는 바가 아니다. 그래서 꼭 말할 필요는 없다.

숭정 4년(1631) 을묘년 중하仲夏 상원上浣(상순上旬)에 후손 혁爀 삼가 쓰다.

族譜舊序

士君子家有族譜盖古也譜系明則有太史氏之叙自重黎歐陽公之溯至大禹雖百世之遠而年代有可攷譜系不明則有母丘之分爲二姓羊陽之別爲二族或不十數傳而莫知其所自此所以能言其祖郯子見稱於人不識其先籍談貽笑於世也夫人之倫始於父子父子一體也一體之分爲朞功緦免至於無服則十世百世之後遠益遠疎益疎而不知面目之爲誰何行列之爲幾寸亦不詳某爲某祖之孫則蘇氏塗人之說豈其虛也哉若曰父之父爲祖則溯而上之雖百世皆父之父也若曰子之子爲孫則推而下之雖百世皆子之子也又若曰父之子爲兄弟則傍而派之雖百世皆父之子也然則譜法之興爲其遠可邇而疎可戚也惟我東丁氏莫不共祖大陽君而大陽君以下世系累經兵　未克傳承遂自各因中世所封分而爲四貫譜未及大同豈不哀哉謹按辛巳譜譜體雖云和同規例多有苟且此先君子嚙臍莫及而何幸今春派譜之論不謀而同先世未遑之役今始竣焉吾宗之幸莫大於此而不肖亦幹事者也雖欲無言烏可已乎噫吾中祖昌原君以上清要偉績想必赫爲於羅麗之世而文獻無徵尤可恨也八于　本朝有判決公掌樂公兩世科宦亦足爲古家華閥而滄浪公參議公赤松公三世之經學忠孝鵝山公百忍公之忠孝文章蔚然趾美燦然繼述則中葉繁茂于其甚年而世降人微簪纓久替仍念孤根弱植不能自持者如碩大之果幾乎剝落其生意晦養而貞固會有發達之時年後之覽斯譜者敦行孝悌刻苦學文思所以無　而有光則豈不復昌大而繁茂乎若夫鋟梓之早晚體例之詳略非將來者之所可知故不必云爾

崇禎四乙酉仲夏上浣後孫楙謹識

족보서族譜序

　　전라도 동복 고을에 창원정씨가문昌原丁氏家門을 여신 인례仁禮할아버지께서는 조선조 초기 영락永樂 연간에 장예원掌隸院 판결사判決事를 역임하신 분이다. 품계로 말하자면 정삼품正三品인데, 노비의 문서와 소송에 관한 업무를 담당하였다. 어떠한 연유로 벼슬을 버리고 궁벽한 산골에 세거지世居地를 정하게 되었는지는 알 수 없으나 역성혁명易姓革命과 맞물린 시대적 상황이 원인이 되었을 것이다. 남치와 노기 일대는 비록 남도의 오지이기는 하지만 배후에 서석산이, 앞에는 백아산과 모후산이 감싸고 산명수자山明水紫하여 사람이 살 만한 곳으로 판단했을 것 같다. 창원집의 오랜 세거지인 남원, 무주, 진안, 장수와도 이웃해 있고 나주집과 경상도 창원이 반경 안에 들어와 있다. 사람이 사는 곳이라면 교통이 편리하고 시량柴糧이 풍부해야 되는데 그런 조건을 두루 갖추고 있었다. 판결공께서는 구성龜城의 남치藍峙에 거처를 정한 뒤 월영정月迎亭을 짓고 잠락湛樂 음송吟誦하며 시대의 어둠을 밝히고자 하였다.

　　자손이 늘면서 차츰 물 아래로 이동하였는데 증손 여림汝霖에 이르면 와천瓦川을 거쳐 동복, 구암, 연동, 다산 일대로 세가 퍼져나갔으며, 아우인 여주汝舟는 창랑, 적벽, 학탄 일대를 차지하였다. 6대손 암수岩壽는 진사로 부자父子가 임진왜란에 창의倡義하여 아들 유성有成이 공조 참의에 증직되었다. 현령공 5대손 호민好敏은 진사로 문장, 도학, 충효로 저명하였다. 문장과 효로 이름이 높았던 치업致業이 이 집안의 명사다. 적송공 지준之寯은 참의공 유성의 아들로 병자호란 때 족제族弟 호민과 함께 창의하였으며, 동복의 정씨 문중이 자랑하는 선비이다. 적송공 증손 일직재一直齋 언채彦采는 문사文詞가 풍부하고 그 뜻이 찬연하였으며 효우목孝友睦의 삼자三字를 일신의 패부佩符로 삼았다. 94세에 가의대부 동지중추부사嘉義大夫 同知中樞府事에 추증되었다. 101세로 향수享壽하여 국은國恩을 입었다. 순조 때 탁월한 학자인 혁爀과 압해정씨 화수도를 창안한 당대의 큰 학자 일섭日燮이 모두 이분의 손들이다. 왕조 시대에 재상 판서가 나와야 내놓고 성씨 자랑도 하건만 우리 집안은 그렇지 못하다. 고을 향반으로 살아오면서 충의지사忠義志士를 배출한 정도에 그쳤으니 한편으로는 부끄럽기도 하고 또 한편으로는 후손들에게 자랑스러운 정신적 유산이 되었기에 가슴 뿌듯하기도 하다. 앞으로도 후손들은 조상의 유지를 받들어 나라와 겨레를 섬길 수 있는 고결한 인물들이 많이 배출될 수 있도록 노력해야 할 것이다.

족보는 한 세대가 지나면 증보판을 내는 게 관례다. 예전 같으면 선조의 취몽娶, 출사出仕, 행실行實, 향년享年, 모일졸某日卒을 제외한 출생인 등재, 돌아가신 분 조일卒日, 그리고 이장지만 보완하면 되었다. 그러나 근자에 가족법 개정, 호주제 폐지로 말미암아 종친 관계의 유지 자체가 뿌리째 흔들리는 위기를 맞고 있다. 이러한 시대적 난관을 헤치고 족보편찬을 위해 헌신적으로 지혜를 모아주신 족질族姪 환진桓鎭, 근호斤鎬 두 분의 노고에 심심한 위로를 드리는 바이다. 유헌공游軒公의 말씀과 같이 추원追遠의 정성과 족인族人을 돈독히 하는 뜻이 담겼으리라 믿는다.

2012년 봄 후손 규철圭喆 근서謹序

참의공행록參議公行錄

공公의 휘諱는 유성有成, 자는 경백敬佰 호는 가연嘉淵이다. 진사 휘 암수巖壽의 자子이며, 창원군 휘 관寬의 9세손이다. 을축년(1565년) 9월 5일에 출생하셨다. 흉중胸中이 활달하고 솔직하여 꾸밈이 없었으며, 한결같이 호연浩然하고, 임진任眞 초탈하셨다. 문예文藝와 무략武略을 함께 갖추시어 한 시대의 중임을 맡을 만한 인물이었다. 임진壬辰에 진사공을 쫓아 기의起義, 금산전투에 참가하였으며 계사년癸巳(1593)에 의사 8인을 모득하여 용만龍灣으로 달려가다가 도체찰사都體察使 종사관 양사형楊士衡이 공을 천거하여 군자감 주부主簿가 되었다. 정유재란丁酉再亂으로 남원이 위기에 처하자 공은 가재家財 8백석을 남원으로 운송하여 군량에 충당하였으며 양원楊元의 진중을 드나들면서 획급劃給과 규도모規度謀하는데 진력盡力을 다하였으나 1597년 8월 16일 남원이 함락되고 말았다. 을사년乙巳年(1605) 정월 19일에 남원에서 전상戰傷으로 말미암아 순사殉死하였다. 이에 전지戰地 남원에 장葬하였다.

조정朝廷으로부터 공께서 전란 중 급향給餉에 노고가 많았고, 아울러 군공이 컸으므로 공조참의에 추증되었다. 효종 임진년(1652) 12월 동복 방축동 묘룡부卯龍負 을원乙原에 개장改葬하였다. 배配 숙부인 전주 이씨는 참의 효성孝成의 여女이고, 참봉 세눌世訥의 손孫이다. 곧고 숙덕淑德이 있으셨으며 시부모님을 효양하였고, 규범閨範을 거스름이 없었다. 제사를 이어 청결精潔 성경誠敬으로 모셨다. 이로부터 사람들에게 여사女師로 칭해지기에 이르렀다. 무인년戊寅年(1698) 9월 5일에 돌아가셨다. 공公의 묘 약간 좌편에 부장祔葬하였다.

자남子男에 지준之寯, 지언之彦, 지걸之傑이 있다. 지준之寯은 병자호란 때

창의倡義하였고, 다섯 아들을 두었는데 임琳, 호琥, 영瑛, 장璋, 근瑾이 있다. 지언之彦은 후사가 없고, 지걸之傑은 백씨伯氏를 따라 창의倡義하여 통정대부에 추증되었다. 3자子 숙璹, 인璘, 황璜이 있고, 증손 남자는 다 기록할 수 없다.

오호라! 공公의 곧은 충정이 탁절卓節하여 청사靑史에 밝게 빛나니 그 뜻을 추량컨대 가히 일월과 빛을 다툴 만하다 할 것이다. 그 밖의 가언嘉言 선행善行이 마땅히 한둘이 아니나 불행히도 기사년己巳年에 종가宗家가 화재火災를 입어 아무것도 전해지지 않게 되었으니 특히 탄식을 금할 수 없다. 삼가 생각하건대 『임진창의록』과 『호남절의록湖南節義錄』에 그 대요大要가 남아 있어 위와 같이 갖추어 기술하여 두었으니 후에 살펴보길 바란다.

2012년 후손 규철圭喆 기記

봉산서실기蓬山書室記

사람이 온갖 일을 함에 있어 외형을 아름답게 꾸미려고 한다면 마음속에 진실한 덕이 모자라게 될 것이고, 받들기를 사치스럽게 하려고 한다면 의로운 행동이 밖으로 가벼워질 것이다.

이 거실居室은 한갓 외물外物로써 몸을 받드는 물건에 불과한 것이기에 예나 지금이나 뜻 있는 선비는 외내경중外內輕重의 구분을 먼저 깨달아 스스로에게 있는 실덕實德과 행의行義는 구하지 아니하여도 얻어지게 될 것임을 안다.

정일섭丁日燮 군君은 동복고을에서 뛰어난 선비로 세상 사람들이 외물外物만 숭상하고 내심內心을 팽개쳐 버리는 것이 보기 싫어 홀로 적벽강 언덕 한쪽 산기슭을 차지하고 침식과 공부를 함께할 수 있는 건물을 세워 봉산서실蓬山書室이라 써 걸었으니, 이는 자호自號가 아니고 그 스승님이 그에게 고상한 뜻이 있다는 것을 알고 주신 아호이다. 그 제도制度를 언급하자면 공자제자孔子弟子 원헌原憲의 봉호蓬戶와 분서汾西의 오두막과 유사한 것이 있다. 유가儒家가 구육九六의 시대를 당한 요즈음 재앙이 병곡鉼谷(가마솥)으로 압박한 듯하였다. 그리하여 조용한 곳에 곤궁하게 살면서 화려한 후량厚樑고정高庭의 문전에는 발을 들여놓지 않고 개미가 흙무덤을 왕국으로 여기고 거미가 처마를 모두 차지하고 사는 것을 유족하게 여기는 것처럼 날마다 수삼자數三子 자질子姪과 뜻을 같이하는 벗들과 더불어 글공부에 심혈을 쏟지 않는다면 옛 전적典籍은 다음 세대에 전수될 수가 없을 것이고 고전은 산실될 위기를 맞게 될 것이다. 봉산의 그러한 생각은 깊고 영원한 것이어서 아름답게 빛날 것이니 다음 시대에 공벽서孔壁書가 장차 이 봉산을 힘입어 세상에 다시 나올 것이다. 내가 일찍이 그 서실을 찾아가 며칠 동안 유숙하고 돌아오면서 보고 느낀 것을 봉산서실기蓬山書室記에 담아 보았다.

을미년乙未年(1955) 5월 초순에 달성達成 배석면裵錫冕 기록하다.

蓬山書屋記

人於凡百事為欲美外物則廢內而疾慾奢侈則行義外輕以屋宇不過外物之奉身今古有志之士先外內輕重之分然後在我心我不求學丁君曰愛福川秀士厭世人之尚外遺內擇占赤壁江畔一山麓地搆為屋寢書宅顏顏以蓬山非

自號為貝次師者知貝志尚之有在而錫之也語貝
制度則有似于原憲之蓬戶汧西之鑿廬拟今僭
窃先王之世禍迫鈇鉞乃窮廬潛処足不接厚
樸高庭之門知还于蜣蛭蛛蜘篝之志目其
故三子性善友朋愛貝古之無侫或读之誦之
或錄之布之不能使令久此皆有可謂貝遠慮深、

召嘉惠大父異時壁書將頹此足復出次世父
余嘗進次書庋信宿乃歸以見觀感者高逢
蓬山之記
歲旃蒙協洽岩陽月上弦達城裴錫晃謹

발문

적벽동천赤壁洞天의 선비들

범대순(시인, 전남대학교 명예교수)

'남자가 남자에 반한다'는 말은 모든 남자들의 이상상이다. 남자들뿐 아니다. 이 말은 여자들의 가슴을 설레게 한다. 이 명제는 인간적인 너무나도 인간적인 정서를 상징한 것으로 우리가 사는 이 시대, 맞먹고 실용적인 시대엔 너무 귀하여 우리는 이 말을 잊은 지 오래다. 그러나 가끔 큰 책을 읽을 때, 때로 명작 소설을 읽을 때, 때로 큰 인물의 평전을 읽을 때, 때로 슬픈 영화를 볼 때, 때로 큰 예술가의 시련을 읽으면서 눈물겨울 때, 때로 사람을 위하여 자기 몸을 생각하지 않고 의롭게 행동하는 남자를 볼 때, 때로 역경을 딛고 일어서는 사람을 볼 때, 때로 여자에 대한 신뢰할 만한 행동을 만날 때, 따라서는 오늘 아직 그런 남자가 없지 않다는 생각을 하게 되고 사실상 그런 사람이 나라를 만들고 세계를 만들고 역사를 만들어 간다고 생각할 때, 우리는 아직 세계와 인생이 살 만하다고 느낀다.

만일 주변에 의롭고 용기 있고 건강하고 겸손하면서 순수하고, 만나면 사무사思無邪를 생각하게 하는 매력적인 남자가 있다면, 그리고 말과 행동의 멋을 알고 거기에 한국 전래의 선비의 풍모를 지니면서 끊임없이 독서하고 사리를 가리고 사람과 일의 옥석을 가리면서 비겁하지 않고 당당하며 하는 말이 진실하고 신의가 있으며 과묵하면서 한번 말할 땐 거침없고 설득력이 있고 논리적인 사람을 내가 알고 있다면, 거기에 그는 정치적이거나 사회적이거나 문화적인 욕심이 없어 만나면 언제나 부담스럽지 않은 편한 느낌을 주기 때문에 혼자 있어도 같이 있는 것처럼 훈훈하게 느끼게 하는 남자, 그래서 내가 그를 위하여 「무등산 서석대」* 라는 제목의 시를 쓴 적이 있다는 것을 안다면 더러는 나의 만년이 행복하다고 생각할 것이고 마음으로 나도 그렇게 생각하고 있다.

그는 나에게 산을 가르친 적이 없다. 그러나 나는 그에게서 산을 배웠다. 무등산이다. 그를 만나기 전에 나에게 무등산은 다만 산일 뿐 무등산이 아니었다. 그를 만나면서 무등산이 왜 무등산인가를 나는 알게 되었다. 그는 나에게 무등산에 대하여 부담을 주지 않았다. 다만 산을 느끼게 하고 산을 사랑하게 만들고 오늘 무등산이 나의 죽음의 이르는 병이게 만들었다. 혼자 가도 늘 그와 같이 산행한다고 느끼게 만들었고 지칠 때 지치지 않게 만들었고 서서히 그리고 끊임없이 움직이게 만들었고 부득이 쉬더라도 앉지 않고 서서 쉬게 만들었다. 내가 무등산 산행 1,000번의 고개를 넘으면서 혼자 산행하였지마는 그러나 나의 마음속에 그가 있었다. 그리고 내가 서석대 100회 등정의 가파른 현장에 그가 같이 하였다. 중단하고 싶을 때 지치고 힘들 때 무너질 뻔한 나의 산행은 늘 그가 부축하고 나를 일으켰고 마음속에 그와 같이 있으면 힘이 살아났다.

송하松下 정규철은 무등산 기슭 화순 적벽赤壁에서 나서 자랐다. 그의 가문 창원 정씨昌原 丁氏가 전라도 동복고을에 터를 잡은 것은 확실한 기록은 없지만 가문이 전한 바에 따르면 이성계의 역성혁명을 피하여 남하한 것으로 짐작된다. 동복현은 전라도 오지이기는 하지만 배후에 서석산이 있고 앞에는 백아산과 모후산이 감싸고 있어 산명수자한 곳이다. 정규철은 두 개의 호가 있는 데 하나는 적강赤江이고 또 하나는 송하松下인 바 이는 김립金笠이 생전에 머문 화순동복의 한 민가에서 발견된 시구 가운데 유일한 무등산 제의 시「서석산고송하재 적벽강심사상류瑞石山高松下在 赤壁江深沙上流」를 상기시킨다. 사람은 어렸을 적 어디서 어떻게 자란가가 그의 평생을 지배한다. 그는 이 책 속에서 잊을 수 없는 스승으로 무등산하 적벽의 두 선비이요 가문의 어른인 지암 정만용芝庵 丁萬容과 봉산 정일섭蓬山 丁日燮을 회고하고 있다.

지암을 회고하면서 송하는 "첫닭이 울면 자리에서 일어나 좌정한 채로 글을 암송하시곤 했는데 어린 나이에도 그 낭랑한 음성이 어찌나 좋았던지 지금도 생생하다."고 적고 있다. 그는 지암에게서 사람됨과 글을 배웠다. 지암은 초야에 묻혀 한 평생 학처럼 산 분으로 적벽시사赤壁詩社의 좌장이었다. 본서에 지암의 시 14편이 수록되고 있다. 한편 봉산 정일섭은 1970년까지 산 송하의 삼종숙으로 동복 학탄에서 태어나 가학으로 경전을 두루 섭렵한 선비다. 광주에 나가 석판인쇄소를 경영하여 주로 족보를 제작한 일을 하다가 왜정 말에는 귀향하여 봉산 서실을 지어 살았고 뒤에 창평으로 이사 하여 여생을 시를 지으면서 살았다. 본서에는「봉산시문蓬山時文」이라는 제목으로 130편의 한시를 수록하고 있다. 송하 정규철은 여러모로 두 사람의 스승을 현대화시킨 선비다.

그러나 본서에서 단연 크게 보인 사람은 적송赤松 정지준丁之雋이다. 정지준은 이조 때 사람으로 병자호란 시 동복 옥과 화순에서 의병을 모아 남한산성으로 진군하였으며 이후 적벽에 돌아와 망미정望美亭을 짓고 은거하였다. 적벽의 문화는 적송에 의하여 형성되었다. 후학들은 적송의 문학을『시경』의 비풍匪風과 하천下泉 편에 버금가는 시로 평가하고 있다. 화순 동복지同福誌에 따르면 적벽팔경은 적송이 지은 것으로 그 내용은 강선명월降仙明月, 환학청풍喚鶴淸風, 금사어화金砂漁火, 한암효종寒庵曉鐘, 한산폭포寒山瀑布, 화표귀운華表歸雲, 고소락조姑蘇落照, 황니설경黃泥雪景이다. 이는 송강의 관동팔경과 맞먹는 것으로 적송의 뛰어난 미학을 말한다. 그의 정자 망미정은 얼마 전 동복 수원지 댐 건설로 헐렸으나 뒤로 광주시가 자리를 옮겨 새로 복원하여 무등산 절경의 하나로 그 아름다움을 과시하고 있다. 이 책에서 송하가 잠깐 언급한 필자의 시「적벽 동천赤壁洞天」도 위의 적벽팔경과 인연이 있다.

적송이 망미정에서 책을 읽고 해질 무렵 징검다리를 건너 동네 어귀에 들어서면 우뚝 솟은 서석산이 지척에서 반기며 맞아 주었다. 아침 사립문을 나설 때 서석을 등에 지고 돌아올 때 천왕봉을 바라보았다. 서석산은 적송의 생활공간이었다. 마을 학여울에서 서석산 등정은 하루면 족하였다. 노루목재를 넘어서 장불천을 따라 오르다가 영평에서 곧장 규봉암 쪽 능선을 타면 되었다. 규봉암에서 이른 점심을 들고 장불재를 거쳐 입석, 서석대를 지나면 한참 만에 천왕봉에 닿았다. 천왕봉에 서면 멀리 지리산 천왕봉이 보이고 남쪽으로 월출산이 한눈에 들어왔다. 하산 길은 장불천 계곡을 택해야 너덜겅 밑으로 흐르는 물소리를 들을 수 있다. 뒷날 송하가 중국 집안을 여행하면서 혼강에서 바라본 흘승골성紇升骨城 동쪽 구간이 동복 학탄에서 서석산을 바라보는 산세와 너무 닮았다는 감회가 이 책에 들어 있다. 나라를 생각하는 마음에서 옛 고구려의 고적이 서석의 산세와 겹친 것이다.

옛날 공부자 난의 지조를 노래하였다 하였으니	夫子昔唱猗蘭操
깊은 골 나의 난은 누구를 위한 지조로 있는가	蘭在幽谷探誰贈
향기 그윽하나 멀리 뜻 두는 대로 가지 못하니	幽蘭遠播無足持
한줄기 난 잎에 숨어사는 마음 시름이 느는구나	醉把孤莖愁不勝

송하는 적송에게 서석산을 배웠다. 서석산의 봉우리에 흰 구름을 배우고 저녁노을을 나는 학을 배우고 기개와 호연지기를 배우고 사람됨을 배우고 우국정신을 배웠다. 적송에게서 자연을 배우고 선비를 배우고 학문을 배웠다. 적송의 시를 읽으면서 끊임없이 송하를 만난다. 평소에 그가 한 말 가운데 느낀 감회가 시대를 초월하여 적송의 시문 속에 들어 있었다. 정규철의 칼럼을 읽으면서 나는 수시로 자세를 바로잡았다. 그가 내리는 세계 정세는 결과적으로 늘 옳았다. 나라를 보는 안목, 교육을 보는 바른 눈, 사람을 보는 매서운 매는 언제나 그가 소싯적에 목침 위에 서서 종아리를 걷어 올리고 맞은 적벽 스승의 매와 일치하였다. 세상을 보는 그의 박식은 그의 스승으로부터 배운 학문의 뿌리와 일치하였다.

성인이 되면서 송하는 다산 정약용에 심취한 듯하다. 그것은 그의 명문 「실학기행」에서 읽을 수 있다. 전문가 수준인 그의 박식도 박식이려니와 선인들에 임하는 그의 자세가 근엄하고 학구적이다. 세상을 비판적으로 보는 입장이지만 무책임한 비난에 그치지 않고 그는 언제나 대안을 제시하고 있다. 『의향』이나 『시민의 소리』에서 만나는 그의 논술은 드물게 보는 신뢰할 만한 문장으로 인생이나 나라 그리고 세계를 보는 일관된 사상을 반영하고 있다. '역사 앞에서' 라는 주제는 일상에서 누구나 함부로 쓸 수 있는 제목이 아니다. 무서운 말이다. 그러나 같은 그 제목으로 된 이 책의 초고를 읽으면서 송하에 관하는 한 나는 매우 적절한 제목이라고 생각하였다. 글 내용과 그의 인간이 일치하고 있기 때문이다.

그는 과묵한 사람이다. 겸손하고 생각이 깊고 함부로 나서지 않고 남의 말을 경청할 줄 알고 출입을 가리는 사람이다. 그가 왜 주변에서 벗이나 후학으로부터 그렇게 존경을 받는 것일까. 이 책 『역사 앞에서』는 그에 대한 답이다. 이 속에 그의 사람에 대한 진지한 자세가 들어 있고 사람을 보는 정확한 비판의 안목이 있고 세상에 대한 그의 진지한 생각, 역사에 대한 소신,

동양과 한국의 전통에 대한 신뢰와 애정이 들어 있고 벗에 대한 신의와 선인에 대한 존경심이 들어 있고 외국 문화에 대한 신뢰할 수 있는 한국인의 중심이 잡혀 있고 일시적 유행에 대한 정확한 인식이 들어 있다. 더구나 그는 건강하다. 타고난 무등산에 대한 깊은 애정과 근본적으로 인간을 신뢰하고 나라와 세계에 대한 희망을 가지고 사는 사람이다. 어찌 남자가 반하지 않을 수 있으랴. 다만 이와 같을 따름이다.

* **편집자 주** : 범대순 시인이 '정규철에게'라는 부제를 붙여 지은 시 「무등산 서석대」의 전문은 다음과 같다. 시집 『산하』에 수록돼 있다.

> 무등산 서석대 정상에 이르면/모난 바위에 앉아도 꽃방석이구나//모지게 붉은 힘으로 쉬는 호흡/원시같이 흐르는 땀이 푸르다/높은 하늘이 흐르는 구름과 같이 있고/사방으로 둘러선 산들이 다 하나이구나//시간을 다스리는 숫자들이 증발하더니/세상이 따라오다가 말고 돌아가 버렸다//순수하구나/미치고 싶은 마음//밤을 새며 바로 서고자 한 나를 한사코 가로막은/역사도 세계도 그 사람들도 미워할 수가 없구나